# 組織行動の会計学

## マネジメントコントロールの理論と実践

MANAGEMENT ACCOUNTING FOR CONTROL THEORY and PRACTICE

青木康晴 AOKI YASUHARU

日本経済新聞出版

Management
Accounting
for Control:
Theory and
Practice

# 組織行動の会計学

## マネジメントコントロールの理論と実践

Aoki Yasuharu 青木康晴

日本経済新聞出版

# まえがき

　本書は、マネジメントコントロールという、日本ではあまり浸透していないと思われる概念について書かれている。マネジメントコントロールの定義は論者によって様々であるが、本書では、「組織が、組織全体の目標を達成するために、そこで働く人々を動機づけ、まとめあげていくための仕組みやプロセス」をマネジメントコントロールシステム（management control system：MCS）と呼ぶ。そして、MCS の中核をなすと考えられるのが、影響システムとしての管理会計システムである。

　伊丹敬之氏と筆者の共著書『現場が動き出す会計』（日本経済新聞出版、2016 年）で強調されているように、管理会計システムは 2 つの機能を持っている。一つは、上司の意思決定に有用な情報を提供する「情報システム」としての機能である。もう一つは、業績測定のやり方を工夫することで部下の行動に望ましい影響を与える「影響システム」としての機能である。

　本書は、後者の影響システムに主眼を置いて、マネジメントコントロールにおける管理会計システムの役割について論じている。『現場が動き出す会計』よりも影響システムに関する理論を多く取り上げ、より詳細な事例研究を行っている点が、本書の特徴といえるだろう。マネジメントコントロールに関する文献は数多く存在するが、日本企業のマネジメントコントロールを包括的に分析した事例研究は、十分には蓄積されていないと思われる。

　ではなぜ、マネジメントコントロールが大切なのだろうか。それは、マネジメントコントロールが、戦略を適切に実行するために不可欠な経営の要素だからである。戦略は、組織で働く人々が一丸となって実行するものである。しかし、戦略策定に直接的には関わっていない人々が、組織にとって望ましい成果や、望ましい成果をあげるために必要な行動について理解している保証はなく、たとえそれらを理解していたとしても、望ましい成果に向かって自発的に行動してくれるとは限らない。そこで、上記のように定義される MCS が必要になるのである。

　上司が、「あとで成果を測定する」と部下に伝え、測定結果にもとづいて部下

を評価することによって、部下から望ましい行動を引き出す。これが、本書が主にマネジメントコントロールと呼ぶプロセスである。具体的には、戦略を実行するという観点から適切な業績指標を決め、その目標値を設定し、目標値と実績値の比較にもとづいて業績評価を行うというのが、マネジメントコントロールの中身である。したがって、本書の内容は、近年、その重要性が特に指摘されている FP&A（financial planning and analysis）を実施する際にも役立つだろう。

筆者は普段、社会人向けの MBA プログラムで、マネジメントコントロールという授業を担当している。そのなかで痛感するのは、上述した「測定が部下の行動変容をもたらす」という点を十分に意識しないまま測定を行い、意図せざる悪影響を引き起こしてしまっている企業がまだまだ多いということである。そこで、マネジメントコントロールの重要性を一人でも多くの人に伝えたい、という思いで書かれたのが本書である。マネジメントコントロールは、工夫次第で競争力の源泉になると筆者は信じている。

本書は 3 部から構成されている。第Ⅰ部では、最初に、本書の目的、企業経営における MCS の位置づけ、MCS のコストとベネフィットなどについて説明する。続いて、MCS のベースとなることが多い組織構造（部門化の方法）について詳しく取り上げる。具体的には、純粋型と呼ばれる機能別組織、事業部制組織、地域別組織だけでなく、マトリクス組織やハイブリッド組織についても検討する。

第Ⅱ部では、組織構造を所与としたうえで、機能部門（営業部門、生産部門など）や事業部といったサブユニットの業績指標を何にするか、という責任センターの問題を取り上げる。責任センターには、収益センター、コストセンター、プロフィットセンター、投資センターという 4 つの種類がある。それぞれに長所と短所があるが、とりわけプロフィットセンターと投資センターについては、振替価格の設定や投下資本の計算といった固有の課題が存在する。そのため、これら 2 つの責任センターについては、章を分けて詳しく論じる。

第Ⅲ部では、サブユニットの業績指標を所与としたうえで、その目標値（業績目標）の難度をどのくらいに設定するか、部下を目標設定にどのくらい関与させるか、業績目標を期中に修正（再設定）するか、といった論点を取り上げる。さらに、業績目標の達成度と部下の報酬をどのくらい連動させるかという、

インセンティブの問題についても検討する。最後に、マネジメントコントロールにおける企業理念の重要性について論じたうえで、本書全体をまとめる。

　本書を完成させるにあたり、多くの方々のご指導とご支援をいただいた。本書では、優れたマネジメントコントロールの実践例として、日本航空（JAL）の部門別採算制度とオムロンのROIC経営を取り上げている。笠松薫氏（日本エアコミューター株式会社 執行役員 経営企画部門長）、小枝直仁氏（日本航空株式会社 執行役員 人財本部長）、田村英稔氏（日本航空株式会社 経営管理本部 経営管理部 グループ長）、田茂井豊晴氏（オムロン株式会社 執行役員 グローバル理財本部長）、凪祐理子氏（オムロン株式会社 グローバル理財本部 FP&A部 主査）、羽入耕平氏（オムロン株式会社 グローバル理財本部 FP&A部 主査）、三浦圭介氏（オムロン株式会社 グローバルインベスター＆ブランドコミュニケーション本部 パブリックアフェアーズ部）には、ご多用中にもかかわらず、筆者によるインタビューに丁寧に答えていただいた。心から感謝を申し上げたい。

　なお、上記の皆様のご所属と役職はインタビュー時点のものである。また、JALとオムロンのMCSは常に進化を続けているため、本書に書かれている内容とまったく同じ仕組みが現在も採用されているとは限らない。

　続いて、筆者が勤務する一橋大学の皆様にお礼を申し上げたい。本学MBAプログラムの社会人学生である佐名木健太氏と廣瀬泰昌氏からは、本書の草稿に対して貴重なコメントをいただいた。同僚である佐々木将人氏と西野和美氏には、筆者の経営学の知識が不十分な部分についてご指導いただいた（もとより、本書に含まれる誤りはすべて筆者の責任である）。助手の大和田恵子氏には、出張の手続きなどをサポートしていただいた。心から感謝を申し上げたい。

　最後に、本書の編集を担当された日経BPの堀口祐介氏にお礼を申し上げたい。本書の構想をいただいたのは、『現場が動き出す会計』の出版直後だったと記憶している。それから8年の歳月が過ぎてしまったが、同氏の貴重なアドバイスと励ましのおかげで、何とか出版にこぎつけた。心から感謝を申し上げたい。

　2024年5月

青木康晴

# 組織行動の会計学　目次

# 第 III 部　業績目標とインセンティブ、企業理念

# 第 I 部

## マネジメントコントロールと組織構造

組織行動の会計学
マネジメントコントロールの理論と実践
———
Management Accounting for Control: Theory and Practice

▲

---

## ［ 第 **1** 章 ］

# マネジメントコントロールとは何か

▼

---

　本章では、本書全体のテーマであるマネジメントコントロールの概念について説明したうえで、本書の目的やリサーチデザインについて述べる。第1節では、管理会計の2つの機能を整理したうえで、本書におけるマネジメントコントロールの定義と本書の目的について述べる。第2節では、戦略経営のフレームワークを踏まえて、マネジメントコントロールが戦略の実行と密接に関連していることを示す。第3節から第6節では、Anthony and Govindarajan（2007）の戦略実行メカニズムに含まれる4つの要素（組織構造、人材マネジメント、マネジメントコントロール、組織文化）を概観する。第7節では、マネジメントコントロールがもたらす様々なコストについて述べる。第8節では、本書のリサーチデザインについて述べる。

## 1. 本書の目的

### 管理会計の2つの機能：情報システムと影響システム

　会計はその目的や役割に応じていくつかの種類に分類されるが、企業会計と聞いて多くの読者が思い浮かべるのは、財務会計と管理会計の2つであろう。財務会計は英語で financial accounting といい、finance には「資金を調達する」という意味がある。銀行からの借り入れや株式発行による資金調達を行うために、企業は自身の経営成績や財政状態を外部に報告する必要がある。そのための会計が、財務会計である。

## 図表 1-1　財務会計と管理会計の比較

| | 財務会計 | 管理会計 |
|---|---|---|
| 主たる利用者 | 主として、投資家、債権者、政府機関といった、外部の会計データ利用者のために行われる | 主として、経営者をはじめとする、企業内部の会計データ利用者のために行われる |
| ルールの有無 | 一般に認められた会計原則（generally accepted accounting principles：GAAP）と呼ばれるルールに従って実施しなければならない | 完全に任意であり、経営者が計画やコントロール、意思決定を行う際に役立つ情報を提供するのであれば、GAAP に従う必要はない |
| 情報の詳しさ | 企業全体の純利益など、高度に要約された情報を提供する | 部門別コスト、製品別売上高など、より詳細な情報を提供する |
| 情報の性質 | 収益や費用といった、貨幣的情報（金額表示が可能な情報）が重視される | 貨幣的情報に加えて、材料の消費量や労働時間、不良品の数といった、非貨幣的情報も重視される |
| 時間的志向 | 過去の活動の結果を表示することに重点が置かれる | 将来の活動がもたらすコストとベネフィットを見積もって計画を策定するなど、過去だけでなく未来にも重点が置かれる |

注：Jiambalvo（2013, pp. 7-8）にもとづいて作成

　それに対して、管理会計は英語で managerial accounting あるいは management accounting という。その名が示唆する通り、管理会計は経営のための会計、経営者が企業活動を効率的に行うための会計である。図表 1-1 には、財務会計と管理会計の違いがまとめられている。

　企業全体の業績は、財務会計の数値にもとづいて判断されることが多い。その意味で、財務会計のルールとは、「企業が資本市場と向き合う際に遵守すべき最低限のルール」である。したがって、経営者は財務会計の原則や計算構造を理解しておく必要があるが、それは必ずしも、財務会計と同じようなスタンスで管理会計をやればいいことを意味するわけではない。図表 1-1 が示すように、両者はそもそもの目的が異なるし、管理会計では、財務会計のように決められたルールに従う必要はないからである。

　管理会計においては、たとえそれが財務会計のルールとは異なるものであったとしても、企業の実情と現場の実態に直結した仕組みを考える方がよい。財務会計のルールをそのまま用いるのではなく、「企業の現場のどこにでもある会計データを編集・加工して、企業の内部管理と経営のために役に立つように工夫したシステム」こそが、管理会計システムなのである（伊丹＝青木, 2016, p. 27）。

　管理会計を経営に役立てるためには、管理会計システムが 2 つの機能を持っ

ていることを理解する必要がある（伊丹＝青木, 2016, pp. 28-30）。一つは、上司のための情報システムとしての機能である。管理会計システムは、企業内部の様々な意思決定に必要な情報を提供する。

　たとえば、ある製品の製造原価に関する情報は、経営者がその製品の販売価格を決める際に役立つだろう。複数の事業を抱えている企業であれば、事業ごとの利益を計算することによって、経営者は事業ポートフォリオの管理（ポートフォリオマネジメント）を適切に行えるようになるだろう。

　もう一つは、部下への影響システムとしての機能である[1]。自分たちの業績がどのように測定されるのか、業績測定の結果が何に使われているのかに応じて、現場で働く人々は努力のパターンを変える可能性がある。

　たとえば、売上を営業部門の業績指標とした場合、それを受注時点で計上するのと販売時点で計上するのとでは、営業担当者の努力の方向性に違いが出てくるだろう。あるいは、事業部の利益を事業部長の業績指標とした場合、その測定結果がどれだけ自身の報酬と連動しているかによって、事業部長の努力の大きさは変わってくるだろう。このように、管理会計システムは、測定を通じて現場の行動変容をもたらす。

## MCS の定義と本書のリサーチクエスチョン

　本章第5節で後述するように、影響システムとしての管理会計システムは、マネジメントコントロールシステム（management control system：MCS）の中核をなす。MCS の定義は、論者によって様々である。たとえば、伊丹（1986, p. 8）は、組織で働く人々の動機づけを行い、彼ら彼女らの行動が「究極的に組織目的に合致するようにまとめ上げ引っ張って行くための仕組みやプロセス」を MCS と定義している。

　また、Anthony and Govindarajan（2007, pp. 5-6）によれば、マネジメントコントロールとは「マネジャーが、戦略を実行するために、組織の他のメンバーに影響を与えるプロセス」のことであり、システムとは「（一連の）活動を実行

---

1 ）影響システムという概念を最初に提唱したのは、伊丹（1986）である。

するための、あらかじめ決められ、通常は繰り返されるやり方」である。

　本書では、MCS を「組織が、組織全体の目標を達成するために、そこで働く人々を動機づけ、まとめあげていくための仕組みやプロセス」と定義する。そして、MCS と影響システムを互換的な概念として用いることにする。

　では、影響システムとしての管理会計システムをうまく機能させるためには、どのような経営上の工夫が必要になるのだろうか。本書の目的は、マネジメントコントロールの理論と日本企業による優れた実践例にもとづいて、この問い（リサーチクエスチョン）に対する筆者なりの答えを提示することである[2]。そして、本書のタイトルにもなっている「組織行動の会計学」とは、組織で働く人々の行動に与える影響に焦点を絞って会計の意義を考える視点を指す[3]。

　ではなぜ、情報システムではなく影響システムに主眼を置いて管理会計を論じる必要があるのだろうか。その理由は、影響システムとしてうまく機能していないシステムが提供する情報は、歪められている可能性が高いからである。伊丹＝青木（2016, p. 30）で強調されているように、すべての管理会計システムは、情報システムと影響システムという 2 つの機能を否応なしに持ってしまう。具体例を挙げて説明しよう。

　ある経営者が、製品ポートフォリオの現状を把握し、何か手を打つべきかどうかを判断するための材料として、製品別利益の測定を始めたとする。経営者としては、純粋にどの製品がどれだけ儲かっているか、赤字の製品はないか、といった情報が欲しいだけである。

　ところが、現場で働く人々は、製品別利益が自分たちの評価に直結していなかったとしても、その測定に反応して行動を変える可能性がある。たとえば、赤字の製品をなくすために、当該製品のコスト削減に向けた努力をいっそう強化するようになるかもしれない。あるいは、他製品へのコストの付け替えによって本当は赤字の製品を黒字に見せる、といった歪んだ行動をとり始めるかも

---

2）　本書では、原理原則や基本的な考え方も含めて理論（theory）という言葉を用いることにする。

3）　経営学の一分野である組織行動論（organizational behavior）は、個人、集団、構造が組織内の行動に及ぼす影響を調査する学問領域であり、組織の有効性を向上させるためにそのような知識を応用することを目的としている（Robbins and Judge, 2017, p. 48）。本書は、こうした視点から管理会計システムを検討することを試みている。

しれない。

　ここで示したのは一つの例にすぎないが、「情報システムとして設計した仕組みが、実際には影響システムとして機能し、現場の行動変容を誘発する」という現象は、企業のいたるところで起こり得る。2 つの機能を両にらみで設計しないと、精緻な情報システムが影響システムの逆機能を引き起こし、それが本来の目的である情報システムをも機能させなくしてしまうかもしれない。だからこそ、影響システムとしての機能を重視して管理会計システムを設計すべきなのである。

# 2. 企業経営におけるマネジメントコントロールの位置づけ

　マネジメントコントロールは、経営全体のなかでどのように位置づけられるのだろうか。本節では、戦略経営（strategic management）のフレームワークにもとづいてこの点を検討する。David and David（2017, pp. 33-34）によれば、「組織の目的達成を可能にする機能横断的な意思決定を考案し、実行し、評価するためのアートとサイエンス」と定義される戦略経営は、以下の 3 つのステージから構成される。

　1 つめは、戦略の策定（strategy formulation）である。このステージでは、ミッションの設定、外部環境に潜む機会と脅威の特定、企業に内在する強みと弱みの特定、長期目標の設定、戦略の選択肢の列挙、追求する戦略の選択などが行われる（David and David, 2017, p. 33）[4]。図表 1-2 には、代表的な戦略の選択肢がまとめられている。企業が持つ経営資源には限りがあるため、経営者は、企業にとって最も望ましいと考えられる戦略を決める必要がある。

　2 つめは、戦略の実行（strategy implementation）である。このステージでは、

---

[4]　戦略は、「長期目標を達成するための手段」（David and David, 2017, p. 664）、「組織の活動の基本的方向を環境とのかかわりで示した、基本方針」（伊丹, 1986, p. 7）などと定義される。また、ミッションとは、組織の目的や存在意義、組織が重視する価値観や信念を指す。企業のミッションは、しばしばミッションステートメント（mission statement）と呼ばれる文書にまとめられる。ミッションを文書にすることで、現在および将来の従業員、顧客、投資家などに対して、企業の目的や理念を伝達することが可能になる（Daft, 2021, p. 55）。

## 図表 1-2　戦略の選択肢

| 戦略 | 定義 |
|---|---|
| 前方統合<br>(forward integration) | 販売業者や小売業者を所有したり、コントロールを強化したりする |
| 後方統合<br>(backward integration) | サプライヤーを所有したり、コントロールを強化したりする |
| 水平統合<br>(horizontal integration) | 競合他社を所有したり、コントロールを強化したりする |
| 市場浸透<br>(market penetration) | マーケティングにより注力することで、既存の製品の市場シェアを拡大する |
| 市場開発<br>(market development) | 既存の製品を新たな地域に導入する |
| 製品開発<br>(product development) | 既存の製品を改良したり、新たな製品を生み出したりする |
| 関連型多角化<br>(related diversification) | 新しいが、既存事業と関連する製品を追加する |
| 非関連型多角化<br>(unrelated diversification) | 新しく、既存事業と関連しない製品を追加する |
| 事業縮小<br>(retrenchment) | コストや資産の削減によって組織を再編成する |
| 事業売却<br>(divestiture) | 事業や組織の一部を売却する |
| 清算<br>(liquidation) | 有形資産をはじめとする全資産を分解し、売却する |

注：David and David（2017, p. 124）にもとづいて作成

　年次目標を設定し、経営上の施策を決め、社員を動機づけ、資源配分を行う必要がある。具体的には、戦略と整合的な組織文化を醸成する、効果的な組織構造を生み出す、マーケティング活動の方向づけをする、予算を編成する、情報システムを開発し利用する、社員の報酬と組織の業績を結びつける、といった行動が含まれる。[5]

　3つめは、戦略の評価（strategy evaluation）である。経営者は、戦略がうまく機能しているかどうかを把握していなければならない。企業の外的要因と内的要因は常に変化しており、あらゆる戦略は適宜、修正される必要があるためである。こうした戦略の評価には、①現在の戦略のベースとなっている外的要因

---

5）予算とは、「企業が目標達成のために策定した計画を、定量的に表現した公式書類」である（Jiambalvo, 2013, p. G-1）。より詳細には、「予算とは、予算期間における企業の各業務分野の具体的な計画を貨幣的に表示し、これを総合編成したものをいい、予算期間における企業の利益目標を指示し、各業務分野の諸活動を調整し、企業全般にわたる総合的管理の要具となるものである」（『原価計算基準』1〈4〉）。予算については、第6章で詳しく取り上げる。

図表 1-3　戦略実行メカニズム

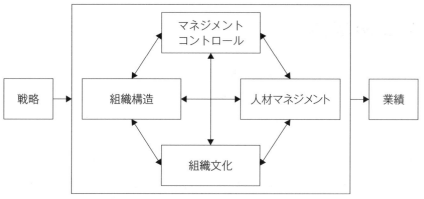

注：Anthony and Govindarajan（2007, p. 8）にもとづいて作成

と内的要因を再検討する、②業績を測定する、③是正措置を講じる、といった行動が含まれる。

　これら 3 つのステージのうち、本書で取り上げるマネジメントコントロールは、2 つめに挙げた「戦略の実行」と密接に関連する。上記のように、業績測定は、3 つめに挙げた「戦略の評価」のステージで行われる。しかし、影響システムとは、上司が「あとで業績を測定し、それにもとづいて評価する」と事前に部下に伝えることで、測定期間における部下の努力を引き出そうとする考え方である。したがって、測定自体は期末に行われるとしても、MCS の主たる目的は、期中に部下を動機づけ、戦略を適切に実行することにある。[6]

　戦略の実行にあたっては、様々な経営行動が必要になる。Anthony and Govindarajan（2007, p. 8）は、そうした戦略実行メカニズムに含まれる要素として、組織構造（organization structure）、人材マネジメント（human resource management）、マネジメントコントロール（management control）、組織文化（culture）の 4 つを挙げている。次節以降は、図表 1-3 にもとづいて、それぞ

---

6）　戦略の実行は、社員の規律やコミットメントを必要とするため、しばしば戦略経営の最も難しいステージとみなされる。戦略の成否は、経営者が社員をうまく動機づけることができるかどうかにかかっており、それはサイエンスというよりもアートの側面が強い（David and David, 2017, p. 34）。

れの要素について説明する。

# 3. 組織構造

　戦略は、経営者が、その企業で働く他のメンバーと一緒に実行するものである。したがって、経営者は、戦略の実行に必要な活動についての役割分担を行う必要がある。伊丹（1986, p. 7）によれば、そうした役割分担の決定は2つある。一つは組織構造の決定であり、もう一つは人材マネジメントに関する決定である。本節では前者について詳しく取り上げ、後者は次節に譲ることとする。

　伊丹＝加護野（2003, pp. 261-262）によれば、「組織における分業と調整の体系」を組織構造という。そして、組織構造を設計する際には、以下の5つの点を決定する必要がある。これらのうち、最初の2つが分業の体系に関する決定であり、残りの3つが調整の体系に関する決定である。

## (1)分業関係の決定

　これは、仕事の分担をいかに行うかに関する決定である。メーカーであれば、製品の開発・製造・販売を異なる人々が担当することが多い。さらに、製造という一つの職能のなかでも、加工・組み立て・検査のように、さらに細かく仕事が切り分けられる。分業とは、こうして分割された仕事を誰が担当するかを決めることである（伊丹＝加護野, 2003, p. 263）。

　分業には、個々の仕事が単純化することで、熟練度の低い人でも仕事に参加できるというメリットが存在する。また、個々人が専門化した仕事を担当することで、熟練した能力を身につけやすくなるというメリットもある（伊丹＝加護野, 2003, p. 263）。

　一方で、単純化された反復作業は、働く人々に単調感を与え、労働意欲を喪失させる可能性がある。また、仕事が高度に専門化することによって、組織内の人の流動性が低下し、変化への対応能力が損なわれるかもしれない。あるいは、専門化された仕事を担当する部署ごとに異なるモノの見方や発想が生まれ、それが組織内でコンフリクトを発生させる恐れもある。[7]経営者は、こうしたメ

リットとデメリットを考慮したうえで、分業関係を決める必要がある（伊丹＝加護野, 2003, pp. 263-264）。

## (2)権限関係の決定

　これは、上司が部下にどのような意思決定の権限を委譲するかに関する決定である。組織のなかでは、設備投資の決定、材料の調達価格の決定、営業担当者の訪問先の決定など、様々な意思決定が行われる。そうした意思決定の多くを上司が行う組織は、集権的だといわれる。反対に、そうした意思決定の多くが部下に任されている組織は、分権的な組織だといわれる（伊丹＝加護野, 2003, p. 265）。

　集権的な組織ほど、上司が広範な情報を集めたうえで意思決定を行うため、大局的な決定を下しやすい。一方で、いちいち部下が上司の判断を仰がなければならないような組織では、意思決定のスピードは遅れてしまうし、そもそも、現場の情報が組織の上層部にうまく伝達されない恐れもある。さらに、意思決定に参加できないことで、部下は疎外感を持ち、自律的に行動しなくなるかもしれない（伊丹＝加護野, 2003, p. 265）。

　こうした問題は、分権的な組織では緩和される。しかし、権限委譲をやりすぎると、組織としての統制がとれなくなり、部下が不正などに手を染める恐れもある。経営者は、こうした集権と分権のメリットとデメリットを考慮したうえで、権限関係を決める必要がある（Daft, 2021, p. 99）。

## (3)部門化の方法に関する決定

　これは、分業された仕事を調整するためのグルーピングに関する決定である。営業部門が見込む販売数量と生産部門で可能な生産数量の調整、生産部門における前工程（たとえば部品の製造）と後工程（製品の組み立て）の調整など、

---

7）コンフリクトとは、「個人や集団の間に生じる対立的ないし敵対的な関係」のことである（鈴木＝服部, 2019, p. 197）。

## 図表 1-4　管理の幅と組織構造

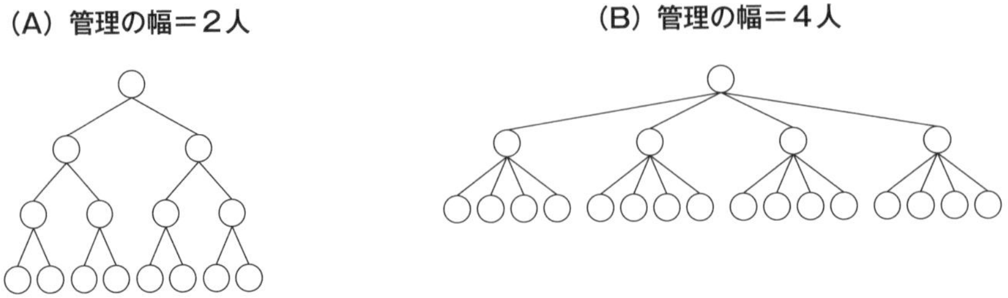

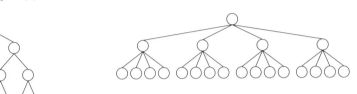

**（A）管理の幅＝2人**　　　　　　　　　　**（B）管理の幅＝4人**

注：伊丹＝加護野（2003, p. 267）にもとづいて作成

組織では様々な調整を行う必要がある。そうした調整を効率的に行うために、人々をグループにまとめ、そのグループ全体を統括するマネジャーを置き、そのマネジャーにグループ内部の調整を任せる、という手段が考えられる（伊丹＝加護野, 2003, p. 266）。

　こうしたグルーピングを行う際には、2つの点に留意する必要がある（伊丹＝加護野, 2003, p. 267）。一つは、グループの規模をどの程度にするかについてである。図表 1-4 が示すように、管理の幅が狭いほど組織の階層が多くなり、（A）のように縦長の組織になる[8]。こうした組織には、上司が部下とコミュニケーションをとりやすいというメリットがある。一方、マネジャーの数が増大し、トップまでの情報の伝達経路が長くなるというデメリットがある。

　図表 1-4 の（B）のように管理の幅が広く、階層の少ないフラットな組織では、縦長の組織のデメリットは緩和される。しかし、管理の幅が広くなりすぎると、上司の情報処理能力の制約から、仕事の調整が十分に行われなくなる恐れがある。

　もう一つの留意点は、何を基準にして部門をまとめるかについてである。グルーピングの方法としては、機能別グルーピング、製品あるいは顧客別グルーピング、地域別グルーピングなど様々な選択肢があり、それぞれの方法にメリットとデメリットが存在する。こうしたグルーピングが生み出す（機能別組織

---

8）　一人の上司が報告を受ける部下の数を「管理の幅（span of control）」という（Daft, 2021, p. 19）。

や事業部制組織といった）組織形態は、MCS のベースとなることが多い。そのため、組織形態については第 2 章で詳しく取り上げる。

## (4)情報伝達と協議のあり方に関する決定

これは、分業している人々の間で行われるコミュニケーションと協議に関する決定である。マネジャーは、自ら情報収集することもあれば、上司や部下から情報の提供を受けることもある。マネジャーは、そうした情報のすべてを上司や部下にそのまま伝えるわけではなく、情報の取捨選択や解釈を行う必要があるだろう。そこで、マネジャーが持っている情報のうち、何を上司や部下に伝達し、何を伝達しないのかに関する基本方針が必要になる（伊丹＝加護野, 2003, p. 268）。

さらに、部門間のコミュニケーションを円滑にするための仕組みも必要となる。グルーピングによって、部門内のコミュニケーションが簡素化される一方、部門間の情報伝達や調整に時間がかかるという問題が発生する（伊丹＝加護野, 2003, p. 268）。Daft（2021, pp. 101-103）によれば、こうした問題を緩和するための手段は 5 つある。

1 つめは、部門横断的な情報システム（cross-functional information system）を構築することである。そうすることで、各部門の進捗や問題点、機会、活動、意思決定に関する情報を共有することができる。

2 つめは、リエゾン（liaison）と呼ばれる連絡役を設置することである。たとえば、開発部門が、新製品に関して、生産設備の制約に合わせるためのテストをしなければいけないとする。このような場合、リエゾンは、開発部門と生産部門のいずれかに設置され、両者のコミュニケーションや調整を円滑に進める役割を果たす。

3 つめは、タスクフォース（task force）、すなわち、ある問題によって影響を受ける部門の代表者で構成される一時的な委員会（temporary committee）を設置することである。リエゾンは主に 2 つの部門間の調整を行うため、調整の対象となる部門が多い場合には、タスクフォースのような複雑な仕組みが必要になる。タスクフォースのメンバーは、それぞれの部門の利害を代表して委員会

に出席し、そこで得た情報を自部門に持ち帰る。

　4つめは、専任の統合役（full-time integrator）を設置することである。この役職は、しばしばプロダクトマネジャー、プロジェクトマネジャー、プログラムマネジャー、ブランドマネジャーなどと呼ばれる。前述のリエゾンとは異なり、専任の統合役は、調整の対象となる部門には所属していない。たとえば、ブランドマネジャーは、担当する製品の販売部門、流通部門、宣伝部門の間の調整を行うが、これらの部門のリーダーに報告する義務を負っているわけではない。

　5つめは、部門横断的なチーム（cross-functional team）、すなわち、様々な部門の代表者で構成される永続的なタスクフォースを設置することである。長期間にわたって部門間の綿密な調整が必要とされる場合には、こうした仕組みが解決策となるだろう。

## (5)ルール化に関する決定

　最後は、仕事の進め方をどのくらい事前に規定しておくかに関する決定である。この条件のもとではこのように行動する、というルールを決めておけば、調整の手間を省くことができる。部下は、平時はルールに従って行動し、予測できない事態や例外的な事態が起こった場合にのみ、上司に報告し、判断を仰げばよい（伊丹＝加護野, 2003, p. 270）。

　こうした管理のやり方を「例外による管理（management by exception）」という。ルール化を進め、例外による管理を行うことで、平時における上司の負荷を軽減することができる（伊丹＝加護野, 2003, p. 270）。

　組織のルールは、文書化されることによって明確になり、共有しやすくなる。しかし、文書化にもデメリットはある。たとえば、時間の経過とともに、文書で定められた通りに行動することばかりが重視され、そもそもそのルールが何のためにあるのかが忘れ去られてしまうことがある。その結果、実質的には何の意味も持たないルールがいつまでも文書として残り続け、部下の行動に制約を与える恐れがあるので注意が必要である（伊丹＝加護野, 2003, pp. 270-271）。

図表 1-5　人材マネジメントの 4 つの目的

|  | 短期的目標 | 長期的目標 |
|---|---|---|
| 経営の視点 | 現在の戦略を適切に実行し、経営目標を達成するために必要な人材を供給する | 将来の戦略を構築する能力を持ち、経営の方向性を指し示すリーダーとなる人材を供給する |
| 人の視点 | できるだけ公平性と納得性が高い方法で人材を評価し、その結果を処遇に結びつける | 個人がキャリアを積み重ねていくなかで、人材としての価値を高め、成長するプロセスを支援する |

注：守島（2004, 第 I 章）にもとづいて作成。「経営の視点」とは、人は競争力を維持するための経営資源であり、そうした資源を供給することが人材マネジメントの役割である、という立場を指す。一方、「人の視点」とは、人は心を持ち成長する存在であるから、人材マネジメントにおいては、人を単に経営資源として扱うのではなく、人の心を大切にし、成長を支援する必要がある、という立場を指す

# 4. 人材マネジメント

## 人材マネジメントの 4 つの目的

　戦略の実行に必要な役割分担に関するもう一つの決定は、人材マネジメントに関する決定である。Dessler（2020, p. 39）は、人材マネジメントを「社員を獲得、育成、評価し、報酬を与えるプロセス」および「労使関係、健康と安全、公正性に関する社員の懸案事項に対処するプロセス」と定義している。

　守島（2004, 第 I 章）によれば、人材マネジメントには 4 つの目的がある。それらは、「経営の視点／人の視点」と「短期的目標／長期的目標」という 2つの軸によって、図表 1-5 のように整理することができる。

　この図表からもわかるように、人材マネジメントには、社員の評価や報酬の決定といったプロセスも含まれる。しかし、これらは次節で取り上げるマネジメントコントロール（成果コントロール）の一部とみなすこともできるため、学際的なトピックだといえる。

　本書では、議論の都合上、人材マネジメントを「人員配置の決定だけでなく、どのような人材に参加してもらうようにするか、あるいは人材を組織内でどのように育成していくか」といった、社員に関する基本的な決定を行うプロセス（伊丹, 1986, p. 7）と狭く定義する。そして、社員の評価や報酬の決定は、マネジメントコントロールの一部とみなすことにする。

## 人材を配置する際の留意点

　戦略目標を達成するためには、それに必要な能力や行動を社員から引き出す必要がある。そのために人事の施策や慣行を打ち出し実行することを、戦略的人材マネジメント（strategic human resource management）という（Dessler, 2020, p. 112）。

　戦略的人材マネジメントを行うためには、ワークフォースプランニング（workforce planning）と呼ばれる、どのようなポジションの人が必要で、どうやってそれらのポジションを埋めるかに関する決定を行う必要がある。たとえば、新規事業を立ち上げる、新たに工場を設立する、活動を縮小するといった計画は、必要とされる社員のスキルやポジションに影響を与える。その際、社内に適切な人材がいなければ、新たに人材を採用したり、育成したりする必要がある（Dessler, 2020, pp. 168-169）[9]。

　戦略を実行するためには、それぞれの仕事に適した能力や適性、人的ネットワークを持つ人を配置することを最優先に考えるべきであろう。しかし、伊丹＝加護野（2003, pp. 398-401）によれば、人の配置を決める際には、その他に4つの点を考慮する必要がある。

　1つめは、人の配置が達成意欲に影響を与えるという、インセンティブ効果である。たとえば、能力的には必ずしも十分ではなかったとしても、本人の希望通りの仕事を担当させることで、より多くの努力を引き出すことができるだろう。反対に、ある仕事の適性があるように外部からは見えても、その仕事が本人にとってはやりたくない仕事であれば、期待するほどの成果は得られないかもしれない。

　2つめは、人の配置が知識の獲得や能力形成に影響を与えるという、人材育成効果である。割り当てられた仕事をうまく遂行するためには、それに適した

---

9）従業員の採用と育成については、Dessler（2020, 第5章〜第8章）や今野＝佐藤（2020, 第4章, 第6章）を参照。なお、Dessler（2020, p. 115）は、戦略的人材マネジメントを実施するためのツールの一つとして、戦略マップ（strategy map）を挙げている。戦略マップについては、第3章第6節で詳しく取り上げる。

知識や能力を身につける必要がある。そのために、仕事以外の場で教育や訓練を受けることも可能だが、実際に業務を遂行しながら必要な知識を獲得し、その仕事に適したモノの見方や考え方を身につけることが重要になる。このように、人の配置は、経験を通じた学習のパターンを決めることによって、将来の人材の蓄積にも影響を与える可能性がある。

　3つめは、人の配置がインフォーマルな関係性の構築に影響を与えるという、ネットワーク形成効果である。組織構造によって規定される職場は、本来はフォーマルなグループである。しかし、同じ職場で協働を進めるなかで、人々の間に感情的な絆が形成されることも多い。そうした属人的なネットワークは、人々が異動し、フォーマルな関係性がなくなったあとでも残存する可能性がある。ときには、インフォーマルなネットワークの方が、フォーマルなネットワークよりも強力な場合すらある。

　4つめは、人の配置が会社の方針を伝えるという、メッセージ効果である。人の配置は、人々に仕事を割り当てるという実務上の意味に加えて、象徴的な意味を持っている。たとえば、あるポジションに誰もが優秀だと認める人を配置することで、その仕事が会社にとって重要であるというメッセージが人々に伝わることになる。現場で働く人々にとって、人の配置のやり方は、会社の将来の方針を知る手がかりになる。

# 5. マネジメントコントロール

## コントロールの定義と類型

　組織構造の設計と人材の配置によって役割分担が決まったとしても、人々がそれに沿って自動的に動き出し、戦略が適切に実行されるとは限らない。人にはそれぞれの考え方、利害、感情があり、こうした個人的な要因が行動に反映されるからである。また、人間の認知能力や情報処理能力には限界があるため、将来をすべて予見したり、複雑な問題に即座に対処したりすることはできない（伊丹, 1986, pp. 7-8）。

　したがって、人々が組織のためを思って行動したとしても、必ずしもそれが

組織にとって最善の行動とは限らない。そこで、人々を適切に動機づけ、望ましい行動をとってもらうための工夫、すなわちマネジメントコントロールが必要になる（伊丹, 1986, pp. 7-8）。

　どのような活動がマネジメントコントロールに該当するのかについては、論者によって様々な主張がされており、決まった活動のリストがあるわけではない[10]。また、Child（2015, p. 144）は、組織で行われるコントロールを「経営陣あるいはその他のグループが、彼ら彼女らの目標や期待に沿った成果を得るために、組織の活動を指示し、制御するためのプロセス」と定義している。この定義は、本章第 1 節で紹介したマネジメントコントロールの定義と類似している。

　したがって、組織で行われるコントロールのうち、どの部分を本書ではマネジメントコントロールと呼ぶのか、明確にしておく必要があるだろう。ここでは、Merchant and Van der Stede（2017）によるコントロールの分類にもとづいて、本書におけるマネジメントコントロールの具体的な内容を説明する。

　Merchant and Van der Stede（2017）によれば、組織のコントロールには、図表 1-6 に示す 4 つのやり方がある。これらのうち、行動コントロールは、本章第 3 節で論じた組織構造に関する決定と密接に関連する。また、人事コントロールは、前節で論じた人材マネジメントの役割の一つと考えるのが適当であろう。そして、文化コントロールは、戦略実行メカニズム（図表 1-3）において、マネジメントコントロールとは別の構成要素として示されている。組織文化については、次節で詳しく取り上げる。

　このように、図表 1-6 に示した 4 つのコントロールのうち、成果コントロー

---

10）たとえば、伊丹（1986, pp. 50-51）は、MCS のサブシステムとして、責任システム、業績測定システム、目標設定システム、インセンティブシステム、モニタリングシステム、人事評価システム、コミュニケーションシステム、教育システムを挙げている。また、Anthony and Govindarajan（2007, p. 7）は、マネジメントコントロールに含まれる活動の例として、組織がすべきことの計画、組織内で行われる活動の調整、情報の伝達、情報の評価、必要なアクションの決定、人々の行動変容への影響を挙げている。横田（2022, pp. 5-6）によれば、マネジメントコントロールのフレームワークは Anthony（1965）によって最初に提示され、その後、それが包含する概念やその対象は時代とともに変化してきた。様々なマネジメントコントロールのフレームワークとその変容については、卜（2022, 第 2 章）や横田（2022, 第 1 章）を参照。

**図表 1-6　4 つのコントロール**

| | |
|---|---|
| 成果コントロール<br>(result control) | 優れた成果に報いることで、そうした成果をあげるための人々の行動を促進する |
| 行動コントロール<br>(action control) | 行動の制約、行動計画の精査、許容される行動の定義などを通じて、人々の行動を直接的に制御する |
| 人事コントロール<br>(personnel control) | ある業務を遂行するのに適した人材を見つけ、彼ら彼女らを訓練し、彼ら彼女らに快適な職場環境と必要な資源を提供する |
| 文化コントロール<br>(cultural control) | 組織が重視する規範や価値観から逸脱しようとする個人に対して、相互監視による集団圧力をかける |

注：Merchant and Van der Stede（2017, 第 2 章 , 第 3 章）にもとづいて作成

ル以外の 3 つのコントロールは、主としてマネジメントコントロール以外の構成要素を通じて行われると考えられる。したがって、本書で「マネジメントコントロール」という場合、それは原則として「成果コントロール」を指すものとする。

## 成果コントロールの要素

　成果コントロールとは、具体的には何をすることなのだろうか。Merchant and Van der Stede（2017）によれば、成果コントロールには、以下の 4 つの要素が含まれる。

### （1）成果が求められる次元（dimensions）を定義する

　成果コントロールを行う際には、様々なステークホルダーに対して組織が負っている責任のバランスを考える必要がある。たとえば、その組織は株主へのリターンを最優先に考えるのか、それとも、株主と同じくらい、あるいはそれ以上に顧客や社員を重視するのか、イノベーションやサステナビリティをどのように位置づけるか、といった点について考える必要がある（Merchant and Van der Stede, 2017, p. 38）。

　成果コントロールで重視される次元は、経営目標（operating goals）と合致していることが望ましい。Daft（2021, p. 58）によれば、経営目標は、企業が実際に業務を行う際に目指すものであるため、ミッションよりも具体的に定義され、短期的に測定可能な成果を含んでいる。

　経営目標の代表例は、利益率や売上高成長率といった、組織全体の業績目標である。それ以外にも、材料や資金といった経営資源の獲得に関する目標、市場シェアや市場での地位に関する目標、社員の育成や成長といった能力開発に関する目標、製品1単位当たりにかかるコストのような生産性に関する目標、新製品や新サービスの開発といったイノベーションと変化に関する目標などが経営目標になり得る（Daft, 2021, pp. 58-60）。

　Daft（2021, p. 60）によれば、成功している企業ほど経営目標のバランスを重視している。たとえば、一部の企業は、優れた業績を生み出すためには、当期の利益だけに注目するのは必ずしも望ましくないと考えている。前述のイノベーションと変化に関する目標は、たとえそれらが短期的に利益を減少させるとしても、長期的な成長のためには重要である。また、社員の能力開発に関する目標は、やる気のある優秀な人材を引き留めておくのに不可欠である。

## （2）成果が求められる次元で業績を測定する

　成果コントロールにおいては、一定期間中のサブユニット（組織を構成する部門）や社員の業績を測定する必要がある。業績指標には、客観的に測定される財務指標（純利益、1株当たり利益、総資産利益率など）、客観的に測定される非財務指標（市場シェア、顧客満足度、納期の遵守率など）、そして多くの主観的な判断が求められる指標（チームプレイヤーであったか、部下の能力開発を効果的に行ったかなど）が含まれる（Merchant and Van der Stede, 2017, p. 39）。

　上司が部下に対して複数の業績指標を設定した場合、それぞれの指標の良し悪しを総合的な評価に集約できるように、指標の重みづけ（weightings）をしなければならない。たとえば、全体の60％を総資産利益率にもとづいて評価し、40％を売上高成長率にもとづいて評価するといった、加法による（additive）重みづけがあり得る（Merchant and Van der Stede, 2017, p. 40）。

　あるいは、利益や売上の目標達成に対する評価と環境への責任に対する評価を掛け合わせるといった、乗法による（multiplicative）重みづけを行うこともできる。この場合、たとえ財務的な目標を達成したとしても、環境への配慮をおろそかにした場合には、評価が著しく低くなる可能性がある（Merchant and

Van der Stede, 2017, p. 40）。

## （3）業績指標の目標値を設定する

　通常、ある測定結果の良し悪しは、何らかの基準値（standard）との比較に
よって判断される。そうした基準値の一つが、予算などの業績目標である。優
れた成果とそうではない成果を区別するために利用されるという点で、業績目
標の設定は、成果コントロールの極めて重要な要素である。

　Merchant and Van der Stede（2017, p. 40）によれば、業績目標は 2 つの点で社
員の行動に影響を与える。まず、上司が達成すべき明確な目標を与えることで、
部下のモチベーションが向上する[11]。多くの人は、「ベストを尽くせ」「無理のな
いペースで仕事をしろ」などと言われるよりも、具体的な目標を与えられるこ
とを好む。さらに、部下は、目標と実績を比較することによって、自分のパフ
ォーマンスの良し悪しを評価することができるようになる。目標を達成できそ
うにない場合には、何とかして改善しようとするだろう。

## （4）目標の達成に対して報酬を提供する

　上司は、業績目標の達成などの成果と報酬（または罰）を関連づけることで、
部下のモチベーションを引き出すことができる。報酬は、外的報酬（extrinsic
rewards）と内的報酬（intrinsic rewards）の 2 つに分類される。前者は、金銭的
報酬、表彰、より多くの意思決定の権限など、社員が外部から与えられる報酬
である。後者は、望ましい成果をあげたときの達成感など、社員自ら感じる報
酬である（Merchant and Van der Stede, 2017, p. 41）。

　組織は、可能な限り最も費用対効果の高い方法で、最も強力な動機づけの効
果をもたらす報酬を社員に約束する必要がある。しかし、報酬がもたらす動機
づけの効果は、個人の好みや置かれた状況によって大きく異なる可能性がある。
かといって、個人ごとにテーラーメイドされたシステム（tailored system）は、
不公平だとみなされる恐れがあるだけでなく、複雑で管理コストがかかる

---

11）　仕事に対するモチベーション（work motivation）は、「個人の内部と外部の両方から発生
　　し、仕事に関する行動を生起させ、その形態、方向性、強度、および持続性を決定する一
　　連の心的エネルギー」と定義される（Pinder, 2008, p. 11）。

（Merchant and Van der Stede, 2017, p. 41）。

## 会計数値が成果コントロールに用いられる理由

　前述のように、企業の業績指標は多種多様に存在するが、そのなかで中心的な役割を果たすのが、会計数値をはじめとする財務データである。Merchant and Van der Stede（2017, pp. 261-262）は、多くの企業が財務的な成果コントロール（financial result control）を行っている理由を4つ挙げている。

　1つめは、財務的な目標が、企業にとって非常に重要だからである。利益やキャッシュフローは株主や債権者に対するリターンの源泉であるため、外部の資金提供者は、企業を評価する際にこれらの会計数値を重視する。会計数値にもとづいて企業活動の良し悪しが判断されるのであれば、上司がそれらを部下の業績指標にも用いようとするのは、自然な発想といえるだろう。

　2つめは、会計数値が、広範囲にわたる取り組みの影響を統合した指標だからである。会計システムは、企業内で行われる様々な活動の成果をカネの側面から網羅的に記録し、売上やコスト、利益といった金額に要約してくれる。こうした包括的な指標を使って部下の成果を測定することで、上司は比較的容易に、標準化された方法で部下の成果を評価することができる。

　3つめは、会計数値が、他の指標よりも正確で客観的だからである。本章第1節で述べたように、管理会計では、財務会計のように決められたルールに従う必要はない。それでも、管理会計の数値には、測定のよりどころとなるルールが存在するという点において、品質や顧客満足度などの非財務指標に対する優位性があるといえるだろう。そうしたルールは、部下が測定結果を裁量的に操作する余地を狭め、測定の客観性や検証可能性を担保するのに役立つ。

　4つめは、会計数値によるコントロールにかかるコストは、他のコントロールにかかるコストよりも少なくて済むことがしばしばあるからである。企業は、財務会計や税務申告のためにカネの動きを記録し、利益などの指標を計算することが義務づけられている。したがって、会計数値を部下の業績指標に用いる際に必要な情報の大部分は、すでに企業内に存在している可能性が高い。もともとあるデータを使用するのであれば、新たにデータを収集するコストは大幅

に節約できるだろう。

　部下に重視してほしい項目について、きちんと測定する準備を上司がすれば、測定されることを意識した部下は、その項目に注意を払うようになる。その測定結果にもとづいて期末に評価されるということになっていれば、部下はますますその項目を重視するようになる（伊丹＝青木, 2016, p. 22）。本書では、こうしたプロセスをマネジメントコントロールと呼ぶ。そして、多くの企業が会計数値を業績指標に用いていることから、影響システムとしての管理会計システムが MCS の中核をなすと考えられる。

# 6. 組織文化

　ここまで、戦略実行メカニズム（図表 1-3）に含まれる要素のうち、組織構造、人材マネジメント、マネジメントコントロールについて順に説明してきた。最後の構成要素は、組織文化である。組織文化とは、「組織のメンバーが共有するものの考え方、ものの見方、感じ方」であり、企業文化や組織風土、社風などと呼ばれることもある（伊丹＝加護野, 2003, p. 349）。

　図表 1-7 が示すように、伊丹＝加護野（2003, pp. 350-353）は、組織文化の概念的な構成要素として、組織の価値観、組織のパラダイム、組織の行動規範の 3 つを挙げている。これらのうち、価値観とパラダイムは抽象度が高いため、様々な状況に対応する際に融通が利くという長所を持つ。一方で、価値観とパ

**図表 1-7　組織文化の構成要素**

| | | |
|---|---|---|
| 抽象的レベル | 組織の価値観 | 何に価値を置くか、何が大切で、何がより大切ではないかについて、組織の多くの人が共有しているもの |
| | 組織のパラダイム<br>（認識と思考のパターン） | 自分を取り巻く世界のイメージ（企業とは何か、顧客は何を欲しているか、企業で働く人は何を求めているかなど）、および認識や思考のルール（情報はどのようにして獲得されるべきか、どのように思考の焦点を合わせるべきか、知識や情報はどのように表現されるべきかなど）について、組織の多くの人が共有しているもの |
| 具体的レベル | 組織の行動規範 | 組織が遭遇する様々な状況においていかに行動すべきかに関する内面化されたルール、暗黙のルール。顧客や上司にはどのような態度で接するべきか、顧客からのクレームに対してどのように反応すべきかなど |

注：伊丹＝加護野（2003, pp. 350-353）にもとづいて作成

ラダイムには、抽象度の高さゆえにわかりにくく、解釈が難しいという短所がある。そこで、価値観とパラダイムをより具体的に表現した行動規範が必要になる。

　組織文化は、企業活動においてどのような役割を果たすのだろうか。図表1-6が示すように、文化コントロールは、組織が重視する規範や価値観から逸脱しようとする個人に対して、相互監視による集団圧力をかけるために行われる。たとえば、集団主義的な文化のある組織においては、所属する組織の名誉を傷つけるような行動を避けようとする強いインセンティブを人々が持つようになる（Merchant and Van der Stede, 2017, p. 97）。

　しかし、組織文化の役割は、人々の逸脱行為を抑制するだけではない。ここでは、伊丹＝加護野（2003, pp. 355-357）が挙げている組織文化のメリットのうち、戦略の実行という観点から特に重要と思われるものを2つ紹介しておこう。

　一つは、コミュニケーションと意思決定に関するメリットである。人々の間で価値観やパラダイムが共有されていれば、多くの人が似たような基準で物事の良し悪しを判断したり、似たようなやり方で物事を解釈したりするようになる。また、組織のなかで行動規範が共有されていれば、各人がとるべき行動について考えたり、調整したりするための時間が少なくて済むだろう。このように、強い組織文化を持つことで、コミュニケーションが容易になり、意思決定のスピードが上がることが期待される。

　もう一つは、人々が決定を行動に移す際のメリットである。自分が何かを決定する際に用いた判断基準が周りの人々と共有されているということを知っていれば、人は自信を持ってその決定を行動に移すことができる。また、企業の戦略や組織構造、人材マネジメント、マネジメントコントロールなど、これまで述べてきた経営の要素が組織文化と整合的なものであれば、人はそれらに対して信頼感を持つようになる。その結果として、戦略を適切に実行しようという意欲が高まると考えられる。

　以上の点を踏まえると、組織文化には、戦略の実行をよりスムーズにするという役割を期待することができる。いかに明確な戦略を策定し、それを実行するための組織構造の設計、人材マネジメント、マネジメントコントロールを適

切に行ったとしても、組織にとって望ましい行動がすべて規定されるわけではないだろう。

　それに対して、組織文化（とりわけ組織の価値観とパラダイム）は、その抽象度の高さゆえに、多くの状況において人々の思考や行動の「よりどころ」となり得る。したがって、戦略と組織文化が矛盾するものでない限り、強い組織文化を持つ企業ほど戦略を適切に実行することができると考えられる。

　もちろん、組織文化が人々の思考や行動に与える影響の一つひとつは、他の構成要素が与える影響と比較して、決して大きなものではないかもしれない。組織文化は、少しずつではあるが、継続的に、組織のあちこちで影響を与えるものである。こうしたタイプの影響は、組織にとって非常に重要である。目には見えづらい、小さな影響が積み重なることで、いつのまにか経営の成果に大きな差が出る。こうしたことが、企業の現場ではしばしば起こる（伊丹＝加護野, 2003, p. 357）。

# 7. マネジメントコントロールのコスト

　本書では、戦略実行メカニズムを構成する 4 つの要素のうち、マネジメントコントロールを効果的に行うための経営上の工夫について検討する。それは言い換えれば、どうすれば MCS の正味のベネフィット（コストを上回るベネフィット）を大きくできるかを考える、ということである。

　MCS がもたらす最大のベネフィットは、社員が組織の目標を追求する可能性が高まることである（Merchant and Van der Stede, 2017, p. 173）。一方、MCSを運用することによって、様々なコストも発生する。Merchant and Van der Stede（2017, 第 5 章）によれば、成果コントロールのコストは、以下のように大きく3 つに分けられる[12]。

---

12）本章第 5 節で述べたように、Merchant and Van der Stede（2017）は、組織のコントロールを 4 つ（成果コントロール、行動コントロール、人事コントロール、文化コントロール）に分類している。それぞれのコントロールでコストが発生すると考えられるが、ここでは成果コントロールのコストを中心に論じる。

## (1)直接コスト（direct costs）

これは、MCSの設計と運用にかかる（主に金銭的な）コストである。その代表例は、成果に対する報酬として社員に支払われる現金ボーナスである。さらに、社員が予算編成に費やす時間なども、直接コストに含まれる。前者は測定しやすいのに対して、後者は推定するしかない。多くの組織は直接コストの正確な金額を把握していないが、それは些細な金額ではないと思われる。

## (2)間接コスト（indirect costs）

これは、MCSがもたらすネガティブな副作用（side effects）のコストである。成果コントロールで発生する間接コストは、以下の3つに分類される。

### ①望ましくない行動変容（behavioral displacement）

MCSは、組織の目的に整合しない行動を誘発する場合がある。たとえば、毎月の売上ノルマを課されると、社員は売りやすい製品ばかりを売るようになるかもしれない。しかし、そうした製品が、利益率の高い製品や、戦略的に重要な製品とは限らない。

望ましくない行動変容が起こる最も一般的な理由は、組織が、容易に定量化できる成果に注目することによって、望ましい成果を完全には捕捉できなくなってしまうからである。このような場合、社員は、MCSが報いる成果に集中し、それ以外の、望ましいが測定されていない成果を軽視するように誘導されてしまう。

### ②駆け引き（gamesmanship）

これは、社員が自身の業績指標を向上させるためにとる行動のうち、組織にプラスの効果をもたらさないものを指す。成果コントロールにおいては、大きく2つの駆け引きが行われる可能性がある。

一つは、予算などの業績目標を達成したか否かにもとづいて評価される部下が、確実に目標を達成するために、上司との交渉を通じて、最善の将来予測よ

りも意図的に低い目標を設定しようとすることである。業績目標が最善の将来予測よりも低い（達成しやすい）場合、両者の差は予算スラック（budget slack）と呼ばれる。予算スラックは、業績の良し悪しをあいまいにし、最終的には業績評価や資源分配に関する意思決定を歪める[13]。

　もう一つは、データの操作（data manipulation）、すなわち、コントロールの対象となる指標をごまかすことである。これには、捏造（falsification）とデータマネジメント（data management）の 2 種類がある。まず、捏造とは、データを改竄したり、虚偽の報告をしたりすることである。

　一方、データマネジメントとは、報告される成果を変えるために、組織にとって経済的なメリットのない、ときには組織にとって有害なアクションを起こすことである。具体的には、減価償却方法の変更など、会計処理や会計上の見積もりを変える会計的裁量行動と、メンテナンスの延期など、実際のビジネスのやり方を変える実体的裁量行動がこれに含まれる。前者は不正会計につながりかねず、後者は品質を低下させる恐れがある。

### ③ネガティブな振る舞い（negative attitudes）

　MCS は、仕事上のストレス、コンフリクト、欲求不満、抵抗などをもたらす恐れがある。これらは、社員の幸福（welfare）という観点から望ましくないだけでなく、前述した駆け引きや努力の欠如、欠勤、離職といった、他の有害な行動につながる恐れもある。

　成果コントロールにおいては、業績目標に対する社員のコミットメントが欠如している場合に、ネガティブな振る舞いが起こりやすい。多くの人は、達成が難しすぎる、達成しても意味がない、達成することは不謹慎だ、と自身が考える目標にはコミットしない[14]。また、業績指標の管理可能性が低い、成果にもとづく報酬の配分が不公平だ、と社員が感じている場合にも、同様の問題が起

---

13) 第 6 章で詳しく述べるように、達成可能な業績目標を設定することにはメリットもある。予算スラックの決定要因と経済的影響に関する実証研究については、伊藤（2022）を参照。

14) ある人が、①ある目標を達成できると信じているだけでなく、②その目標を達成したいと思っている場合に、その人はその目標にコミットしているとみなすことができる（Robbins and Judge, 2017, p. 255）。

こり得る。[15)]

## (3) 適応コスト（adaptation costs）

　これは、主に多国籍企業が、MCS をそれが運用される個々の状況に適応さ
せる際に発生するコストである。適応コストを回避するため、企業はできるだ
け MCS を標準化しようとするかもしれない。しかし、その結果、MCS の効果
が弱まったり、間接コストが発生したりする可能性がある。

　MCS の適応が必要な理由は 4 つある。1 つめは、人々の嗜好、規範、価値
観といった文化が、国によって異なるからである。したがって、たとえば個人
主義的な文化を持つ国では、グループ単位ではなく個人単位で仕事を割り振っ
たり、業績評価を実施したりする方が、社員に好まれるかもしれない。

　2 つめは、コーポレートガバナンスに関する規制、雇用法、契約法といった
制度が、国によって異なるからである。したがって、たとえば労働組合が強い
国では、成果と報酬が大きく連動するような給与体系よりも、年功序列型の給
与体系の方が、社員に好まれるかもしれない。

　3 つめは、環境の不確実性、インフレの程度、有能な人材の獲得のしやすさ
といった経営環境が、国によって異なるからである。したがって、たとえばイ
ンフレが深刻な国で活動する海外法人については、財務諸表を（名目金額では
なく）実質金額で表示するなどの工夫が必要になるかもしれない。

　4 つめは、海外で活動するサブユニットの業績を本社の通貨に換算する際に
は、為替レートの影響を受けるからである。したがって、たとえば海外法人の
マネジャーに為替変動のリスクを負担させるべきではないと考えられる場合に
は、現地の通貨を使って業績評価を実施する必要があるかもしれない。

　このように、MCS には様々なコストがあるが、多くの場合、それらを見極
め、ベネフィットとの比較衡量を行うことは困難である。たとえそうであった
としても、MCS が望ましい効果をもたらすためには、経営者が手に入る限り

---

15) 管理可能性については、第 2 章第 1 節で詳しく取り上げる。

の情報や洞察にもとづいて MCS を評価し、必要に応じて微調整を行わなければならない（Merchant and Van der Stede, 2017, p. 232）。

# 8. 本書のリサーチデザイン

　本書では、本章第1節で設定したリサーチクエスチョンを検討するために、MCS がうまく機能している、すなわち、MCS のベネフィットがコストを上回っていると思われる日本企業2社の事例研究を行う[16]。各社の概要は以下の通りである。

## (1)日本航空株式会社

　日本航空株式会社（以下、JAL）は、2010年1月に会社更生法の適用を申請し、同年2月に上場廃止となった。事業会社としては戦後最大の倒産であった同社の経営再建のリーダーを務めたのが、京セラの創業者、稲盛和夫氏である。稲盛氏は、2010年2月に JAL の会長に就任し、2013年3月まで経営にあたった。その間、JAL の収益性は大きく改善し、2012年9月に同社は再上場を果たした。

　JAL の再建を可能にした要因には様々なものが考えられるが、その一つとして、稲盛氏が独自に編み出した経営管理手法である「アメーバ経営」の導入に成功したことが挙げられる（引頭, 2013; 稲盛＝京セラコミュニケーションシステム, 2017 など）。アメーバ経営は、組織全体を「アメーバ」と呼ばれる小集団に切り分け、それぞれのアメーバを独立採算組織とする経営システムである[17]。

　JAL は、製造業で生まれたアメーバ経営をベースとして、航空運輸業の実態

---

16）野村（2017, p. 46）によれば、事例研究（case study）は「複雑な事象や新規な事象を分析する上で力を発揮する。すなわちそれが『どのように』生起し展開しているのか、それが『なぜ』おこるのか、あるいはいったい『何が』起きているのか（存在しているのか）」を問う研究に適したリサーチデザインである。

17）アメーバ経営の詳細については、稲盛（2010）、伊丹＝青木（2016, 第8章）、稲盛＝京セラコミュニケーションシステム（2017）などを参照。また、アメーバ経営の導入効果に関する実証研究については、庵谷（2022）を参照。

### 図表 1-8　JAL の部門別採算制度の目的

| ①採算意識の向上 |
| --- |
| 収入・費用・労働時間を科目に細分化した「採算表」を各組織が毎月作成し、組織に所属する社員の活動成果を「見える化」することによって、社員の一人一人がやりがいを感じ、それがモチベーションや採算意識の向上につながる |
| ②リーダーの育成 |
| 各組織のリーダーは、組織を運営するのではなく、経営することが求められる。小さな組織の経営者としての経験を積むことによって、より大きな役割を担う組織のリーダーとなるべき人財を育成する |
| ③全員参加経営の実現 |
| 「採算表」や経営情報を社内で共有し、リーダーの下、組織に所属する全員が当事者意識を持ち、目標達成に向けた「収入最大・経費最小・時間最短」の具体的な取り組みを自ら考え、行動することを通して、各組織の経営に自律的に参画する |

注：日本航空株式会社（2022, p. 242）にもとづいて作成。JAL は、社員を会社の財産と捉えていることから、「人材」ではなく「人財」という言葉を使っている（日本航空株式会社, 2022, p. 246）

### 図表 1-9　JAL グループ企業理念

> JAL グループは、全社員の物心両面の幸福を追求し、
> 一、お客さまに最高のサービスを提供します
> 一、企業価値を高め、社会の進歩発展に貢献します

注：JAL REPORT 2022（p. 4）にもとづいて作成

に即した「部門別採算制度」を設計した。図表 1-8 には、その目的がまとめられている。同社は、再上場から 10 年以上経過した現在でも、部門別採算制度の運用を続けている。その理由は、部門別採算制度の目的を果たすことができれば、図表 1-9 に示した企業理念の実現につながると考えられているからである（JAL REPORT 2022, p. 23）[18]。

　JAL の部門別採算制度については、すでに多くの知見が蓄積されている。本書は、それらをマネジメントコントロールという観点から検討することで、企業で働く人々の採算意識を高めるためにはどのような経営上の工夫が必要になるのかについて、一定の示唆を得ることを目指す。

---

18）企業理念あるいは経営理念とは、「組織の理念的目的（この企業は何のために存在するか）」および「経営のやり方と人々の行動」についての基本的な考え方を指す（伊丹＝加護野, 2003, p. 347）。本書では、ミッション（本章第 2 節）と企業理念という 2 つの言葉を互換的に用いることにする。

## (2)オムロン株式会社

　オムロン株式会社（以下、オムロン）は、2012 年頃から本格的に ROIC 経営を行っている。ROIC 経営とは、業績指標として投下資本利益率（return on invested capital：ROIC）を重視する経営のことである。

　オムロンは、「日本で最も ROIC を有効に活用している企業の一つ」（KPMG FAS ＝ あずさ監査法人, 2017, p. 127）、「ROIC 経営の先進企業」（浅田ほか, 2021, p. 118）、「ROIC を経営指標として長きにわたり掲げる日本企業で、もっとも著名な企業の 1 社」（大津, 2022, p. 202）である。同社は、2014 年度の企業価値向上表彰で大賞を受賞した。[19]図表 1-10 に示した受賞理由からも、同社の ROIC 経営が高く評価されていることがわかる。

　近年、資本効率を考慮した業績指標として注目されている ROIC であるが、日本企業による ROIC 経営の実践について、十分な知見が蓄積されているとはいいがたい（浅田ほか, 2021, p. 118）。本書は、オムロンの ROIC 経営をマネジメントコントロールという観点から検討することで、企業で働く人々に資本効率を意識させるにはどのような経営上の工夫が必要になるのかについて、一定の示唆を得ることを目指す。

　なお、JAL が部門別採算制度を企業理念実現に向けた仕組みと位置づけているのと同じように、オムロンも企業理念と ROIC 経営の整合性を重視している。図表 1-11 には、オムロンの企業理念が示されている。

　次章からは、テーマごとにマネジメントコントロールに関する理論を紹介したうえで、JAL とオムロンの事例について考察する。まず、第 2 章では、両社の組織構造（部門化の方法）について取り上げる。これは、マネジメントコントロールが、組織構造を所与としたうえで実施されることが多いためである。

　第 3 章では、サブユニットの業績指標を何にするか、という責任センターの観点から両社の事例について考察する。責任センターには、収益センター、コストセンター、プロフィットセンター、投資センターという 4 つの種類がある。

---

19)　企業価値向上表彰とは、東京証券取引所が 2012 年度に創設した、「資本コストをはじめとする投資者の視点を強く意識した経営を実践し、高い企業価値の向上を実現している会社を表彰」する制度である（日本取引所グループホームページ, 2023 年 7 月 28 日閲覧）。

## 図表 1-10　オムロンが企業価値向上表彰会社に選定された主な理由

| |
|---|
| **①投資者視点を意識した経営目標を掲げて投資者との対話を深めている** |
| ●企業価値を高めるため、資本効率を表す経営指標（ROIC、ROE）に自社の資本コストを上回る水準の目標値を設定して中期経営計画において公表している |
| ●企業価値を高める財務戦略として、成長投資優先、安定的継続的配当、機動的自社株買いの 3 つを柱とする資金配分の基本方針を策定して公表している |
| **②経営目標の達成に向けてきめ細かな事業ポートフォリオの管理を実践している** |
| ●自社の事業を 100 近い事業ユニットに細分化し、事業の収益性を表す ROIC と事業の成長性を表す売上高成長率を組み合わせて事業ユニットの選択と集中を行う「ポートフォリオマネジメント」を実践している |
| **③企業価値向上に関する経営管理の仕組みを組織に深く落とし込んでいる** |
| ●全社ベースの ROIC の向上を最終目標に掲げ、それと関連性の高い指標を各事業部門や製品ラインごとに KPI として設定することで、現場も含めた全社的な PDCA サイクルを構築する「ROIC 逆ツリー展開」を導入している |
| **④企業価値向上の取り組みの成果が表れている** |
| ●「ROIC 逆ツリー展開」と「ポートフォリオマネジメント」を柱とする「ROIC 経営」を掲げて経営改革に取り組んだ結果、かつては赤字であった事業部門が資本コストを上回る利益を獲得する水準まで業績向上を果たすなど、全社的な経営改善が進捗している |
| ●その結果として、同社の過去 3 年間の ROE は上昇傾向にあり、本年度もさらなる向上が見込まれるなど、近年、着実に企業価値向上の取り組みの成果が表れている |

注：日本取引所グループプレスリリース（2015 年 1 月 7 日, p. 2）にもとづいて作成。事業の選択と集中が進んだ結果、②に記載されている事業ユニットの数は、2023 年には約 70 になっている（オムロン書面インタビュー,2023 年 12 月 27 日）。「ポートフォリオマネジメント」や「ROIC 逆ツリー展開」については、第 5 章第 5 節で詳しく取り上げる

## 図表 1-11　オムロン企業理念

**Our Mission**
（社憲）
われわれの働きで　われわれの生活を向上し　よりよい社会をつくりましょう

**Our Values**
私たちが大切にする価値観
●ソーシャルニーズの創造
　私たちは、世に先駆けて新たな価値を創造し続けます
●絶えざるチャレンジ
　私たちは、失敗を恐れず情熱をもって挑戦し続けます
●人間性の尊重
　私たちは、誠実であることを誇りとし、人間の可能性を信じ続けます

注：オムロン統合レポート 2022（p. 3）にもとづいて作成

第 4 章では、プロフィットセンターに関する論点の一つである振替価格の設定について、JAL の事例を取り上げる。続く第 5 章では、投資センターの代表的な業績指標である ROIC を用いたマネジメントコントロールについて、オムロンの事例を取り上げる。

　第 6 章と第 7 章では、サブユニットの業績指標を所与としたうえで、その目標値（業績目標）をどのように設定するか、業績目標の達成度と報酬をどのくらい連動させるか、という観点から、両社の事例についてそれぞれ考察する。第 8 章では、マネジメントコントロールにおける企業理念の重要性について、両社の事例を取り上げる。

# 第 2 章

# 組織構造の設計

　本章では、第1章第3節で紹介した組織構造の設計のうち、部門化の方法に関する決定について詳しく取り上げる。第1節では、なぜ組織構造がマネジメントコントロールのベースとなるのか、その理由を述べる。第2節では、Puranam and Vanneste（2016）が純粋型と呼ぶ、機能別組織、事業部制組織、地域別組織という3つの組織形態について説明する。第3節では、純粋型以外の組織形態として、マトリクス組織やハイブリッド組織について説明する。第4節と第5節では、JALとオムロンの組織構造についてそれぞれ考察する。

## 1. 組織構造とマネジメントコントロールの関係

　第1章第5節で述べたように、マネジメントコントロールを実施する際には、部下の成果を測定するための指標を決める必要がある。そうした業績指標は、測定される側の部下にとっては、自身の行動から生じた結果に対して責任を負う必要がある変数、すなわち責任変数ということになる。そこで本書では、業績指標と責任変数という2つの言葉を互換的に用いることにする。

### 責任変数を設定する際の注意点

　責任変数を設定する際には、どのような点に注意すればいいのだろうか。Merchant and Van der Stede（2017）は、成果コントロールを効果的に行うための

## 図表 2-1　効果的な業績指標が持つ特性

| 正確性<br>(precision) | 同様の条件下で測定を繰り返した場合に同じ結果が得られる業績指標ほど、正確性が高い |
|---|---|
| 客観性<br>(objectivity) | 個人の感情や好み、解釈に影響されにくい、すなわち、バイアスの影響を受けにくい業績指標ほど、客観性が高い |
| 適時性<br>(timeliness) | 社員が行動を起こす時点と行動がもたらす結果を測定する時点（あるいは、成果にもとづく報酬が提供される時点）の時間差（lag）が短い業績指標ほど、適時性が高い |
| 理解可能性<br>(understandability) | 社員が、自分たちは何に対して説明責任を持っているのか、そして、測定結果を改善するためには何をしなければならないのかを理解している場合に、その業績指標は理解可能性が高い |
| コスト効率性<br>(cost efficiency) | 測定によって得られるベネフィットが、指標の設定や使用（たとえば、データ収集のために第三者による顧客調査が必要な場合など）にかかるコストを上回っている場合に、その業績指標はコスト効率的である |

注：Merchant and Van der Stede（2017, pp. 43-46）にもとづいて作成

条件を 3 つ挙げている。

　1 つめは、組織がコントロールしたい領域における望ましい成果を特定し、それを部下に効果的に伝えられることである（Merchant and Van der Stede, 2017, p. 42）。たとえ部下が企業全体の目標を理解し、その目標を達成したいと思っていたとしても、そのために自分は何ができるのか、何をすればいいのかをきちんと理解しているとは限らない。そこで上司は、企業全体の目標と整合的で具体的な業績指標を設定し、部下に期待する成果を明確にする必要がある。

　2 つめは、部下が一定期間、責任変数に対して重要な影響（significant influence）を与えられることである。この条件は管理可能性（controllability）の原則と呼ばれ、マネジメントコントロールにおける重要な概念の一つである（Merchant and Van der Stede, 2017, p. 42）。この原則に従えば、部下の業績指標には、部下がコントロールする権限を持っている項目はできるだけ含め、部下がそうした権限を持たない項目はできるだけ含めない方がよい。すなわち、管理可能性の原則とは、権限と責任の対応を要請する原則である。

　3 つめは、組織が効果的な測定を実施できることである。企業全体の目標と整合的で、管理可能性が高い責任変数を設定したとしても、それを正確に、客観的に、タイムリーに、そして、部下が自身の行動との関連性を理解できるようなやり方で測定できなければ、部下から望ましい行動を引き出すことは難しい。さらに、業績指標を設定する際には、測定にかかるコストも考慮する必要

がある（Merchant and Van der Stede, 2017, pp. 43-46）。こうした特性は、図表 2-1 にまとめられている。

## 管理可能性と組織構造の関係

　これらの条件のうち、責任変数を設定する際にとりわけ重要なのは、2 つめに挙げた管理可能性であろう。管理可能性が高い業績指標ほど部下の努力を正確に反映するため、部下は業績悪化の原因を自分がコントロールできない要因に求めることが困難になり、言い訳しづらくなる。その結果、部下は業績を真摯に受け止めるようになり、業績が上がるとやりがいを感じたり、反対に下がると深く反省したりするようになる（伊丹＝青木, 2016, p. 209）。

　業績指標の管理可能性が低い場合には、こうしたメリットを得ることは難しくなる。一方で、責任よりも権限の方が大きくなるような業績指標の設定をしてしまうと、権限の乱用による非効率が起こるかもしれない（伊丹＝青木, 2016, p. 103）。もちろん、権限と責任を一致させるのは決して容易ではないが、管理可能性が業績指標を設定する際に考慮すべき要因であることは間違いないだろう。

　では、部下の権限はどのように決まるのだろうか。第 1 章第 3 節で述べたように、組織構造を設計する際には、大きく 5 つの決定を行う必要がある。通常、管理会計では、3 つめに挙げた「部門化の方法に関する決定」にもとづいて業績測定の対象となる組織単位（以下、業績測定単位）が決められ、2 つめに挙げた「権限関係の決定」にもとづいて各業績測定単位を率いるマネジャーの責任変数が決められる。本章では、業績測定単位について論じることとし、責任変数については次章で取り上げる。

　以上の議論からわかるように、マネジメントコントロールは、組織構造をベースとして実施されるのが一般的である。そして、組織構造は組織図（organization chart）に反映される。組織図は、その組織がどのような部門から構成されているか、部門間にはどのような相互関係があるか、各部門が組織全体のなかでどのように位置づけられているかなどを示しているからである（Daft, 2021, p. 95）。

　組織を構成する部門はサブユニットとも呼ばれ、組織図においてボックスで表示される。そして、それぞれのサブユニット内の活動は、共通の手続き、権限、業績測定、目標、インセンティブに沿って行われる（Puranam and Vanneste, 2016, p. 178）。

## 2. 純粋型の組織形態：機能別組織、事業部制組織、地域別組織

　では、具体的にはどのような方法でサブユニットを設定すればいいのだろうか。Puranam and Vanneste（2016, p. 176）は、複数事業を抱える企業を「バリューチェーンの集合体」とみなしたうえで、部門化（グルーピング）の方法を整理している[1]。バリューチェーンは、企業の活動を技術的・経済的な特徴にもとづいて分割する概念（Porter, 2008, p. 75）であり、図表 2-2 にその基本構造が示されている。

　この図表が示すように、利益を生み出すために企業が行う活動は、主要活動（primary activities）と支援活動（support activities）の 2 つに分類される。前者には、製品を生産する、製品を顧客に届ける、アフターサービスを行うといった活動が含まれる。後者には、主要活動に必要なインプットの提供やインフラの整備といった活動が含まれる（Porter, 2008, p. 75）。

　Puranam and Vanneste（2016, p. 177）によれば、バリューチェーンには、①それを構成する活動、②一連の活動が生み出すアウトプット（製品サービス）、③アウトプットのユーザー（顧客）、という 3 つの次元がある。すなわち、活動とアウトプットが似通っていたとしても、（日本の顧客と米国の顧客、個人顧客と法人顧客のように）ユーザーが大きく異なる場合には、別々のバリュー

---

1 ）Puranam and Vanneste（2016, p. 4）によれば、同じ業界（industry）で活動していても、ビジネスモデル、すなわち、「誰に／何を／どのように」提供するかの選択（who/what/how choices）が異なる場合には、異なる事業とみなすのが有用である。たとえば、国内の顧客に家具を販売する事業と海外の顧客に家具を販売する事業では「誰に（who）」が異なり、寿司店とハンバーガーレストランでは「何を（what）」が異なり、オンライン取引のみの銀行と主に支店を通じて顧客にサービスを提供する銀行では「どのように（how）」が異なる。

図表 2-2　バリューチェーン

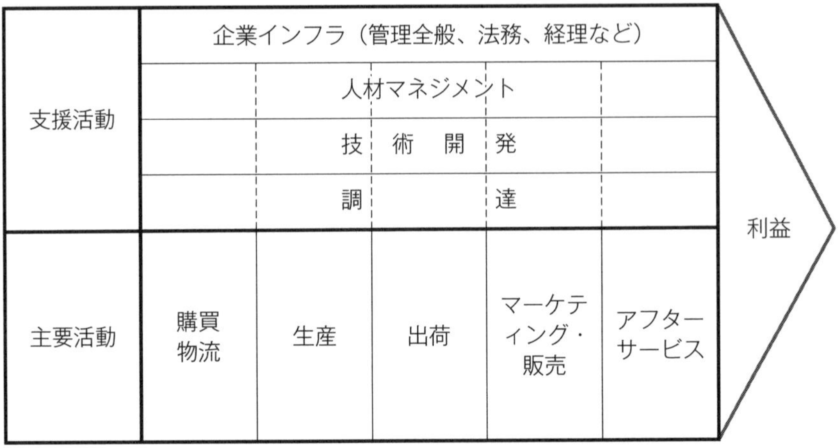

| 支援活動 | 企業インフラ（管理全般、法務、経理など） | | | | | 利益 |
| | 人材マネジメント | | | | | |
| | 技　術　開　発 | | | | | |
| | 調　　　　達 | | | | | |
| 主要活動 | 購買物流 | 生産 | 出荷 | マーケティング・販売 | アフターサービス | |

注：Porter（1985, p. 37）および Porter（2008, p. 75）にもとづいて作成

チェーンとみなされる。

　Puranam and Vanneste（2016, p. 180）は、これら 3 つの次元のうち、いずれか一つを用いてグルーピングを行った組織形態を純粋型（pure forms）と呼んでいる。以下では、それぞれの組織形態について詳しく説明する。

## （1）機能別組織

　「活動」にもとづくグルーピングを行っている組織は、機能別あるいは職能制組織（functional form）と呼ばれる。この組織形態は、複数のバリューチェーンで行われている類似の活動を統合することを重視している（Puranam and Vanneste, 2016, p. 180）。すなわち、機能別組織では、研究開発や生産といった、企業活動に必要な機能（function）に応じて組織が分割される（沼上, 2004, p. 27）。

　図表 2-3 には、3 種類の製品を扱うメーカーが機能別組織を採用した場合の組織図が示されている。この企業では、生産部門がすべての製品を生産し、営業部門がそれらをすべて販売し、研究開発部門が将来に向けた製品開発を一手に引き受ける。

図表 2-3　機能別（職能制）組織の例

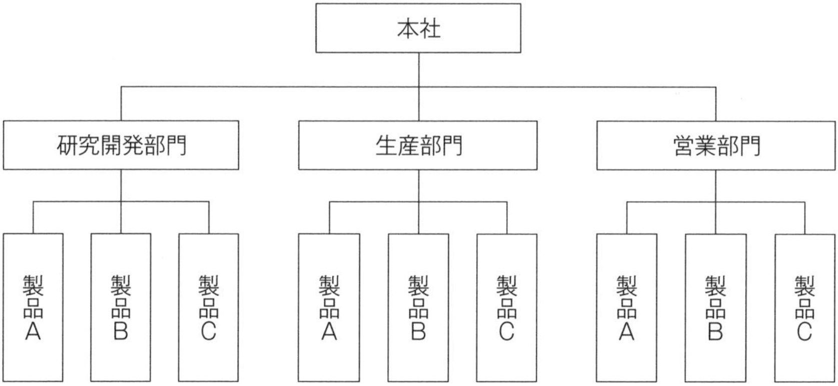

注：沼上（2004, p. 28）にもとづいて作成

　機能別組織の主なメリットは、特定の機能を担う社員が同じ場所で仕事をしたり、設備を共有したりすることで、規模の経済（economies of scale）を享受しやすくなるということである[2]。たとえば、すべての製品を一つの工場で生産することによって、最新の設備を導入しやすくなったり、資源の重複やムダを回避することが容易になったりする（Daft, 2021, p. 112）。

　さらに、機能別組織には、特定の機能に関する知識とスキルが一つの部門に集約されることによって深化する、というメリットもある。社員は、自身が所属する部門において、特定の機能に関する様々な活動を担当することになる。その結果、社員の専門的な能力が開発されていくのである（Daft, 2021, p. 112）。

　一方、機能別組織の主なデメリットとして、機能間の調整が必要な環境変化への対応が遅くなることが挙げられる。機能別組織においては、機能間の調整を含む意思決定の多くを本社が行わなければならない。その結果、経営陣が忙殺され、アクションが遅れてしまう可能性がある。また、各機能部門に所属するメンバーの主たる関心は、専門性の追求にある。そのため、組織全体の目標

2 ）　規模の経済とは、「一つの企業がある事業で大きな事業規模を確保することにより、事業のコスト効率を高くできるという規模のメリット」のことである（伊丹＝加護野, 2003, p. 133）。典型的には、事業規模の拡大によって固定費が分散され、製品単位当たりの生産費用や営業費用が低下することを指す。

に十分な関心を払わなかったり、他の機能部門と協調して物事を進めるという意識が生まれにくかったりする可能性がある（Daft, 2021, p. 112）。

　以上の議論から、組織全体の目標を達成するために深い専門知識が決定的に重要で、かつ機能間の調整を行う必要がほとんどない場合には、機能別組織を採用すべきだと考えられる。しかし、複数の事業を営む企業の多くは、組織が複雑になるにつれて、機能別組織から（次に述べる）事業部制組織に移行する傾向がある（Daft, 2021, pp. 112-113）。

## (2)事業部制組織

「活動が生み出すアウトプット」にもとづくグルーピングを行っている組織は、事業部制組織（multi-divisional form）と呼ばれる。この組織形態は、特定の製品を生み出すのに必要な活動を統合することを重視している（Puranam and Vanneste, 2016, p. 180）。そのため、事業部制組織においては、少なくとも短期的には個々の組織単位が自律的に存続できるように組織が分割される（沼上, 2004, p. 28）。

　図表2-4には、前述のメーカーが事業部制組織を採用した場合の組織図が示されている。ここからわかるように、事業部制組織を採用した場合、まず製品にもとづいて組織が分割され、そのあとで機能別に組織が分割される。すなわち、事業部制組織とは、大きな機能別組織を製品の軸にもとづいて小さな機能別組織に分解した組織形態である（沼上, 2004, pp. 29-30）。

　事業部制組織のメリットとデメリットは、基本的には機能別組織のそれらの裏返しである。事業部制組織のメリットとしてまず挙げられるのは、最初に製品を単位として組織が分割されているため、それぞれの製品に関する機能間の調整が行われやすいことである。また、事業部制組織の本社は、製品に関する意思決定の権限の多くを事業部長に委譲することができる。すなわち、分権化（decentralization）を進められる。その結果、事業部制組織は、機能別組織よりも迅速に環境変化に対応することができる。

　一方、事業部制組織のデメリットとしてまず挙げられるのは、規模の経済を享受しにくくなることである。たとえば、機能別組織では一つの部門内で共通

図表 2-4　事業部制組織の例

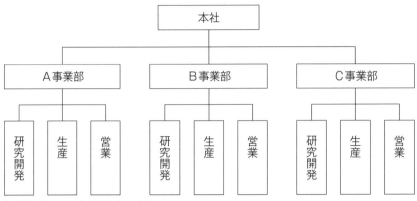

注：沼上（2004, p. 30）にもとづいて作成

の設備を共有していた 50 人の研究開発担当者が、10 人ずつ 5 つの事業部に配属されたとする。その結果、各事業部で綿密な研究開発を行うのに必要な最少人数を確保できなくなったり、事業部間で人材や設備の重複配置が必要になったりする（Daft, 2021, p. 116）。

　また、製品ごとに事業部が分かれることによって、製品間の調整が困難になったり、専門的な能力の開発が十分に行われなくなったりする可能性もある。事業部制組織で働く社員は、機能の専門性よりも個々の製品への思い入れが強くなる。その結果、たとえば研究開発部門であれば、組織全体にベネフィットをもたらす基礎研究よりも、特定の製品のための応用研究を重視するようになるかもしれない（Daft, 2021, p. 116）。

　このように、事業部制組織にはメリットとデメリットがある。しかし、一般的には、複数の製品を展開し、かつ事業部内の機能部門に人材を配置できるほど社員の数が多い企業では、事業部制組織が最もうまく機能する（Daft, 2021, p. 115）。

## (3)顧客中心組織

　最後に、「アウトプットのユーザー」にもとづくグルーピングを行っている

図表 2-5　地域別組織の例

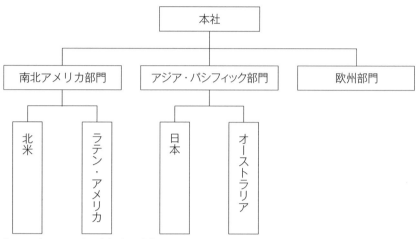

注：Daft（2021, p. 117）にもとづいて作成

組織は、顧客中心組織（customer-centric form）と呼ばれる。前述の事業部制組織は、製品の市場投入までの時間を短縮するために機能間の連携を重視し、市場投入に必要なすべてのステップを高いレベルで統合しようとする。それに対して、顧客中心組織は、特定の顧客セグメントのニーズを幅広く満たすために必要な活動を統合することを重視している（Puranam and Vanneste, 2016, pp. 180-181, pp. 183-184）。

　顧客中心組織の典型例は、図表 2-5 に示した地域別組織（geographic form）である。顧客ニーズは地域によって大きく異なる可能性があるため、各地域部門には、その地域における製品の開発、生産、販売に必要な機能がすべて備わっている（Daft, 2021, p. 116）。

　地域別組織のメリットとデメリットは、事業部制組織のそれらと似通っている（Daft, 2021, p. 117）。地域別組織は、地域特有のニーズに柔軟に対応することができる一方で、規模の経済や機能の専門化による利益を十分に享受することは難しい。

# 3. 純粋型以外の組織形態：マトリクス組織、ハイブリッド組織など

　前節で紹介した 3 つの組織形態は、類似の活動を一つの部門にまとめる機能別組織と、異なる活動を一つの部門にまとめる事業部制および地域別組織の 2 つに分けることができる（Puranam and Vanneste, 2016, p. 184）。

　機能別組織では、製品サービスや顧客の共有よりも開発スタッフや生産設備、営業手法といった機能の共有が重視される。したがって、各機能部門で働くメンバーには、専門性の追求によって付加価値を高めることが期待される（沼上, 2004, pp. 30-31）。

　一方、事業部制組織や地域別組織では、機能の共有よりも製品サービスや顧客の共有が重視される。したがって、事業部や地域部門で働くメンバーには、個々の製品サービスやターゲット市場での競争に注意を払い、環境変化に柔軟かつ迅速に対応することが期待される（沼上, 2004, p. 31）。

　以上の議論を踏まえると、機能の共有によるメリットと製品や顧客の共有によるメリットを比較して、前者が後者よりも重要であれば機能別組織を採用し、反対の場合には事業部制組織や地域別組織を採用するのがよい、ということになる（沼上, 2004, p. 31）[3]。

　しかし、現実には、どちらのメリットも重要であり、どちらを優先させるべきか、簡単には答えを出せない場合も多い。そのため、実務においては多種多様な組織形態が存在する。Puranam and Vanneste（2016, p. 184）は、そうした純粋型以外の組織形態（non-pure forms）として、マトリクス組織とハイブリッド組織の 2 つを挙げている。ここでは、これら 2 つに加えて、事業本部制およびカンパニー制組織についても説明する。

---

3）もちろん、組織構造の選択を行う際に考慮すべき要因は、ここで挙げた以外にも存在する。沼上（2004）は、機能別組織と事業部制組織の相違点について、多面的な議論を行っている。

図表 2-6　マトリクス組織の例

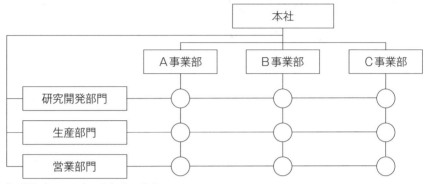

注：沼上（2004, p. 33）にもとづいて作成

## (1)マトリクス組織

　まず、マトリクス組織（matrix form）とは、複数の次元を同時に用いてグルーピングを行う組織形態である。図表 2-6 には、活動（機能）と活動が生み出すアウトプット（製品）の 2 次元でグルーピングした場合の組織図が示されている。もちろん、これ以外の 2 つの次元の組み合わせでグルーピングを行うこともできるし、論理的には、たとえば地域の次元を加えた 3 次元でグルーピングすることも可能である（Puranam and Vanneste, 2016, p. 185）。

　図表 2-6 に示したマトリクス組織には、個々の製品市場への対応を重視する事業部と、機能の共有や専門性の追求を重視する機能部門の両方が設置されている。したがって、○印に該当する人々は、事業部長と機能部門長という 2 人の上司の下で働くことになる（沼上, 2004, p. 33）。

　そして、事業活動を行っていくなかで「個々の製品や市場への対応」の観点から望ましい行動と「機能の共有や専門性の追求」の観点から望ましい行動が対立する場合には、どちらを優先させるべきか、部下が上司の判断を仰ぐ。そうすることで、事業部の要求と機能部門の要求をダイナミックにバランスさせるというのが、マトリクス組織の主な狙いである（沼上, 2004, pp. 33-34）。

　では、どのような場合にマトリクス組織を採用すべきなのだろうか。Daft（2021, p. 119）は 3 つの条件を挙げている。1 つめは、製品間で希少な経営資

源を共有しなければいけない場合である。たとえば、組織の規模がそれほど大きくなく、製品ごとに専任の研究開発担当者を配置することが困難な場合には、一人の研究開発担当者に複数の製品を掛け持ちしてもらうのが望ましいだろう。

　2つめは、専門性の深化と新たな製品の頻繁な投入といった、複数の目標を同時に追求しなければいけない場合である。この場合には、機能の共有を重視する人々のパワーと、製品の共有を重視する人々のパワーを拮抗させる必要がある。マトリクス組織を採用することによって、両者のパワーバランスを調整しやすくなるだろう。

　3つめは、経営環境が複雑で、不確実性が高い場合である。経営環境が頻繁に変化し、部門間の相互依存性が高い場合には、多大な調整と情報処理が必要になり、意思決定やアクションが遅れてしまうかもしれない。マトリクス組織は、こうした問題を緩和してくれるだろう。

　一方、沼上（2004, pp. 278-279）によれば、マトリクス組織には2つの弱点がある。一つは、マトリクス組織では、一人の部下に対して同等のパワーを持つ上司が複数おり、指示の優先度がフォーマルに確定しにくいことである。その結果、部下は自分がより尊敬している上司、自分がより偉いと思っている上司の指示に従う可能性があり、それが組織内の様々な嫉妬や対立を生む[4]。

　もう一つは、マトリクス組織では、事業別にも機能別にもマネジャーが必要なので、多数の管理者が生み出されてしまうことである。管理者が増えると調整が複雑になり、それが行き過ぎると、かえって何も決定できない組織になってしまう可能性がある。

## (2)ハイブリッド組織

　次に、ハイブリッド組織（hybrid form）とは、バリューチェーンを構成する

---

4）この点について、多くの企業が事業部長と機能部門長のパワーを拮抗させることは難しいと感じており、どちらか一方の指示を優先させるような組織構造を採用している。たとえば、プロダクトマトリクス（product matrix）組織では、事業部長が最終決定権を持ち、機能部門長は専門的な人材を配置したり、必要に応じてアドバイスを提供したりするのにとどまる。反対に、機能マトリクス（functional matrix）組織では、機能部門長が最終決定権を持ち、事業部長は主に機能間の調整を担当する（Daft, 2021, p. 119）。

図表 2-7　一部事業部制組織の例

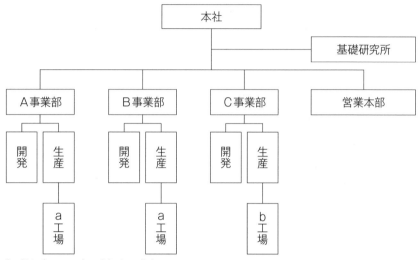

注：沼上（2004, p. 36）にもとづいて作成

活動によってグルーピングの方法が異なる組織形態を指す（Puranam and Vanneste, 2016, pp. 185-186）。ハイブリッド組織の例として日本企業に多いといわれているのが、図表 2-7 に示した一部事業部制組織である。図表 2-4 に示した事業部制組織と比較すると、図表 2-7 には 3 つの特徴がある（沼上, 2004, pp. 35-37）。

　1 つめは、事業部制組織では各事業部が行っている研究開発活動のうち、研究に該当する活動を本社直轄の基礎研究所にまとめている点である。「研究開発」と一括りにされることが多いが、研究と開発は異なる活動である。

　研究とは、自然界の原理を実験などによって学び、新しい知識を発見することである。それに対して、開発とは、新たに発見された知識を既存の知識と組み合わせて、製品として提供することである。前者については、各事業部が別々に研究活動を行うよりも、一つの部門がまとめて探索的な研究を追究する方が、成果は出やすいかもしれない。

　2 つめは、事業部から営業機能を切り離し、営業本部を設置している点である。組織単位が自律的に存続できるように組織を分割した組織が事業部制組織

だと前節で述べたが、図表 2-7 のように事業部が営業機能を持たない組織は、もはやその前提を満たさない。また、組織図上、営業本部と他の事業部が同列に置かれていることから、営業本部長は事業部長と同等の発言力を持っている可能性が高い。その結果、ついつい開発や生産の論理が優先されがちな事業部の活動に、市場の声が反映されやすくなるかもしれない。

　3 つめは、A 事業部の製品と B 事業部の製品が、同じ a 工場で生産されている点である。物理的に近い距離で働いていれば、そこに人的ネットワークが生まれる可能性がある。したがって、A 事業部の製品の生産で得られたノウハウが工場内で共有され、B 事業部の製品の生産にも活用されるなど、機能別組織と似たようなメリットが得られるかもしれない。また、図表 2-7 に示した組織において、a 工場長は 2 つの事業部の生産機能を掌握している。その結果、この工場長は、事業部長に匹敵するほどの権限を持つ可能性がある。

　このように、図表 2-7 に示した一部事業部制組織は、実際には機能別組織と事業部制組織の中間形態のような性格を持っている。沼上（2004, p. 37）によれば、こうした中間形態が中途半端でダメな組織だというわけではなく、「現実の組織は、そこにいる組織メンバーと、その顧客の要求、競争相手や技術変化の特徴等々といった多様な要因に適合させるべく、当初のひな形にいろいろ手を入れて『中間形態』として成立せざるを得ないもの」である。

## (3) 事業本部制組織とカンパニー制組織

　図表 2-8 には、事業本部制組織を採用した場合の組織図が示されている。この図表では、類似の製品や市場に対応する複数の事業部を一括りにして事業本部と呼んでいるが、こうした事業部の集まりは、グループやセクターなどと呼ばれることもある（沼上, 2004, p. 38）。

　個々の事業部の多角化が進み、巨大化していくと、環境変化への迅速な対応という事業部制組織のメリットを享受できなくなる恐れがある。事業本部制組織を採用することで、各事業部の規模を小さく維持しつつ、類似の製品や市場を担当する事業部同士で経営資源を共有することが可能になる。すなわち、事業本部制組織とは、事業部制組織を基本として、事業部の規模と括り方を工夫

図表 2-8　事業本部制組織の例

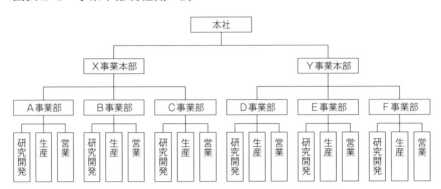

注：沼上（2004, p. 39）にもとづいて作成

した組織形態であるといえる（沼上, 2004, p. 38）。

　一方、事業部制組織を基本として、各組織単位の自律性を高める工夫をした組織形態は、カンパニー制組織と呼ばれる。沼上（2004, p. 40）によれば、カンパニー制組織とは「いついかなる時点でカンパニーを切り離して売却してもよいようなところまで組織ユニットの独立性を高め、まさに『一つの独立した会社である』かのように組織を分割して出来上がった組織形態」である。したがって、個々の事業部をカンパニーとして設定することもできるし、複数の事業部を一括りにした事業本部をカンパニーとして設定することもできる。

　事業部制組織では、複数の事業部が様々な資産を共有しており、各事業部がどれだけの資産を保有しているのか、あいまいになっていることも多い。その結果、独立企業であれば重視される資本効率にまで、事業部で働く人々の意識が向かない恐れがある。カンパニー制組織を採用する場合には、共有資産の割り振りも含めて、カンパニーごとの財務諸表を作成する必要がある。そうした財務諸表があれば、次章で詳しく述べる ROIC のように、資本効率を考慮した指標でカンパニーの業績を測定することが可能になる。

# 4. JAL の組織構造

　図表 2-9 には、JAL の組織図が示されている。このうち、「ソリューション

図表2−9　JALの組織図

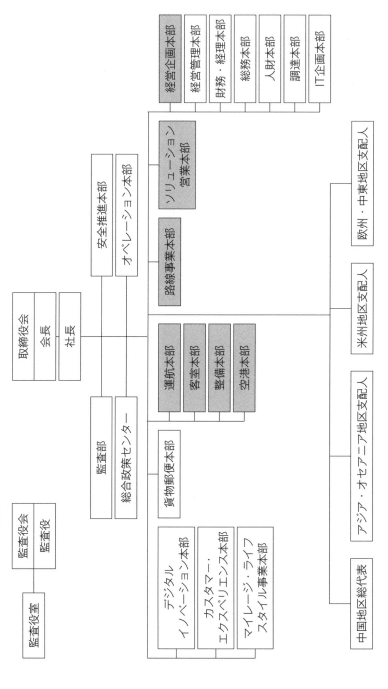

注：JALホームページにもとづいて作成（2023年7月24日閲覧）。本文で言及されているサブユニットには、網をかけた

営業本部」は、レベニューマネジメントやディストリビューションといった航空券の販売戦略、および地域課題の解決に関する戦略の策定と実行を通じて、収入の最大化を目指すサブユニットである[5]。一方、「路線事業本部」は、FSC（full service carrier）事業と LCC（low-cost carrier）事業の戦略策定および経営管理を通じて、路線収支の最大化を目指すサブユニットである（JAL プレスリリース 2021 年 2 月 18 日 ; JAL 有価証券報告書 2023 年 3 月期）[6]。

　2010 年から 2011 年にかけて JAL に部門別採算制度が導入された際、ソリューション営業本部は「旅客販売統括本部」、路線事業本部は「路線統括本部」とそれぞれ呼ばれていた。改称してもこれらのサブユニットの基本的な役割は変わらないため、本書ではソリューション営業本部と旅客販売統括本部、路線事業本部と路線統括本部というサブユニット名を互換的に用いることとする。

　路線事業本部は、メーカーにおける生産部門のような役割を果たす。すなわち、このサブユニットは、ある便を飛ばす際に、フライトに必要な航空機を経営企画本部から、パイロットを運航本部から、客室乗務員を客室本部から、整備士を整備本部から、地上スタッフを空港本部から提供してもらい、その便を一つの「製品」としてつくり上げる。その「製品」は、営業部門であるソリューション営業本部によって航空券として販売される（原, 2013, pp. 174-175; JAL 対面インタビュー, 2023 年 7 月 24 日）[7]。

　このように、JAL では主に機能にもとづくグルーピングが行われている。航空運輸業が運航、客室、整備、空港といった専門化された機能から成り立っていることを踏まえると、こうした組織形態を採用することは合理的だといえる

---

5） 航空業界におけるレベニューマネジメントとは、運航便ごとの収入最大化を目的として、販売席数と販売価格を適切に組み合わせることを指す。一方、ディストリビューションとは、直販や旅行会社販売といった、航空券の流通経路を指す（日本航空株式会社, 2022, p. 112, p. 140）。

6） FSC とは、航空機の座席や機内食、マイレージプログラムなどのサービスを充実させて付加価値を高めている航空会社を指す。一方、LCC とは、サービスの簡略化によってコストを削減し、低運賃を提供している航空会社を指す（日本航空株式会社, 2022, p. 23）。

7） 航空機については、機材計画を策定する経営企画本部が購買を申請し、実際の購買は調達本部が行う（JAL 対面インタビュー, 2023 年 7 月 24 日）。JAL は、経営再建時に調達本部を設置し、一定金額以上の購買の窓口を一本化した。調達本部は、各本部から上がってくる購買申請を厳しくチェックし、本当に必要なのか、価格は適切かといったことを検討する役割を担う（森田, 2014, p. 100）。

図表 2-10　オムロンの主要な製品サービス

| ①制御機器事業 |
| プログラマブルコントローラ、モーションコントロール機器、センサ機器、産業用カメラ・コードリーダ機器、検査装置、セーフティ用機器、産業用ロボット 等 |
| ②ヘルスケア事業 |
| 電子血圧計、ネブライザ、低周波治療器、心電計、酸素発生器、電子体温計、体重体組成計、歩数計・活動量計、電動歯ブラシ、マッサージャ、血糖計、動脈硬化検査装置、内臓脂肪計、遠隔患者モニタリングシステム、遠隔診療サービス 等 |
| ③社会システム事業 |
| エネルギーソリューション、駅務システム、交通管理・道路管理システム、カード決済ソリューション、安心・安全ソリューション、IoT（電源保護・データ保護）ソリューション、関連メンテナンス事業 等 |
| ④電子部品事業 |
| リレー、スイッチ、コネクター、アミューズメント機器用部品・ユニット、汎用センサ、顔認識ソフトウェア、画像センシングコンポ、MEMS（micro electro mechanical systems）センサ 等 |

注：オムロン有価証券報告書（2023 年 3 月期, p. 156）にもとづいて作成

（引頭, 2013, p. 59）。

　しかし、本章第 2 節で述べたように、機能を軸に組織を分割することによって、各機能部門が専門性を追求するようになり、結果として他部門との協調行動をとろうとしなくなる恐れがある。機能間の調整を行いながら路線収支の最大化を目指す路線事業本部は、こうした問題を緩和するために、連携を促すよう工夫されたサブユニットだと考えられる。

# 5. オムロンの組織構造

　オムロンは、制御機器事業、ヘルスケア事業、社会システム事業、電子部品事業という大きく 4 つの事業を手がけている。図表 2-10 には、それぞれの主要な製品サービスが示されている。そして、これらの事業を経営するにあたって採用されている組織形態（組織図）は、図表 2-11 に示されている。

　オムロンは、1999 年に事業部制を廃止し、カンパニー制を導入した（オムロン統合レポート 2022, p. 6）。上述した 4 つの事業のうち、制御機器事業はインダストリアルオートメーションビジネスカンパニーによって、ヘルスケア事業はオムロンヘルスケア株式会社によって、社会システム事業はオムロンソーシアルソリューションズ株式会社によって、電子部品事業はデバイス＆モジュールソリューションズカンパニーによって、それぞれ経営されている（オム

## 図表 2-11　オムロンの組織図

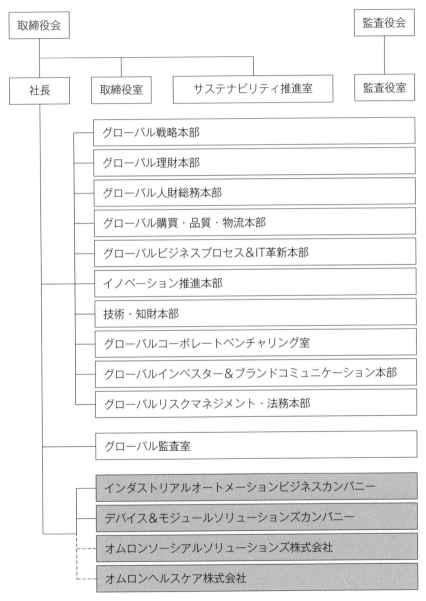

注：オムロンホームページにもとづいて作成（2023 年 6 月 30 日閲覧）。本文で言及されているサブユニットには、網をかけた。また、オムロンソーシアルソリューションズ株式会社とオムロンヘルスケア株式会社は子会社であることから、オムロン株式会社の社長へとつながる線が点線になっている

**図表 2-12　オムロンに設定されているカンパニーの基本構造**

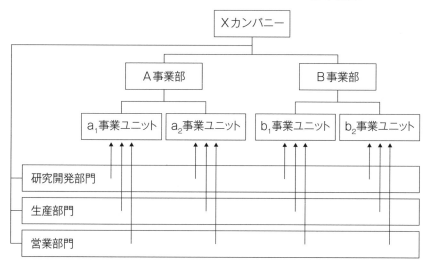

注：オムロン書面インタビュー（2023 年 11 月 28 日）にもとづいて作成。ここに示されているのはあくまでも基本構造であり、カンパニーごとに機能部門の配置は異なる

ロン書面インタビュー, 2023 年 10 月 24 日）。

　本書では、表記を簡略化するため、これら 4 つの事業体をすべて「カンパニー」と呼び、そのトップ（カンパニーのトップおよび子会社のトップ）をすべて「カンパニー長」と呼ぶことにする。カンパニー長は、オムロンの執行役員として、カンパニーの経営全般に関して同等の権限を持ち、同等の責任を負っている（オムロン書面インタビュー, 2023 年 10 月 24 日）。

　図表 2-12 には、カンパニーの基本構造が示されている。ここからわかるように、カンパニー内では、①研究開発部門・生産部門・営業部門という「機能の次元」、②事業部・事業ユニットという「製品サービスの次元」、これら 2 つの次元を同時に用いてグルーピングが行われている。つまり、カンパニーは、本章第 3 節で紹介したマトリクス組織に近い構造になっている（オムロン書面インタビュー, 2023 年 11 月 28 日）。

　オムロンは、全社を約 70 の事業ユニットに分解したうえで、ROIC と売上高成長率という 2 つの軸で事業の経済価値を評価するポートフォリオマネジメントを実施している（オムロン書面インタビュー, 2023 年 12 月 27 日[8]）。この

事業ユニットは、主として図表 2-10 に挙げた製品サービスを軸に設定されており、それぞれにプロダクトマネジャー（PM）が設置されている（オムロン対面インタビュー, 2023 年 11 月 15 日）。

　PM の一般的な役割は、特定の製品サービスに関して、「①関係者に情報を提供し、②調整のための原案を作成して選択肢を示し、③特定の選択肢に向けてコンセンサスを形成していく」ことである（沼上, 2004, p. 250）。オムロンのPM には、カンパニー内の機能部門と連携しながらこうした役割を果たし、担当する製品サービスの収益性や成長性を高めていくことが求められている（オムロン書面インタビュー, 2023 年 11 月 28 日）。

　第 1 章第 3 節で述べたように、PM は、部門間のコミュニケーションを円滑にするための仕組みの一つである。JAL では路線事業本部が機能部門間の調整を行っているのに対して（本章第 4 節）、オムロンでは PM がそうした役割を担っていると考えられる。

---

8）オムロンのポートフォリオマネジメントについては、第 5 章第 5 節で詳しく取り上げる。

# 第 II 部

## 業績指標と
## 責任センター

組織行動の会計学

マネジメントコントロールの理論と実践

———

Management Accounting for Control: Theory and Practice

---

## ［ 第 3 章 ］

# 責任センターの設定

▼

---

　組織構造の設計に続いて、本章では、サブユニットの業績指標を何にするか、という責任センターの問題について詳しく取り上げる。第1節では、責任センターを定義したうえで、責任センターを設定する際の注意点について述べる。第2節から第5節では、4つの責任センター（収益センター、コストセンター、プロフィットセンター、投資センター）について説明する。第6節では、プロフィットセンターと投資センターで起こり得る近視眼的行動を抑制する方法について述べる。第7節と第8節では、JALとオムロンの責任センターについてそれぞれ考察する。

## 1. 責任センターとは何か

　組織構造が決まったら、次はサブユニットを率いるマネジャーの役割と権限に応じて、適切な業績指標（責任変数）を決める必要がある。第1章第5節で述べたように、企業の業績指標は多種多様に存在するが、そのなかで中心的な役割を果たすのが、会計数値をはじめとする財務データである。

　管理会計において、会計数値がマネジャーの責任変数に含まれている組織単位は、責任センター（responsibility centers）と呼ばれる。ここで「含まれている」という表現を使っているのは、サブユニットの責任変数が一つとは限らないし、それらがすべて会計数値であるとも限らないからである。

　たとえば、生産部門長は、コスト効率だけでなく、品質や生産量に対しても責任を負っている。あるいは、現在の生産活動とは関係のない、部下のトレー

**図表 3-1　会計利益のイメージ**

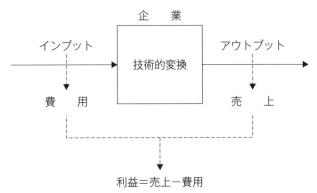

注：伊丹＝青木（2016, p. 42）にもとづいて作成

ニングや能力開発も、生産部門長の重要な役割といえるだろう。したがって、生産部門の業績評価は、コスト以外の要因も考慮して行われるべきである（Anthony and Govindarajan, 2007, p. 134）。このような場合でも、責任変数にコストという会計数値が含まれているならば、生産部門は責任センターとみなされる。

## 企業の業績を何で測るか

多くの読者は、企業にとって重要な業績指標として利益を思い浮かべるであろう。図表 3-1 には、その大まかなイメージが示されている。この図表において、企業はインプットを市場から調達し、アウトプットを市場で販売する存在であり、その活動の本質は、インプットからアウトプットへの技術的変換にあると考えられている。

企業の利益は、アウトプットの価値（売上）からインプットの価値（費用）を差し引くことによって求められる。すなわち、利益とは、「社会から受け入れたインプットの価値を超えるアウトプットの価値を作り出せているか、という、企業の行っている技術的変換の社会的な効率性の指標」であり、だからこそ、企業活動において非常に重視されるのである（伊丹＝青木, 2016, p. 42）。

　ここで注意すべきは、利益を計算する際に売上から差し引かれる費用の金額は、必ずしも企業活動に投下された資本（投下資本）の金額と同じではないということである。たとえば、ある企業が期首に 500 個の在庫を保有していて、そのうちの 300 個を期中に販売したとする。この場合、販売した 300 個の原価は、売上原価という損益計算書上の費用になる。それに対して、売れ残った 200 個の原価は、棚卸資産として貸借対照表に計上されるため、通常は利益に影響を与えない。

　以上のような計算が行われるのは、収益（売上）と費用（コスト）の対応原則（matching principle）という、財務会計のルールが存在するからである。この原則によれば、当期の利益を計算する際には、当期の収益から、当期の収益を獲得するのに貢献した費用のみを差し引かなければならない。しかし、先ほどの例でいえば、売れ残った 200 個の在庫にも、すでに資本は投入されている。つまり、在庫への投資が行われているのである。

　減価償却も、対応原則にもとづく会計処理である。減価償却とは、有形固定資産の購入金額（取得原価）を、その資産の使用期間にわたって、一定の方法で費用計上する手続きである。したがって、設備投資をしたとしても、各期に減価償却費として計上されるのは、全体の投資金額の一部のみである。また、土地のように、減価償却の対象にならない有形固定資産も存在する。土地は、設備のように時間の経過とともに機能が低下することは少なく、売却しない限り半永久的に使用することができるからである。

　以上の議論から明らかなように、同じ金額の利益をあげている企業が 2 社あったとしても、その利益をあげるために行われた投資の金額まで同じとは限らない。たとえば、100 億円の投資をして 10 億円の利益をあげた企業と、50 億円の投資で 10 億円の利益をあげた企業では、後者の方が効率性は高いといえる。したがって、利益の金額は、投資した金額との比較によって評価することが望ましい（伊丹＝青木, 2016, p. 160）。そのための指標が、以下に示す投下資本利益率（ROIC）である[1]。

---

1）利益を投下資本で割って求められる指標は、ROI（return on investment）、ROCE（return on capital employed）、RONA（return on net assets）などと呼ばれることもある（Merchant and Van der Stede, 2017, p. 266）。本書では、一貫して ROIC を用いることとする。

$$ROIC = \frac{利益}{投下資本}$$

　Anthony and Govindarajan（2007, p. 54）は、企業にとって最も重要な目標は収益性を高めることだとしたうえで、その指標として ROIC を挙げている。また、Porter（2008, p. 36）は、戦略策定において重視すべき指標として ROIC を挙げている。この文献によれば、売上高利益率や利益成長率も重要な指標であるが、これらの指標は業界で競争するために必要な資本の金額を考慮していないため、財務指標としては不十分であるという。こうした点を踏まえて、本書では、企業全体の業績指標として ROIC を想定する。[2]

## 責任センターの類型

　これまでの議論に登場した収益（売上）、費用（コスト）、利益、ROIC という4種類の会計数値は、いずれもサブユニットの責任変数として用いることができる。そして、サブユニットは、その責任変数に応じて、図表 3-2 のように4つの責任センターに分類される。[3]

　責任センターを設定する際には、2つの点に注意する必要がある。一つは、「サブユニットと責任変数の対応があらかじめ決められているわけではない」ということである。図表 3-2 には各責任センターの典型例が示されているが、営業部門と生産部門をそれぞれ収益センターとコストセンターに設定しなければいけないわけではなく、同様に、事業部をプロフィットセンター以外の責任センターに設定することも可能である。その理由は、すべての責任センターに

---

2 ）　特殊な経営環境の影響で、ROIC への関心が限定的な企業も存在する。たとえば、政府当局を主要な顧客としている企業は、価格や利益が（市場原理ではなく）調達に関する政府の規制に左右されるため、ROIC をそこまで重視しないかもしれない（Solomons, 1965, p. 124）。

3 ）　企業グループ全体を（投資センターなどの）責任センターとみなすこともできる。しかし、通常、責任センターという言葉は、サブユニットに対して用いられる（Anthony and Govindarajan, 2007, p. 129）。

## 図表3-2　4つの責任センター

| | |
|---|---|
| 収益センター<br>(revenue center) | アウトプットの金額（収益あるいは売上）を責任変数とするサブユニット（典型例：営業部門） |
| コストセンター<br>(cost center) | インプットの金額（費用あるいはコスト）を責任変数とするサブユニット（典型例：生産部門、研究開発部門、本社間接部門） |
| プロフィットセンター<br>(profit center) | アウトプットとインプットの差額（利益）を責任変数とするサブユニット（典型例：事業部） |
| 投資センター<br>(investment center) | 利益と利益を獲得するのに使用した資産、両方の金額を責任変数に含んでいるサブユニット（典型例：子会社、カンパニー） |

注：伊丹＝青木（2016, p. 100）にもとづいて作成

インプットとアウトプットが存在し、資本が投下されているからである。

　たとえば、生産部門は、材料費や労務費などのインプットを使って、製品というアウトプットを生み出す。あるいは、本社の人事部門や経理部門であれば、人件費や経費などのインプットを使って、サービスというアウトプットを生み出す。そして、いずれのサブユニットに対しても、技術的変換に必要な設備や建物を購入するための資本が投下されている（Anthony and Govindarajan, 2007, p. 129）。したがって、論理的には、あらゆるサブユニットが4つの責任センターのいずれにもなり得るのである。

　もう一つの注意点は、「サブユニットのマネジャーが完全にコントロール可能な項目を責任変数とする必要は必ずしもない」ということである。通常、サブユニットの業績は、経済的・競争的要因（顧客の嗜好の変化、競合他社の行動、法律や規制の変化など）、不可抗力事象（天災やテロなど）、他のサブユニットの行動など、マネジャーがほとんどコントロールできない事柄の影響を受ける（Merchant and Van der Stede, 2017, p. 268, p. 520）。

　こうした状況下で管理可能性の原則（第2章第1節）を厳密に適用すると、業績指標に使える変数がなくなってしまう。したがって、現実的には、マネジャーがある程度の影響力（some influence）を持つ項目は責任変数に含めるべきだと考えられる。そうすることによって、マネジャーは、自身が完全にはコントロールできない不測の事象が起きた場合でも、それが業績に与える影響を緩和するために、様々な努力をするようになるだろう（Merchant and Van der Stede, 2017, p. 268）。

　逆に、多少なりともコントロールできる項目を責任変数から除外すると、マ

ネジャーはその項目に注意を払わなくなる可能性がある。その結果、マネジャーは、部分的には管理可能であるにもかかわらず、企業全体にとって望ましい行動をとらなくなるかもしれない（Merchant and Van der Stede, 2017, p. 518）。

# 2. 収益センター

　本節から、図表 3-2 にある 4 つの責任センターについて順に説明する。まず、アウトプットの金額（収益あるいは売上）を責任変数とするサブユニットは、収益センターと呼ばれる。収益センターは、収益を生み出す責任を負っているが、コストをコントロールする責任はほとんど負っていない。

　収益センターの典型例は、営業部門である。営業部門では給料や交通費などの販売費が発生するが、その金額は、予算などであらかじめ決められていることが多い。また、メーカーの営業活動には製品というインプットが必要になるが、営業部門がその製造原価に影響を与えることは難しい。つまり、一般的な営業部門は、活動に必要なインプットをコントロールする権限をほとんど持たない。このような場合に、生み出したアウトプットの金額でサブユニットを評価する、というのが収益センターの基本的な考え方である。

　収益センターの業績評価は、実際に稼いだ売上をその目標値と比較することによって行われるのが一般的である。なお、売上を認識するタイミングには、受注した時点、製品を発送した（サービスを提供した）時点、販売代金を受け取った時点、といったいくつかの選択肢がある（Anthony and Govindarajan, 2007, p. 197）。第 1 章第 1 節で述べたように、管理会計においては、財務会計と同じように売上を認識する必要は必ずしもないのである。

　営業部門を収益センターに設定した場合、営業部門長は売上を増やすことに専念し、より多くの顧客を獲得・維持しようとするだろう。しかし、製品の種類によって利幅が異なる場合、営業部門による売上重視の行動がその事業の利益率を高めるとは限らない。もしかすると営業部門は、売りやすいが原価の高い製品ばかりを売ろうとするかもしれない（Merchant and Van der Stede, 2017, p. 263）。

　つまり、あるサブユニットの成果をアウトプットの金額で評価すると、その

サブユニットはインプットのことをあまり気にしなくなる可能性がある。これが、収益センターの弱点である。

# 3. コストセンター

　インプットの金額（費用あるいはコスト）を責任変数とするサブユニットは、コストセンターと呼ばれる。コストセンターは、コストをコントロールする責任を負っているが、収益を生み出す責任は負っていない（Jiambalvo, 2013, p. 458）。

　コストセンターは、インプットとアウトプットの対応関係の違いによって、工学的コストセンター（engineered cost center）と裁量的コストセンター（discretionary cost center）の2つに分類される。以下では、それぞれについて詳しく説明する。

## (1)工学的コストセンター

　工学的コストとは、製造原価のように、アウトプットに必要な金額をそれなりの信頼性をもって推定できるコストを指す。したがって、工学的コストセンターの典型例は、生産部門である（Anthony and Govindarajan, 2007, pp. 133-134）。

　本章第1節で述べたように、生産部門は、材料費や労務費などのインプットを使って製品というアウトプットを生み出す。これらのうち、インプットについては、生産部門が一定程度コントロールすることが可能であるし、その金額は原価計算システムを通じて比較的容易に入手することができる。

　しかし、アウトプットである製品の価値は、営業部門が顧客に販売するまでわからないことが多い。さらに、最終的な売上には営業部門の努力も反映されるため、そのうちどのくらいが生産部門の成果といえるのか、簡単にはわからない。このような場合に、使ったインプットの金額でサブユニットを評価する、というのがコストセンターの基本的な考え方である。

　工学的コストセンターの業績評価は、実際に発生したコストをその目標値と比較することによって行われるのが一般的である。生産部門においては、標準

原価（standard cost：予測される状況下で製品サービスを生み出す際に発生するはずのコスト）が目標値になることが多い。標準原価から実際の製造原価を引いた金額は標準原価差異と呼ばれ、これがプラス（マイナス）の場合、当初の計画よりも製造原価が低く抑えられた（高くなってしまった）ことを意味する（Jiambalvo, 2013, pp. 418-420）[4]。

## (2)裁量的コストセンター

　裁量的コストとは、アウトプットに必要な金額を工学的に見積もることが困難なコストを指す。裁量的コストセンターの典型例として、研究開発部門と本社間接部門が挙げられる（Anthony and Govindarajan, 2007, pp. 133-134）。

　工学的コストセンターと同様、裁量的コストセンターにおいても、インプットの金額は比較的容易に測定できるが、アウトプットの価値を測定することは難しい。ここで「裁量的」という表現を使っているのは、経営方針によって適正な金額が変わってくるからである（Anthony and Govindarajan, 2007, p. 134）。

　たとえば、イノベーションを重視する企業であれば、同規模の競合他社よりも研究開発費は多くなるだろう。また、事業部に多くの権限を委譲している企業であれば、本社で発生する費用は少なくなるかもしれない。いずれの費用も、どのくらいの水準が望ましいのか、客観的に判断することはできない（Anthony and Govindarajan, 2007, pp. 134-135）。

　裁量的コストセンターが工学的コストセンターと大きく異なるのは、実際にかかった費用と費用の計画値（費用予算）の差額が、そのサブユニットにおける効率性の指標にはなり得ないことである。上記のように、裁量的コストセンターでは、適正な費用の水準を見積もることが難しい。そのため、予算の範囲内で活動したからといって、それが必ずしも効率的とは限らない（Anthony and Govindarajan, 2007, p. 135）。

　つまり、会計数値を用いて裁量的コストセンターの活動の良し悪しを判断す

---

4）標準原価計算（standard cost accounting）については、Jiambalvo（2013, 第 11 章）や岡本（2000, 第 7 章）を参照。

るのは、極めて困難である。そのため、裁量的コストセンターの業績評価は、工学的コストセンターのそれよりも主観的にならざるを得ない（Merchant and Van der Stede, 2017, p. 264）。

　いずれのコストセンターに関しても、その弱点は収益センターのそれの裏返しである。すなわち、あるサブユニットの成果をインプットの金額で評価すると、そのサブユニットは、アウトプットのことをあまり気にしなくなる可能性がある。たとえば、生産部門では、品質を犠牲にしたコスト削減が行われるかもしれない（伊丹＝青木, 2016, p. 64）。また、本社間接部門であれば、他部門に提供するサービスの質を向上させようという意欲が湧きにくくなるかもしれない。

# 4. プロフィットセンター

　収益と費用の差額である利益を責任変数とするサブユニットは、プロフィットセンターと呼ばれる。プロフィットセンターは、収益を生み出すことに加えて、コストをコントロールすることに対しても責任を負っている。

　多くの企業は、当期に稼いだ利益をその目標値や前期の値と比較することによってプロフィットセンターの業績評価を行っている。あるいは、あるプロフィットセンターの利益を類似する他のプロフィットセンターの利益と比較する（たとえば、ファストフードのチェーン店の利益を横並び比較する）ことによって、業績の良し悪しを判断している企業もある。こうした手法は、相対的業績評価（relative performance evaluation：RPE）と呼ばれる（Jiambalvo, 2013, p. 458）。

　プロフィットセンターの典型例は、事業部制組織における事業部である。事業部長は、担当する事業部内で行われる研究開発、生産、営業といった活動に対して大きな影響力を持つのが一般的である。そして、ある事業部の利益を計算するためには、その事業部内の営業部門が稼いだ売上から、各機能で発生した費用（研究開発費、売上原価、販売費など）を引けばよい。そのほとんどは財務会計のデータとして入手可能であるため、事業部はプロフィットセンター

として扱いやすい（伊丹＝青木, 2016, p. 137）。

　事業部だけでなく、機能部門もプロフィットセンターになり得る。前述のように、営業部門は収益センター、生産部門は工学的コストセンターに設定されるのが一般的である。しかし、工夫次第では、これらのサブユニットをプロフィットセンターに設定することができる。ここでは 2 つの方法を紹介する。[5]

## （1）生産部門と営業部門の間で製品の売買取引を行う

　これは、生産部門を「製品をつくって営業部門に販売するプロフィットセンター」、営業部門を「生産部門から製品を仕入れて外部顧客に販売するプロフィットセンター」とみなす方法（以下、第 1 法）である。つまり、以下のように各部門の利益を計算する。

　第 1 法による利益計算：
　生産部門の利益＝営業部門への売上（$P_1$）－売上原価
　営業部門の利益＝外部顧客への売上－生産部門からの仕入原価（$P_1$）－販売費

　第 1 法を採用する場合には、営業部門と生産部門の間で行われる売買取引の価格（$P_1$）を決定する必要がある。社内取引に用いられる価格は振替価格（transfer price）と呼ばれ、第 4 章で論じるように様々な決定方法がある。
　第 1 法のもとでは、前節で述べた、生産部門による「品質を犠牲にしたコスト削減」は起こりにくくなると考えられる。製品の品質が低ければ、社内顧客である営業部門に買ってもらえなくなるかもしれないからである。
　また、営業部門も、製品の仕入原価が業績指標の計算に含められることによって、利益を意識した営業活動を行うようになるだろう。すなわち、本章第 2 節で述べた、営業部門による「売りやすいが原価の高い製品ばかりを売ろうとする」行動が抑制されると考えられる。

---

5）　生産部門と営業部門をプロフィットセンターにする方法は、京セラのアメーバ経営を参考にしている。詳細については、稲盛（2010, 第 4 章）、伊丹＝青木（2016, 第 8 章）、稲盛＝京セラコミュニケーションシステム（2017, 第 1 章）などを参照。

　一方、第1法のデメリットとして挙げられるのは、振替価格をめぐって生産部門と営業部門の利害対立が発生することである。振替価格が高ければ高いほど、生産部門の利益は大きくなり、反対に営業部門の利益は小さくなる。こうした利害対立が深刻になると、両者の間で協力関係が築かれにくくなる可能性がある。

　あるいは、各部門の担当者は、自部門にとって有利な振替価格を設定するために、社内で様々な政治的活動を行うようになるかもしれない[6]。その結果、生産部門は「効率よく製品をつくる」という本来の生産活動、営業部門は「より多くの製品を顧客に販売する」という本来の営業活動に十分な労力を割かなくなり、内向きの組織になってしまう恐れがある。

## (2)生産部門が営業部門に販売手数料を支払う

　これは、「営業部門の仕事は、生産部門と外部顧客の間で行われる売買を仲介することだ」と考える方法（以下、第2法）である。この考え方にもとづけば、営業部門は外部顧客への売上の一部を生産部門から販売手数料として受け取るのが妥当ということになる。したがって、各部門の利益は以下のように計算される。

　第2法による利益計算：
　生産部門の利益＝外部顧客への売上－売上原価－営業部門への支払手数料（$P_2$）
　営業部門の利益＝生産部門からの受取手数料（$P_2$）－販売費

　第2法は、2つの点で第1法と異なる。一つは、外部顧客への売上が、営業部門ではなく生産部門の利益計算に含められる点である。これは、第2法が、製品の売買を「生産部門と外部顧客の間で行われる取引」とみなしているからである。もう一つは、生産部門と営業部門の間で行われるのは、製品の売買取

---

6）社内政治（organizational politics）は、「選択について不確実性や意見の相違がある状況下で、他者に影響を与え、好ましい結果を得るために、パワーやその他の資源を獲得、開発、使用する活動」と定義される（Daft, 2021, p. 601）。

引ではなく、販売手数料に関する取引である点である。これは、第 2 法が、営業部門を商社のように捉えているからである。

　第 1 法と同様、第 2 法においても、手数料の振替価格（$P_2$）を決定する必要がある。しかし、売上の一定割合を手数料とすることをルールとして決めておけば、振替価格をめぐる利害対立は、第 1 法ほどは深刻にならないと考えられる。第 2 法では、原価を下回る価格で製品を販売しない限り、外部顧客への売上が大きくなることで、両方の部門の利益が増えるからである。その半面、前述した第 1 法のメリットは、第 2 法では十分に享受できないかもしれない。

　ここまでは、生産部門と営業部門をプロフィットセンターに設定する方法について論じてきた。これまでの議論を応用することによって、研究開発部門や本社間接部門といった、裁量的コストセンターに設定されることが多いサブユニットをプロフィットセンターに設定することも可能である。

　たとえば、研究開発部門を「新製品の設計図を作成し、他のサブユニットに販売するプロフィットセンター」や「他のサブユニットに技術的な指導を行い、その対価を受け取るプロフィットセンター」とみなし、設計図や技術指導の振替価格を設定すれば、同部門の利益を計算することができる（伊丹＝青木, 2016, pp. 296-297）。

　あるいは、本社の人事部門を「採用した人材を他のサブユニットに派遣し、その対価を受け取るプロフィットセンター」や「他のサブユニットを対象とした研修を実施し、その対価を受け取るプロフィットセンター」とみなし、人材派遣や研修プログラムの振替価格を設定すれば、同部門の利益を計算することができる（Merchant and Van der Stede, 2017, p. 264）。

## プロフィットセンターのメリットとデメリット

　では、あるサブユニットをプロフィットセンターに設定することによって、どのような効果が期待でき、反対にどのような点が懸念されるのだろうか。ここでは、Anthony and Govindarajan（2007, pp. 187-189）が挙げているメリットとデメリットのなかから、特に重要と思われるものを 2 つずつ挙げておこう。

　メリットの1つめは、マネジャーの利益に対する意識が向上することである。プロフィットセンターのマネジャーは、利益で評価されることによって、インプットとアウトプットのバランスを意識して行動するようになると考えられる。たとえば、営業部門を収益センターに設定した場合、マネジャーは、売上を増やすために販売促進費を使おうとするだろう。そのなかには、費用対効果の低い活動も含まれるかもしれない。営業部門をプロフィットセンターに設定することによって、こうした行動は抑制されるだろう。

　メリットの2つめは、経営能力育成の場を提供することである。たとえば、事業部をプロフィットセンターに設定した場合、事業部長には、独立企業の経営者のように行動することが求められる。事業部長は、目標利益を達成するために、自身に権限が委譲されている範囲内で経営のあらゆる側面を工夫するようになるだろう。その結果、経営全般を見られるマネジャーが社内で育成される可能性がある[7]。経営陣にとっては、誰が将来の経営者に相応しい能力を備えているのかを評価する機会にもなるだろう。

　プロフィットセンターのデメリットの1つめは、長期的な利益を犠牲にするような近視眼的行動（myopic behavior）がとられることである。たとえば、事業部をプロフィットセンターに設定した場合、事業部長は、当期の利益を大きくしたいがために、研究開発や研修プログラム、メンテナンスの費用といった、将来の売上に貢献するような費用を節約しようとするかもしれない。こうした傾向は、事業部長が頻繁に入れ替わる場合に顕著になるだろう。在任期間が短ければ、上記のような費用の節約がもたらす悪影響を受けずに済む可能性が高いからである。

　デメリットの2つめは、社内に様々なコンフリクトを生むことである。次章で述べるように、同じ組織構造であれば、プロフィットセンターに設定されるサブユニットが多いほど、より多くの振替価格を設定する必要が出てくる。こうした取り組みは、当事者であるサブユニットの利益に直接、影響を与えるため、利害対立の原因となりやすい。その結果、サブユニット間の協力関係が希

---

7）三枝（2001, p. 129）によれば、「人は厳しく損益責任を問われない限り、経営者として育つことはない」。

薄になったり、サブユニットが全社の利益よりも自身の利益を優先して行動する個別最適に陥ったりする恐れがある。

# 5. 投資センター

利益と利益を獲得するのに使用した資産、両方の金額を責任変数に含んでいるサブユニットは、投資センターと呼ばれる。投資センターは、収益を生み出すこと、コストをコントロールすること、さらには資産に投資することに対しても責任を負っている（Jiambalvo, 2013, p. 458）。

一般的に、投資センターのマネジャーは、売上債権や棚卸資産、設備投資の水準を決定する際に重要な役割を果たす。ただし、マネジャーがすべての投資を自分の判断で決められるとは限らない。多くの企業では、一定金額以上の投資案件については、本社の経営陣が最終決定権を持っているからである（Jiambalvo, 2013, p. 459）。

そのような場合でも、マネジャーが本社に投資を申請する程度の権限を持っているのであれば、そのサブユニットを投資センターに設定するのが妥当であろう。こうしたサブユニットをプロフィットセンターに設定してしまうと、マネジャーは、利益を増やすために過剰な投資を要求するかもしれないからである（Jiambalvo, 2013, p. 463）。

投資センターがこれまで取り上げた 3 つの責任センターと決定的に異なるのは、その責任変数が損益計算書項目だけでなく貸借対照表項目も含んでいる点である（Merchant and Van der Stede, 2017, p. 266）。したがって、あるサブユニットを投資センターに設定する際には、そのサブユニットの損益計算書だけでなく、貸借対照表も作成する必要がある。

逆にいえば、これらの財務諸表がすでに存在するサブユニットは、投資センターに設定しやすい。そのため、親会社とは別の法人である子会社や独立性の高いカンパニーが、投資センターの典型例として挙げられる。

投資センターを設定することのメリットは、プロフィットセンターのそれらと関連している。投資センターの業績評価は、ROIC の実績値をその目標値と比較することによって行われるのが一般的である。投資センターのマネジャー

は、ROIC で評価されることによって、利益だけでなく、利益を生むために投下される資本にも注意を払うようになる（Jiambalvo, 2013, p. 459）。

　資金提供者から見れば、企業は一つの大きな投資センターである。つまり、経営陣は、企業全体の ROIC に対して責任を負っている（Merchant and Van der Stede, 2017, p. 266）。社内に投資センターを設定することによって、経営陣と同じように資本効率を意識して行動するマネジャーが育成される可能性がある。

　ROIC の分子には利益が用いられるため、プロフィットセンターを設定することのデメリットは、そのまま投資センターにも当てはまると考えてよい（Merchant and Van der Stede, 2017, p. 406）。投資センターに固有の潜在的な問題としては、投資センターのマネジャーが ROIC の分母である投下資本を小さく見せるような行動をとる可能性が挙げられる。

　たとえば、ROIC で評価されるマネジャーは、ある活動に必要な資産に投資する代わりに、その活動を外注（outsourcing）しようとするかもしれない。外注が悪影響をもたらすと一概にいえるわけではないが、安易な外注の結果として長期的な技術蓄積が進まなくなる恐れがある点は、きちんと認識しておく必要があるだろう（伊丹＝青木, 2016, pp. 179-181）。

　なお、実際の企業では、プロフィットセンターと投資センターをまとめて「プロフィットセンター」と呼ぶことがある[8]。確かに、ROIC は利益を投下資本で割って計算される指標であるから、投資センターをプロフィットセンターの特殊なタイプとして位置づけることもできる。しかし、投下資本の測定には様々な問題が存在するため、両者は分けて議論されるべきである（Anthony and Govindarajan, 2007, p. 270）。ROIC の計算方法については、第 5 章で詳しく取り上げる。

---

8）小倉（2010, p. 33）は、先行研究を踏まえて、実務においてプロフィットセンターと投資センターの区別があまり行われない理由を 2 つ挙げている。一つは、投資センターのマネジャーであっても、投資をすべてコントロールできるわけではなく、最終的には本社の承認を得なければならないケースが多いからである。もう一つは、プロフィットセンターのマネジャーであっても、研究開発や人材育成のための投資をある程度コントロールできるケースが多いからである。

# 6. MCS がもたらす近視眼的行動を抑制する方法

　本章の第 4 節と第 5 節で述べたように、利益や ROIC をサブユニットの責任変数に設定することは、当期の業績を確保するための近視眼的な行動を誘発する恐れがある。どうすればこうした行動を抑制できるのだろうか。いずれも万能薬ではないが、ここでは、Merchant and Van der Stede（2017, 第 11 章）が挙げる 6 つの対応策を紹介する。

## (1)短期的な利益を求める圧力を軽減する

　マネジャー、特にトップレベルのマネジャーは、短期的な成果と長期的な成果の間に存在する緊張関係（tension）を理解し、両者のトレードオフに常に注意を払わなければならない（Merchant and Van der Stede, 2017, p. 448）。マネジャーが前者を偏重しがちな場合には、業績評価において年間（または四半期）の利益（率）目標の比重を小さくしたり、短期的な業績目標を達成しやすくしたりすることによって、マネジャーが長期的な取り組みを行いやすくなるだろう[9]。
　一方、短期的な業績目標を達成することへのプレッシャーが和らぐことで、怠けるマネジャーも出てくるだろう。したがって、このアプローチを採用する場合には、信頼できるマネジャーに対してのみ目標を緩める、非財務指標を用いて別のプレッシャーを与えるなどの工夫が必要となる（Merchant and Van der Stede, 2017, pp. 450-451）。

---

[9]　第 1 章第 5 節で述べたように、複数の業績指標を設定する場合には、それらの重みづけ（weightings）をする必要がある。

## (2)短期的な営業費用と長期的な開発投資を区別して業績評価
を行う

　一部の企業は、投資に関する近視眼的行動を緩和するために、短期的な営業利益（operating performance）の改善のみを評価することが有用だと考えている。具体的には、長期投資のコストを業績指標の計算式から除外し、損益計算書においても、マネジャーが責任を持つ項目の外に表示するのである。その結果、マネジャーは、営業利益を増やすために長期投資を減らそうとはしなくなるだろう（Merchant and Van der Stede, 2017, p. 451）。

　このアプローチを採用した場合、マネジャーには、直近の利益目標を達成することに加えて、将来に向けた投資のアイデアを提案することが求められる。そうしたアイデアの質や投資から期待されるリターンは、資本予算の編成プロセスなどを通じて、本社の経営陣によって吟味される（Merchant and Van der Stede, 2017, pp. 451-452）[10]。

　この点に関連して、事業部門に利益をもたらす開発投資の一部を事業部門に請求しないという方法を採用している企業もある。特定のタイプの事業開発については、その投資が収益を生むようになるまで（本社などの）上位組織がコストを負担し、下位組織の業績に影響が及ばないようにするのである（Merchant and Van der Stede, 2017, pp. 451-452）。

　しかし、以上のようなアプローチには2つの限界がある。一つは、製造プロセスの改善や市場開発プログラムに必要なコストのように、（今期の収益を生み出すための）営業費用と（将来の収益に貢献する）開発投資のどちらに該当するのか、明確ではないコストが存在することである。もう一つは、どの開発プロジェクトに資金を提供するかについての最終決定は、本社の経営陣に委ねられていることである。事業の見通しや望ましい投資のタイプおよび水準については、サブユニットのマネジャーの方が詳しい可能性がある（Merchant and Van der Stede, 2017, pp. 452-453）。

---

10）資本予算（capital budget）とは、承認された長期投資の最終的なリストのことである（Jiambalvo, 2013, p. G-1）。長期投資の意思決定における管理会計の役割については、Jiambalvo（2013, 第9章）や伊丹＝青木（2016, 第10章）を参照。

## (3)業績の測定期間を延長する（長期的なインセンティブを用いる）

　長期間の業績とマネジャーの報酬を連動させることによって、近視眼的行動を抑制することができると考えられる。長期的なインセンティブプランには様々な種類があるが、一般的には、株価の上昇や、3〜5年といった期間で測定された1株当たり利益（earnings per share：EPS）やROICに関する目標の達成度合いにもとづいて報酬が支払われる（Merchant and Van der Stede, 2017, p. 453）。

　あるいは、クローバック（claw back）と呼ばれる制度を導入することもできる。これは、長期的な業績が悪かった場合や、報酬のベースとなる業績が不正に操作されていたことが発覚した場合に、ボーナスやその他のインセンティブの支払いを取り消すことができる制度である（Merchant and Van der Stede, 2017, p. 454）。

　一方で、こうしたアプローチには、業績の基準値（performance standard）をどのように設定するかという課題がある。通常、企業は長期的な戦略計画（strategic plan）に含まれている数字を基準値に用いる[11]。しかし、長期的な目標の達成とマネジャーの報酬を連動させることによって、マネジャーから創造的な思考が失われ、保守的な戦略が策定される恐れがある（Merchant and Van der Stede, 2017, p. 454）。

## (4)価値の変化をダイレクトに測定する

　あるサブユニットが将来にわたって生み出すキャッシュフロー（将来キャッシュフロー）を見積もり、それらを現在価値に割り引くことによって、そのサブユニットの価値を推定することができる。そして、期首と期末の価値の差（価値の増減分）を業績指標に含めることで、マネジャーの近視眼的行動を抑制できると考えられる（Merchant and Van der Stede, 2017, p. 455）。

---

11）戦略計画については、第6章第2節で詳しく取り上げる。

　しかし、このアプローチは実行可能性（feasibility）に問題を抱えている。将来キャッシュフローを見積もること自体は目新しいコンセプトではないが、第2章第1節で述べた正確性と客観性を十分に確保できない限り、財務的な成果コントロールに用いることはできないだろう（Merchant and Van der Stede, 2017, p. 455）。

## (5)会計利益の計算方法を改善する

　前項で述べた価値の増減分は、経済利益（economic income）と呼ばれる。経済利益をダイレクトに測定することは困難だとしても、会計利益をそれに近づけることができれば、近視眼的行動を抑制できる。

　具体的には、固定資産の償却年数を経済的実態に近づける、将来キャッシュフローの獲得に貢献する活動（研究開発、顧客獲得、社員育成など）で発生した支出をできるだけ資産計上するなどの方法が考えられる（Merchant and Van der Stede, 2017, p. 455）。

　これらの会計処理を採用することで、マネジャーが必要な投資を先延ばしにする可能性は低下するだろう。しかし、上記の会計処理のなかには、財務会計で認められていないものも含まれている。そのため、この方法を採用する場合には、新たに情報作成のコストが発生する（Merchant and Van der Stede, 2017, p. 456）。

## (6)未来志向の指標と会計的な指標を組み合わせる

　会計数値は、基本的に過去志向（backward-looking）、すなわち、過去の成果を反映した指標である。そのため、未来志向（future-oriented）、すなわち、将来の成功を予測するのに役立つ指標と組み合わせて業績評価に用いることによって、マネジャーの近視眼的行動を抑制することができる（Merchant and Van der Stede, 2017, p. 456）。

　こうした組み合わせの手法は多種多様に存在するが、そのなかで最も幅広く採用されているのが、バランストスコアカード（balanced scorecard：BSC）であ

## 図表 3-3　BSC の 4 つの視点と業績指標の例

| 視点 | 説明 | 業績指標 |
|---|---|---|
| 財務 | 財務目標を達成しているか | ●営業利益<br>● ROIC<br>●売上高成長率<br>●営業キャッシュフロー<br>●一般管理費の削減 |
| 顧客 | 顧客の期待に応えられているか | ●顧客満足度<br>●顧客維持率<br>●新規顧客の獲得数<br>●市場シェア<br>●納期遵守率 |
| 内部プロセス | 重要な内部プロセスを改善できているか | ●欠陥率<br>●注文対応にかかった時間<br>●リードタイム<br>●サプライヤーの数<br>●材料回転率<br>●操業度 |
| 学習と成長 | 変化への適応、イノベーション、成長に必要な能力を向上させることができているか | ●新製品の数<br>●新製品売上高比率<br>●特許の数<br>●社員の教育にかけた費用<br>●社員満足度<br>●社員維持率 |

注：Jiambalvo（2013, p. 472）にもとづいて作成

る（Merchant and Van der Stede, 2017, p. 457）。図表3-3が示すように、BSCとは、4つの視点（財務、顧客、内部プロセス、学習と成長）にもとづく業績指標のセットのことである。

　企業が資金提供者から受ける評価に大きな影響を与えるため、BSCにおいても、利益（率）などを指標とする財務の視点は非常に重視される。顧客の視点では、顧客満足度などを指標として、顧客の期待に応えられているかを測定する。内部プロセスの視点では、欠陥率などを指標として、重要な内部プロセスを改善できているかを測定する。学習と成長の視点では、新製品の数などを指標として、変化への適応、イノベーション、成長に必要な能力を向上させることができているかを測定する（Jiambalvo, 2013, p. 470）。

　以上のうち、財務の視点以外の3つの視点に含まれる業績指標は、基本的に未来志向である。BSCでは、こうした非財務指標を改善することが、将来の優れた財務業績につながると考えられている（Jiambalvo, 2013, p. 470）[12]。

## 図表 3-4　戦略マップの例

| 視点 | 戦略目標 | | 業績指標 |
| --- | --- | --- | --- |
| 財務 | 売上高の増加 | | ●売上高成長率 |
| 顧客 | 顧客満足度の上昇 | | ●顧客満足度調査の結果 |
| 内部プロセス | 顧客からの問い合わせに対する迅速で正確な対応 | | ●電話対応（追加的なフォローアップが必要なかったもの）にかかった時間 |
| 学習と成長 | コールセンターで働く社員のスキルアップ | | ●研修を受けた社員の割合 |

注：Jiambalvo（2013, p. 473）にもとづいて作成

　複数の指標を組み合わせて業績評価を行う際には、指標の数にも注意を払う必要がある。図表 3-3 が示すように、BSC には 20 以上の業績指標が含まれることもある。これは、マネジャーを動機づけるという観点からは多すぎる。あまりにもたくさんの業績指標を用いることで、一つひとつの指標の比重は低下する。その結果、マネジャーは、どの指標にも十分な注意を払わなくなってしまうだろう（Merchant and Van der Stede, 2017, p. 459）。

　なお、BSC の 4 つの視点の因果関係を図にしたものは、戦略マップ（strategy map）と呼ばれる[13]。たとえば、ある企業が、財務的な目標として売上高の増加を掲げており、それを達成するためには顧客満足度を上げる必要があると考えているとする。これまでは、顧客からの問い合わせに迅速かつ正確に対応できていなかったため、この企業の顧客満足度は低かった。そして、低い顧客満足度の原因は、コールセンターで働く社員が十分なトレーニングを受けていないことにあった（Jiambalvo, 2013, p. 473）。

　このような場合、図表 3-4 のような戦略マップを作成することができる。経

---

12）BSC の詳細については、Kaplan and Norton（1992; 2001）を参照。西居（2022, p. 56）によれば、「日本では、1990 年代後半から 2000 年代前半にかけて、BSC に関する実務家向けの啓蒙書が盛んに出版され、その導入を後押しするような機運があったが、広く普及することはなかった」。

13）近年では、戦略マップとスコアカードを合わせたものを BSC と呼ぶことも多い（小林ほか, 2017, p. 35）。

営者は、戦略マップを活用することによって、戦略の堅実性（soundness）や戦略と業績指標の関係性を確認したり、戦略目標を社員に伝達したりすることができるようになる（Jiambalvo, 2013, p. 473）[14]。

# 7. JAL の責任センター

## 部門別採算制度における責任センター

　図表 3-5 には、部門別採算制度導入前後の JAL の主要部門と、各部門がどの責任センターに該当するかが示されている。導入前の JAL において、営業機能を担う 2 つの本部（販売本部と貨物郵便本部）は、収益センターであった。一方、旅客輸送サービスを提供する 4 つの本部（運航本部、客室本部、整備本部、空港本部）と本社間接部門は、コストセンターであった。このように、導入前の JAL には、利益責任を負うサブユニットが存在しなかった（稲盛＝京セラコミュニケーションシステム, 2017, p. 78）。

　社内にプロフィットセンターが存在しなければ、社員の利益に対する意識が低くなってしまう。JAL は、この問題を緩和するため、旅客輸送サービスで発生する売上と費用の両方をコントロールし、利益責任を負うサブユニットを設置した。それが、図表 3-5 の右上に表示されている路線統括本部（現在の路線事業本部）である。路線統括本部は、運航計画を策定し、他部門の支援を受けながら実行することで利益を生み出すことを役割としている（稲盛＝京セラコミュニケーションシステム, 2017, pp. 80-81）。

　図表 3-6 には、路線統括本部における利益計算の仕組みが示されている。このサブユニットの収益源は、大きく分けて 2 つある。一つは、航空券の売上、すなわち旅客輸送サービスの対価として顧客から受け取る金額である。もう一つは、貨物郵便本部から受け取る貨物室の使用料である。JAL では、貨物輸送

---

14)　図表 3-4 では各視点に一つずつ戦略目標が掲げられているが、実際には視点ごとに複数の戦略目標が掲げられることも多い。その場合は、戦略目標間の因果関係をすべて戦略マップに示す必要がある（Jiambalvo, 2013, p. 474）。戦略マップの詳細については、Kaplan and Norton（2000; 2004）を参照。

## 図表 3-5　JAL の責任センター

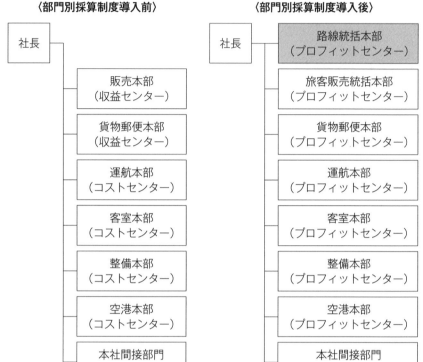

注：稲盛＝京セラコミュニケーションシステム（2017, p. 79, p. 82）にもとづいて作成。本社間接部門は、原則としてコストセンターであるが、図表 3-6 にある経営企画本部のように、プロフィットセンターに設定されている部門もある（JAL 書面インタビュー, 2023 年 12 月 6 日）

　サービスの売上を貨物郵便本部の収益としたうえで、サービス提供に必要な航空機内の貨物室については、路線統括本部が貨物郵便本部に有料で貸し出すことにしている（引頭, 2013, p. 116）。

　路線統括本部の費用には、同部門で発生した経費以外に次のようなものが含まれる。まず、旅客販売統括本部（旧販売本部、現在のソリューション営業本部）に支払う販売手数料である。第 2 章第 4 節で述べたように、顧客に実際に航空券を販売するのは、路線統括本部ではなく旅客販売統括本部である。JAL では、航空券が売れた場合、路線統括本部が「代理店」である旅客販売統括本

図表 3-6　路線統括本部における利益計算の仕組み

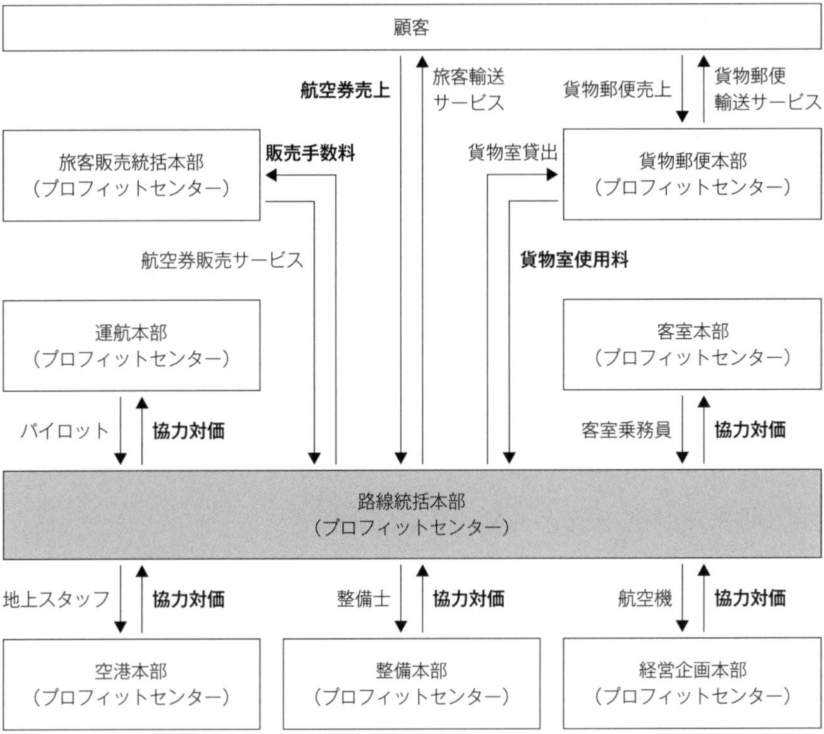

注：路線統括本部の収益または費用は、太字で表記されている

部に売上の一定割合をコミッションとして支払う仕組みを採用している（引頭, 2013, p. 116）[15]。

　また、飛行機を飛ばすためには、航空機や燃料などのモノだけでなく、パイロットや客室乗務員、整備士、空港で働くスタッフなど、様々な部門に所属する従業員の協力が必要になる。JAL では、路線統括本部が必要な経営資源を社内取引によって各部門から仕入れ、代金を支払うという仕組みを採用している。こうした社内取引で用いられる価格、すなわち振替価格は「社内協力対価」と

15) これは、本章第 4 節で紹介した営業部門をプロフィットセンターにする 2 つの方法のうち、第 2 法に該当する。

呼ばれ、1便ごとに単価が設定されている（森田, 2014, pp. 103-104）[16]。

　JALでは、路線統括本部というプロフィットセンターを新たに設置することで、それまで収益センターあるいはコストセンターとして扱われてきたサブユニットにも利益責任を負わせることが可能になった。すなわち、従来あったサブユニットをプロフィットセンターに「転換」することができた。

　まず、貨物郵便本部の利益は、貨物輸送サービスの売上から、同本部で発生した経費と同本部が路線統括本部に支払う貨物室使用料を差し引いて計算される。次に、旅客販売統括本部の利益は、路線統括本部から受け取る販売手数料から、同本部で発生した経費を差し引いて計算される。さらに、運航・客室・整備・空港の各本部の利益は、路線統括本部から受け取る社内協力対価から、各本部で発生した経費を差し引いて計算される[17]。

## 部門別採算制度を支える様々な取り組み

　社員に利益を意識した行動をとってもらうためには、所属するサブユニットに利益責任を負わせるだけでなく、サブユニットの行動が利益にどのような影響を及ぼしたのかを迅速にフィードバックする必要がある。こうした目的のために、JALはJEDAI（JAL Enterprise Dynamic Analysis Information System）と呼ばれる情報システムを開発した（松井, 2017, p. 304）。

　JEDAIは、国際線であればフライトの3日後、国内線であればフライトの翌日に1便ごとの採算を取りまとめることができる。さらに、月間500万件にのぼる収入や経費、社内協力対価に関する大量のデータを取り込み、翌月7営業日目に部門別の採算表を出力することができる（松井, 2017, p. 304）。

　こうした採算表は、「社員がそれを見て頑張ろうと思えるようなもの」になるように勘定科目の名称や順番に様々な工夫が施されている（大田, 2018, pp. 176-177）。たとえば、経費の中身をできるだけ細かく表示することによって、

---

16）　社内協力対価については、第4章第7節で詳しく取り上げる。
17）　各本部に所属する社員は、数名から数十名程度のグループに分けられ、グループ長をリーダーとするサブユニットのなかで採算を追求する（JAL対面インタビュー、2023年7月24日）。

## 図表3-7　プロフィットセンター化がもたらした行動変容の例

**路線統括本部**

●航空券の予約状況を見ながら機材を変更したり、チャーター便を飛ばしたりするなど、柔軟な運営をするようになった（森田, 2014, p. 107）

**旅客販売統括本部**

●採算を度外視した航空券の販売が減り、適切な価格で販売できるように努力するようになった（引頭, 2013, p. 117）

**運航本部**

●パイロットがお茶を飲む際、それまでは機内の紙コップを使っていたが、マイボトルを持参するようになった（引頭, 2013, p. 126）
●パイロットの余剰が発生した場合には、他の航空会社に派遣することで収入を得られるようにした（森田, 2014, p. 98）
●気象条件を考慮して燃料の消費が少ない飛行コースを選択するなど、出発時から駐機場でエンジンを停止するまで、燃料節約を頭に入れて運航するようになった（森田, 2014, p. 109）

**客室本部**

●燃費節約のため、キャビンアテンダントが機内に持ち込む荷物の減量作戦を実行した（森田, 2014, p. 108）
●機内販売で1便ごとの月別の売上目標を決め、成績優秀なキャビンアテンダントを表彰する部内キャンペーンを実施した（森田, 2014, p. 109）

**整備本部**

●整備士が、それまでは捨てていた油で汚れた手袋を洗ってもう一度使うようになった（大西, 2013, p. 156）
●整備士の動線を見直し、とりにいくのに時間がかかっていた道具を近くに配置したり、動線を半分にしたりするなどの工夫をした（森田, 2014, p. 110）
●他部門から依頼された修理や、他の航空会社の航空機の整備を引き受けることで収入を得られるようにした（森田, 2014, p. 110; 金子, 2017, p. 22）
●点検整備中の飛行機から必要な部品を取り外して使うことによって部品在庫を劇的に減らした結果、手間は増えたが、若手の整備士にとっては仕事を覚える良い機会となった（森田, 2014, p. 110）
●消耗品に購入価格を示したタグをつけ、経費に対する意識を高めた（稲盛＝京セラコミュニケーションシステム, 2017, p. 136）

**空港本部**

●空港のロビーに置かれる時刻表などの配布物について、本当に必要な枚数を見積り、こまめに補充するようにしたところ、廃棄率が激減した（森田, 2014, p. 108）
●カウンター業務において、単価の高いアップグレード座席に空席があれば、発券手続きをおこなう社員が積極的に顧客にアップグレードを勧めるようになった（稲盛＝京セラコミュニケーションシステム, 2017, p. 136）

自分たちの行動が採算にどのような影響を与えているのかを社員が理解しやすいようにしている（JAL 対面インタビュー, 2023 年 7 月 24 日）。また、採算表は全部門共通のフォーマットで作成されているため、全社員が同じ目線で経営情報を把握することができる（JAL REPORT 2022, p. 23）。

　部門別の採算を月ごとに細かく計算し、社員が見られるようにした結果、多くの社員の利益意識が高まり、利益をあげるための創意工夫を行うようになった（森田, 2014, pp. 106-107）。図表 3-7 には、そうした行動変容の例が示されている。

　このなかには、他部門の協力が必要になったり、必ずしも自部門の採算向上には貢献しなかったりする行動も含まれている。たとえば、路線統括本部は、需要が伸び悩んだ場合に、使用する航空機を小型機に変更するなどのコスト削減策を実行する。そのためには、運航本部や客室本部の協力が必要になる（松井, 2017, p. 303）。また、客室本部の事例にある「荷物の減量作戦」は、同本部の採算に直接的に影響を与えるわけではない。

　JAL でこうした協調行動がとられるようになった背景には、2 つの要因があると考えられる。一つは、社員の危機感である。当時の JAL は、経営再建がうまくいかなければ二次破綻する恐れがあった。会社がなくなり、職を失うかもしれないという危機感が、多くの社員の全社利益を意識した行動を後押ししたのだろう。上記の情報システムを通じて経営情報が公開されたことも、危機感の醸成につながったと考えられる。

　もう一つは、JAL フィロソフィ、すなわち「JAL のサービスや商品に関わる全員が持つべき意識・価値観・考え方」（JAL REPORT 2022, p. 22）である[18]。稲盛氏による JAL 再建の柱は、フィロソフィによる意識改革とアメーバ経営をベースとする部門別採算制度の導入にあるといわれる（原, 2013, p. 156; 稲盛＝京セラコミュニケーションシステム, 2017, p. 53; 松井, 2017, p. 305 など）。上述した協調行動は、JAL フィロソフィにある「一人ひとりが JAL」「最高のバトンタッチ」の実践例と捉えることができる（松井, 2017, p. 304）[19]。

---

18）ここでいうフィロソフィは、ミッションに近い概念である（大西, 2013, p. 21）。ミッションについては、第 1 章第 2 節を参照。

　組織構造とマネジメントコントロールの関係については、大きく 2 つの考え方がある。一つは、企業の戦略が組織構造に影響を与え、その組織構造がMCS に影響を与えるという考え方である。この考え方によれば、責任変数は組織構造にもとづいて決められる。もう一つは、マネジメントコントロールの方針が組織構造に影響を与えるという考え方である。たとえば、サブユニットの利益貢献度を明確にするために、プロフィットセンターを中心とした組織を設計することが挙げられる（Anthony and Govindarajan, 2007, p. 105, p. 109）。

　本書はこれまで前者にもとづいてマネジメントコントロールを論じてきたが、JAL は後者にもとづいて MCS を設計・運用していると考えられる。もちろん、マネジメントコントロールの方針のみが、組織を設計する際の基準になるわけではない（Anthony and Govindarajan, 2007, p. 109）。それでも、「現場の隅々にまで採算に対する意識を浸透させるために、できるだけ多くのサブユニットをプロフィットセンターに設定する」という JAL のやり方は、低い収益性に悩む企業にとっては大いに参考になるだろう。

# 8. オムロンの責任センター

　オムロンのカンパニー（制御機器事業、ヘルスケア事業、社会システム事業、電子部品事業を統括する 4 つの事業体）は、主として ROIC、売上高成長率、そして営業利益にもとづいて評価される（オムロン対面インタビュー、2023 年11 月 15 日）。したがって、これらのサブユニットは、投資センターに該当すると考えられる。

　第 2 章第 5 節で述べたように、オムロンのカンパニーは、それぞれが研究開発、生産、営業といった機能部門を持っている。そして、それらを調整する役割として、事業ユニット（製品サービスを軸に設定された業績測定単位）ごと

---

19)　JAL フィロソフィには次のような一節がある。「チケットを売る者、機体を整備する者、機内食を運ぶ者、客室乗務員、パイロット。全員が自分の仕事を全うし、後ろに続く仲間に『最高のバトンタッチ』をしたときに、初めて最高のサービスが実現する。だから乗客に接する社員もそうでない社員も、『一人ひとりが JAL』を代表して働いているのだ」（大西, 2013, p. 178）。

にプロダクトマネジャー（PM）が設置されている。これらの機能部門や PM については、カンパニー長が業績指標を決める権限を持っており、全社共通の方法が採用されているわけではない（オムロン対面インタビュー, 2023 年 11 月 15 日）。

　また、オムロンでは、事業ユニットごとに「疑似 ROIC」が計算されている（オムロン対面インタビュー, 2023 年 11 月 15 日）。以下の式が示すように、ROIC は、売上高のうちどれくらいが利益として残ったかを示す売上高利益率（return on sales：ROS）と、投下資本の何倍の売上高をあげたかを示す投下資本回転率（invested capital turnover：ICT）という、2 つの意味のある指標に分解することができる。

$$\underset{\boxed{\text{ROIC}}}{\frac{\text{利益}}{\text{投下資本}}} = \underset{\boxed{\text{ROS}}}{\frac{\text{利益}}{\text{売上高}}} \times \underset{\boxed{\text{ICT}}}{\frac{\text{売上高}}{\text{投下資本}}}$$

　そして、オムロンにおける事業ユニットの疑似 ROIC は、以下のように計算される。

　　　事業ユニットの疑似 ROIC
　　　＝事業ユニットの ROS×所属するカンパニー全体の ICT

　たとえば、あるカンパニーの ROIC が 12％で、これは 10％の ROS と 1.2 倍の ICT に分解できるとする。このカンパニーに所属する事業ユニットの疑似 ROIC は、各事業ユニットの ROS（売上高営業利益率）に一律 1.2 倍の ICT を掛けて計算される（オムロン対面インタビュー, 2023 年 11 月 15 日）。ここで「疑似」という表現を使用しているのは、一つのカンパニーが取り扱う製品サービスは様々であり（図表 2-10）、事業ユニットの ICT が必ずしもカンパニー全体の ICT と一致するとは限らないからであろう。

　ではなぜ、事業ユニットの ICT を使って ROIC を計算しないのだろうか。その理由は、MCS の直接コスト（第 1 章第 7 節）にあると考えられる。オム

ロンの事業ユニットは、組織内の部門（サブユニット）ではなく、製品サービスを軸に設定された業績測定単位である。この場合、製品サービスごとの売上やコストのデータは比較的容易に入手できると思われるが、そこに投下されている資本の金額を計算するためには、様々な仮定や見積もりが必要になり、かなりの手間がかかると推察される。

　この点について、2022年までオムロンの執行役員・グローバル理財本部長を務めた大上高充氏は、「正確性を追求すればより手間をかけて行うこともできるが、そこには多くの資源を費やさないという『割り切り』を行っている」と述べている（浅田ほか, 2021, p. 119）。つまり、オムロンは、4つのカンパニーについては貸借対照表を作成しているが、事業ユニットレベルまで投下資本を切り分けることはしていない（浅田ほか, 2021, p. 123）。

――――――――――――[ 第 **4** 章 ]――――――――――――

# プロフィットセンターの管理会計

▼

　本章では、主に事業部を想定して、プロフィットセンターを設定する際の論点について詳しく取り上げる。第 1 節では、プロフィットセンターの本質について述べたうえで、事業部の利益を計算する際には、事業部間の振替価格、事業部間の売上配分、本社の利益計算の 3 つが論点になることを示す。第 2 節から第 4 節では、振替価格の 3 つの決定方法（市価基準、原価基準、交渉基準）について説明する。第 5 節と第 6 節では、事業部間の売上配分と本社の利益計算についてそれぞれ説明する。第 7 節では、JAL における振替価格の決定方法について考察する。

## 1. プロフィットセンターの本質

　第 2 章第 2 節で紹介したバリューチェーンの概念が示唆するように、企業の利益は、様々なサブユニットの協働によって生み出される。そうしたサブユニットには、生産や営業といった主要活動を行う部門だけでなく、人事や経理といった支援活動を行う部門も含まれる。企業内のあらゆるサブユニットが、利益を生み出すために何らかの貢献をしているのである。そして、あるサブユニットをプロフィットセンターに設定するということは、そのサブユニットの利益貢献度を測定することに他ならない。

　具体例を挙げて説明しよう。図表 4-1 には、3 種類の製品（半導体、パソコン、プリンター）を扱うメーカーが事業部制組織を採用し、本社と事業部をプロフィットセンターに設定した場合の利益計算例が示されている[1]。サブユニッ

## 図表 4-1　事業部制組織における利益計算の例

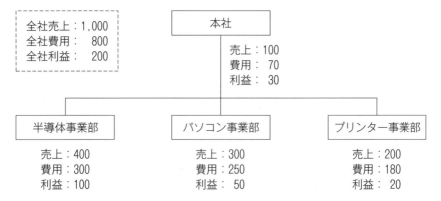

```
全社売上：1,000
全社費用： 800
全社利益： 200
```

本社

売上：100
費用： 70
利益： 30

半導体事業部

売上：400
費用：300
利益：100

パソコン事業部

売上：300
費用：250
利益： 50

プリンター事業部

売上：200
費用：180
利益： 20

## 図表 4-2　サブユニット間の依存関係

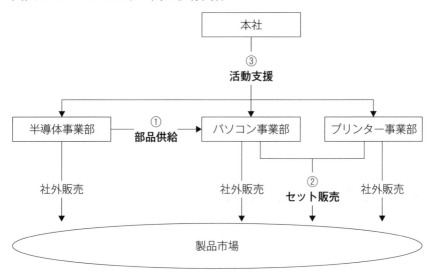

本社

③
**活動支援**

半導体事業部　①**部品供給**→　パソコン事業部　プリンター事業部

社外販売　社外販売　②**セット販売**　社外販売

製品市場

---

1 ）Solomons（1965, p. 4, p. 14）によれば、事業部（division）という用語の使われ方、事業部に委譲される権限の程度、そして本社と事業部の役割分担は、企業によって大きく異なる。本章では、同書に従って、少なくとも生産（あるいは調達）と販売の両方に責任を持ち、プロフィットセンターになっているサブユニットのみを事業部と呼ぶことにする。

トが互いに完全に独立していれば、こうした利益計算はそこまで難しくないだろう。しかし、実際には、図表4-2が示すように、サブユニット間には様々な依存関係が存在する[2]。

　図表4-2の①は、半導体事業部が、製品を外部顧客に販売するだけでなく、パソコンを完成させるのに必要な部品として、社内のパソコン事業部にも供給していることを意味している。両事業部の利益を計算するためには、こうした社内取引の価格、すなわち振替価格を決める必要がある。

　②は、パソコン事業部とプリンター事業部はそれぞれ独立して外部顧客に製品を販売しているが、一人の顧客が両事業部の製品（パソコンとプリンター）を同時に購入することもあることを示している。こうしたケースでは、セット販売による売上をどのように配分するかを決めなければ、両事業部の利益を計算することはできない。

　③は、本社は外部顧客と直接取引を行うことはなく、3つの事業部へのサポートを通じて企業全体の利益獲得に貢献していることを意味している。サブユニットの利益を計算するためには、本社による活動支援の対価を決める必要がある。

　このように、実際にプロフィットセンターを設定すると、様々な利益計算上の課題が発生する。次節からは、上述した事業部間の振替価格、事業部間の売上配分、本社の利益計算という3つの論点を順に取り上げていく。

## 2. 市価基準による振替価格

　プロフィットセンターに関する1つめの論点は、どのような方法で振替価格を決めるかである[3]。振替価格の代表的な決定方法には、市価基準、原価基準、交渉基準の3つがある（伊丹＝青木, 2016, p. 143）。本節では、これらのうち市

---

2）Solomons（1965, pp. 10-11）によれば、事業部制組織がうまくいくためには、各事業部の独立性を確保しなければいけない一方で、事業部間の相互依存性も必要である。ある事業部は、他の事業部と共通の原材料を使用することで仕入単価を安くしたり、他の事業部の製品と補完的な製品を販売することで他の事業部の需要を創造したりすることを通じて、他の事業部の成功にも貢献しなければならない。事業部間の相互依存性がなくなると、一つの企業が複数の事業を営んでいることの意義が薄れてしまうからである。

価基準について取り上げる。

　ある製品の振替価格を決定する際の基本原則は、「その製品を外部顧客に販売すると仮定した場合の価格、あるいは、その製品を外部の仕入先から購入すると仮定した場合の価格をベースに振替価格を決定する」というものである。したがって、社内取引の対象となる製品（以下、振替製品）の適正な市場価格、すなわち、振替製品と同様の取引条件（数量、納期、品質など）を反映した市場価格が存在するのであれば、それを振替価格に用いるのが理想的である（Anthony and Govindarajan, 2007, pp. 231-232）。

　売り手のサブユニットが製品を外部顧客にも販売していたり、類似の他社製品が市場に出回っていたりする場合、それらの価格にもとづいて振替価格を設定することができる。こうした振替価格は、市価基準による振替価格（market-based transfer price）と呼ばれる。

　市価基準の長所は、売り手（供給事業部）と買い手（購入事業部）の両方を独立企業のように扱えることである。一般的に、事業部長は、市場価格を公正かつ合理的に決まるものと認識している。購入事業部は、市価基準による振替価格が高すぎる、と不満を言うことはできない。なぜなら、その金額は外部市場から購入する場合の金額と同じだからである。同様に、供給事業部は、振替価格が低すぎる、と不満を言うことはできない。外部市場で販売したとしても、同じ金額しか得られないからである（Jiambalvo, 2013, p. 477）。

　市場価格で社内に販売すると（供給事業部の）振替製品が赤字になるケースでは、市価基準を採用することで、供給事業部による原価低減が促進されるだろう。それでも利益を出せなければ、供給事業部はその振替製品の販売を中止するかもしれない。その場合、購入事業部は、外部市場から調達することになる（Merchant and Van der Stede, 2017, p. 271）。

　同様に、市場価格で社内から仕入れると（購入事業部の）最終製品が赤字になるケースでは、市価基準を採用することで、購入事業部の原価低減が促進さ

---

3）本章では、振替価格の目的が、企業全体にとって望ましい行動をプロフィットセンターのマネジャーにとってもらうことにあると想定して議論を進める。しかし、振替価格は、資源配分やサブユニット間の利益移転といった、それ以外の目的のためにも用いられる（Merchant and Van der Stede, 2017, pp. 269-270）。

れるだろう。場合によっては、購入事業部はその最終製品の販売を中止するか
もしれない。その場合、供給事業部は、外部市場で振替製品を販売することに
なる（Merchant and Van der Stede, 2017, p. 271）。

　これらのケースに共通するのは、事業部が利益を生まない製品から撤退し、
そこに投入されていた経営資源を他の製品に振り分けるようになることである。
このように、市価基準を採用することによって、供給事業部と購入事業部の双
方において、企業全体の利益と整合的な意思決定が行われる可能性がある
（Merchant and Van der Stede, 2017, p. 271）。

　なお、供給事業部にとっては、内部取引は外部取引よりもコストが安く済む
ことがある。たとえば、供給事業部と購入事業部が近接していれば、発送費を
節約できる。社内向けの販売であるから、広告宣伝費もかからないだろう。さ
らに、社内向けの生産の方が社外向けの生産よりも計画を立てやすいのであれ
ば、製造原価が安くなるかもしれない（Jiambalvo, 2013, p. 477）。

　そのため、市価基準を採用している企業の多くは、市場価格からコスト節約
分を引いた金額を振替価格に用いている。しかし、こうした調整が多ければ多
いほど、それは市価基準ではなく、次節で述べる原価基準による振替価格に近
づいていく点には注意が必要である（Merchant and Van der Stede, 2017, p. 271）。

　市価基準の短所は、振替製品と同じ製品が同じ条件で取引されている市場が
存在しないと、ベースとなる市場価格を入手できないことである。仮にそうし
た市場があったとしても、市場価格が大きく変動したり、競合他社が一時的に
低い販売価格を設定したりする場合には、妥当な市場価格を入手することが困
難になる（岡本, 2000, p. 678）。

# 3. 原価基準による振替価格

　振替製品の市場価格を入手できない場合、その製品のコストにもとづいて振
替価格を設定する方法が考えられる。外部顧客への製品の販売価格を決める方
法の一つに、コストプラス方式（cost-plus pricing）がある。これは、まず製品
の原価を見積もり、それに獲得したい利益（マークアップ）を上乗せして価格
を決める方法である（伊丹＝青木, 2016, p. 114）。

**図表 4-3　2つの原価計算による損益計算書**

| 全部原価計算 | | 直接原価計算 | |
|---|---|---|---|
| 売上高 | ×××　 | 売上高 | ××× |
| 売上原価 | ×××　 | 変動費 | ××× |
| 　売上総利益 | ×××　 | 　貢献利益（限界利益） | ××× |
| 販売費および一般管理費 | ×××　 | 固定費 | ××× |
| 　営業利益 | ×××　 | 　営業利益 | ××× |

　原価基準による振替価格（cost-based transfer price）は、コストプラス方式を社内取引に適用した例だといえる。そうすることで、前節で紹介した「製品を外部顧客に販売すると仮定した場合の価格」を推定しようというのが、原価基準の基本的な考え方である。

　振替価格のベースになり得る原価は、限界原価（marginal cost）と全部原価（full cost）の2つに大別される（Merchant and Van der Stede, 2017, pp. 271-272）。両者の違いを理解するためには、全部原価計算（full costing）と直接原価計算（direct costing）の違いを理解しておく必要がある。図表 4-3 には、それぞれの原価計算による損益計算書の基本構造が示されている。以下、順に説明する。

## (1)全部原価計算

　全部原価計算による損益計算書では、どのような活動（生産活動、営業活動、管理活動など）で発生したのかにもとづいてコストが分類される。最初に売上高から差し引かれるのは、売上原価、すなわち、生産活動で発生した製造原価のうち、売れた製品に対応する原価である。製造原価は、材料費、労務費、経費の3つから構成される。これらは、製品に直接的に関連づけることができる製造直接費と、必ずしもそうではない製造間接費に分類される。

　まず、材料費とは、「物品を消費することによって発生する原価」である（岡本, 2000, p. 13）。材料費のうち、主要材料や買入部品など、製品にいくら投入したかがわかりやすい物品のコストは、直接材料費と呼ばれる。材料費には、塗料などの補助材料や、工具などの工場消耗品のコストも含まれる。これらは製品に直接的に関連づけることが困難なため、間接材料費と呼ばれる（伊丹＝

図表 4-4　全部原価計算におけるコストの分類方法

| | | | | 営業利益 | |
| | | | 販売費 | | |
| | | | 一般管理費 | | |
| 間接材料費 | 製造 | | | | 売上高 |
| 間接労務費 | 間接費 | | 製造原価 | 総原価 | |
| 間接経費 | | | | | |
| 直接材料費 | | | | | |
| 直接労務費 | 製造直接費 | | | | |
| 直接経費 | | | | | |

注：岡本（2000, p. 15）にもとづいて作成

青木, 2016, p. 116）。

　次に、労務費とは、「労働力を消費することによって発生する原価」である（岡本, 2000, p. 13）。労務費のうち、材料の加工や組み立てなど、製品に直接関わる作業に充てられた分は、直接労務費と呼ばれる。それ以外の、材料の運搬や機械の修繕に充てられた労務費は、間接労務費に分類される（伊丹＝青木, 2016, p. 116）。

　そして、経費とは、「物品、労働力以外の原価材を消費することによって発生する原価」である（岡本, 2000, p. 13）。つまり、生産活動で発生したコストのうち、材料費にも労務費にも該当しないものが経費と呼ばれる。このうち、外注加工賃のように個々の製品への投入金額がわかりやすいコストは、直接経費と呼ばれる。それに対して、工場の減価償却費、水道光熱費、火災保険料などは間接経費に分類される（伊丹＝青木, 2016, pp. 116-117）。

　全部原価計算による損益計算書では、売上高から売上原価を差し引いて売上総利益が計算され、そこから販売費と一般管理費を差し引いて営業利益が計算される。販売費とは、営業活動で発生するコストである。具体的には、営業担当者の給料、営業所の減価償却費や火災保険料、製品の発送費などがこれに含まれる。一般管理費とは、生産活動と営業活動以外で発生する管理費、すなわち支援活動で発生する費用のことである。事業部でいえば、事業部長の給料や、事業部で発生した研究開発費がこれに該当する。

　以上の関係を図示したものが、図表 4-4 である。この図表では、期首と期末

に製品在庫が存在せず、製造原価と売上原価が等しい状況を想定している。ま
た、製造原価、販売費、一般管理費を合計したものは、総原価（total cost）と
呼ばれる。

## (2)直接原価計算

　直接原価計算による損益計算書では、活動量に応じてどのように変化するの
か（変動的か、固定的か）にもとづいてコストが分類される。具体的には、図
表 4-3 が示すように、原価を変動費（variable cost）と固定費（fixed cost）に分
解して利益を計算する[4]。

　まず、変動費とは、「営業量の増減に応じて、総額において比例的に増減す
る原価」を指す（岡本, 2000, p. 48[5]）。前述した製造直接費の多くは、変動費と
みなすことができる。また、間接経費に含まれる（基本料金以外の）水道光熱
費や、販売費に含まれる発送費も、変動費とみなすことができるだろう。

　一方、固定費とは、「営業量の増減とは無関係に、総額において一定期間変
化せずに発生する原価」を指す（岡本, 2000, p. 48）。減価償却費や火災保険料、
社員の給料などが、固定費の典型例である。長期的に見れば、工場や営業所を
新設あるいは閉鎖したり、社員数を増加あるいは減少させたりすることで、こ
れらの費用を必要な営業量に対応させることは可能である。しかし、たとえば
1 カ月のような短期間で変化させることが困難であるため、これらの費用は固
定費と呼ばれる。

　直接原価計算による損益計算書では、売上高から変動費を差し引いて貢献利
益が計算され、そこから固定費を差し引いて営業利益が計算される。売上高と
変動費の差額は、固定費を回収し利益を生み出すのに貢献するため、貢献利益

---

4 ）こうした理由から、直接原価計算は変動原価計算（variable costing）とも呼ばれる。小林
　　ほか（2017, p. 144）によれば、米国では、直接原価計算よりも変動原価計算という用語の
　　方がよく使われる。この文献は、その理由として、直接原価計算という用語は製造直接費
　　を想起させるが、実際には変動費がその中心的役割を果たしていることを挙げている。
5 ）営業量とは、経営活動の量のことであり、原価の測定対象によって様々な尺度で測定さ
　　れる。たとえば、企業全体であれば製品の販売量や売上高、生産部門であれば製品の生産
　　量などが営業量の測定尺度となる（岡本, 2000, p. 47）。

（contribution margin）という名前がついている[6]。

　直接原価計算は、費用の分類方法だけでなく、何をある期の費用とするかという点でも全部原価計算と異なる。その結果、直接原価計算と全部原価計算では、営業利益が必ずしも一致しなくなる。

　両者の違いが生まれる原因は、製造原価に含まれる固定費（以下、製造固定費）にある。直接原価計算による損益計算書では、ある期に発生した製造固定費は、その期に「固定費」として一括費用計上される。一方、全部原価計算では、ある期に発生した製造固定費のうち、その期に販売された製品に対応する分のみが「売上原価」という費用に含められ、売れ残った製品に対応する分は「棚卸資産」という資産の一部となり、翌期以降の費用となる[7]。

　すなわち、2つの異なる原価計算にもとづく営業利益の間には、以下のような関係がある（岡本, 2000, p. 543）。

　全部原価計算の営業利益
　＝直接原価計算の営業利益＋期末在庫に含まれる製造固定費－期首在庫に含まれる製造固定費

　この式が示すように、期首と期末に製品在庫が存在しなければ、2つの営業利益は一致する。しかし、それ以外の場合は、原価計算の違いが営業利益の違いをもたらすので注意が必要である。なお、管理会計において直接原価計算を採用していたとしても、財務会計上は全部原価計算にもとづく損益計算書を作

---

6）図表4-3が示すように、貢献利益は限界利益（marginal profit）と呼ばれることもある。経済学では、営業量を増やした場合に収益や費用がどのくらい増えるかを、限界収益（marginal revenue）や限界費用（marginal cost）という言葉で表現する。定義上、売上と変動費は比例関係にあるため、両者の差額である利益も、売上と完全に連動する。経済学における「限界」の概念とは必ずしも一致しないが、売上に連動する利益という意味で、限界利益という言葉が使われていると考えられる。つまり、貢献利益が利益獲得への貢献を強調する言葉であるのに対して、限界利益は営業量の変化がもたらす利益の変化を強調する言葉である（岡本, 2000, p. 484）。なお、米国では、限界利益よりも貢献利益という用語の方が定着している（小林ほか, 2017, pp. 143-144）。

7）販売費および一般管理費に含まれる固定費については、いずれの原価計算においても発生した期に一括費用計上されるため、こうした会計処理の違いは生じない。

成する必要がある。上記のように直接原価計算の営業利益を全部原価計算の営業利益に修正する会計処理は、固定費調整と呼ばれる。

## 全部原価にもとづく振替価格

全部原価計算と直接原価計算の違いを考慮すると、振替価格のベースになり得る原価として、限界原価と全部原価の2つを挙げることができる。限界原価とは、製品の営業量を1単位増やした場合に追加的に発生するコストを指す。これを厳密に計算するのは容易ではないが、直接原価計算における（製品1個当たりの）変動費をその近似値とみなすことができるだろう。

一方、全部原価とは、製品の変動費だけでなく固定費も含めた1単位当たりのコストを指す。図表4-4に示した、全部原価計算における（製品1個当たりの）総原価がそれに近い概念だと考えられる。

通常、コストプラス方式で外部顧客への販売価格を決定する際には、全部原価が用いられる。その最大の理由は、変動費だけでなく固定費も回収できる価格で販売しなければ、最終的に利益を得ることができないからである。したがって、社内取引においても、供給事業部で発生する全部原価に利益を上乗せして振替価格を設定するという方法が考えられる（Merchant and Van der Stede, 2017, p. 272）。

全部原価にもとづいて振替価格を決定する際には、実際に発生した原価ではなく、第3章第3節で紹介した標準原価を用いるのが望ましい。実際に発生した原価をベースに振替価格を設定すると、供給事業部が非効率的な活動を行った場合に、その影響を購入事業部が受けてしまう。そのため、原価基準で振替価格を設定する際には、標準原価を用いるのが一般的である（Anthony and Govindarajan, 2007, p. 235）。

## 限界原価にもとづく振替価格

しかし、限界原価にもとづく意思決定が有用なケースもある。たとえば、次のような状況を考えてみよう。

A社は、製品Xを受注生産しており、当月はこれまでに得意先B社から100個の注文を受けている。1個当たりの変動費（限界原価）は40円、固定費は総額6,000円である。したがって、1個当たりの総原価（全部原価）は100円（＝40円＋6,000円÷100個）となる。A社は、製品XをB社に1個当たり120円で販売することにしている。

新規顧客であるC社から、製品Xを20個、1個当たり80円で売ってくれないかと打診された。この場合、A社はC社からの注文を受けるべきだろうか。なお、A社の生産能力には余裕があるため、追加生産をするとしても、新たに設備投資をする必要はない（すなわち、固定費は増えない）ものとする[8]。

### 図表 4-5　追加注文が A 社の利益に与える影響

|  | 追加注文 | | 増加分 |
|  | ①受けない | ②受ける | ②−① |
| --- | --- | --- | --- |
| 売上高 | 12,000 | 13,600 | 1,600 |
| 変動費 | 4,000 | 4,800 | 800 |
| 　貢献利益 | 8,000 | 8,800 | 800 |
| 固定費 | 6,000 | 6,000 | 0 |
| 　営業利益 | 2,000 | 2,800 | 800 |

（円）

　図表4-5には、追加注文を受けない場合と受ける場合、それぞれの損益計算書が示されている。もしA社の経営者が全部原価のみに注目していたら、C社からの注文を断るかもしれない。打診された時点での製品Aの全部原価は100円であり、それを80円で売ってしまうと、赤字が出るように見えるからである。

　しかし、実際には、追加注文を受けることで営業利益は増える。その理由は、追加注文を受けることで増えるのは変動費のみであり、固定費は変わらないからである。つまり、変動費を上回る価格で追加的に製品を販売できれば、たとえその価格が全部原価を下回っていたとしても、貢献利益ひいては営業利益が

---

8）この設例は、Jiambalvo（2013, p. 12）を参考にして作成されている。

増加するのである。

　以上の示唆を社内取引に当てはめると、供給事業部で発生する限界原価（の標準原価）に利益を上乗せして振替価格を設定する、という方法が考えられる。限界原価は全部原価よりも小さいため、限界原価をベースに振替価格を設定することで社内需要が大きくなり、供給事業部の利益は増える可能性がある。また、購入事業部にとっても、相対的に安く部品を調達できるというメリットがある。その結果、最終製品の販売価格を低く設定することができ、他社との競争に勝てるかもしれない。

　このように、限界原価にもとづく振替価格を採用することで、各事業部は企業全体にとって望ましい行動をとるようになる可能性がある。逆にいえば、振替価格のベースに全部原価を用いると、企業はこうしたメリットを享受できないかもしれない。

　しかし、限界原価にもとづく振替価格には、大きく 3 つの弱点がある。1 つめは、社内需要が十分に大きくないと、供給事業部が固定費を回収できなくなることである（小倉, 2010, p. 46）。図表 4-5 の設例は、得意先 B 社からの注文によって、すでに固定費の回収が見込める状況を想定していた。しかし、そうでない場合に変動費をベースに振替価格を設定すると、供給事業部は赤字に陥りやすくなる。

　その結果、供給事業部は、固定費を回収できないかもしれない振替製品の開発に消極的になるかもしれない。あるいは、そうした振替製品の生産効率を向上させるための設備投資を行わなくなるかもしれない（小倉, 2010, p. 46）。

　2 つめは、供給事業部が変動費だけを回収すればよいと考えて、低い価格を設定しがちになることである（岡本, 2000, p. 592）。図表 4-3 から明らかなように、直接原価計算を採用している場合でも、最終的には固定費を含む全部原価を回収しなければ、利益を生み出すことはできない。しかし、振替価格が限界原価にもとづいて決まると、供給事業部内に「変動費を上回る価格で売りさえすればよい」という意識が芽生える可能性がある。

　その結果、供給事業部内で、企業全体にとって望ましくない行動がとられるようになるかもしれない。たとえば、外部顧客と価格交渉をする際に、営業部門が高い金額で受注しようとしなくなるかもしれない。あるいは、生産部門の

関心が変動費を下げることばかりに向けられてしまい、固定費の削減に向けた努力が十分に行われなくなるかもしれない。

3つめは、限界原価の測定が困難なことである。前述のように変動費を限界原価とみなすことは可能であるが、企業活動で発生するコストを変動費と固定費に分解するのは決して容易ではない（Merchant and Van der Stede, 2017, p. 271）。

たとえば、労務費は変動費と固定費のどちらだろうか。営業量が減少しても社員をなかなか解雇せず、営業量が増加しても社員の採用をためらう企業では、労務費は固定費とみなされるだろう。反対に、営業量の増減に応じて頻繁に社員数を調整する企業では、労務費を変動費とするのが理に適っている（Jiambalvo, 2013, p. 127）。

このように、企業全体の経営方針が原価の分類に影響を与える可能性がある。さらに、同じ企業であっても、様々な雇用形態の社員が働いていることもある。そのなかには、変動費と固定費の境界線があいまいなケースも含まれているだろう[9]。

# 4. 交渉基準による振替価格

交渉基準による振替価格（negotiated transfer price）とは、供給事業部と購入事業部の交渉によって決められる振替価格のことである。市場価格や原価に関する情報は交渉の材料になり得るが、必ずしもそれらにもとづいて振替価格を決める必要はない（Merchant and Van der Stede, 2017, pp. 270-271）。

交渉基準の特徴は、本社による振替価格への関与の度合いが、市価基準や原価基準よりも小さいことである。市価基準であれば、本社が振替価格のベースとなる市場価格を決めたり、内部取引によるコストの節約分を推定したりするのが一般的である。原価基準であれば、ベースとなる原価やマークアップを決める権限は本社が持っていることが多い（伊丹＝青木, 2016, p. 145）。それに対して、交渉基準では、他の2つの基準よりも多くの権限を事業部に委譲し、上

---

9）企業活動で発生するコストを変動費と固定費に分解する手続きは、固変分解と呼ばれる。その具体的な方法については、Jiambalvo（2013, 第4章）や岡本（2000, 第9章）を参照。

記の点を事業部同士の交渉で決めさせるのである。

では、交渉基準にはどのようなメリットとデメリットがあるのだろうか。Anthony and Govindarajan（2007, p. 242）によれば、交渉基準を採用することの合理性は 3 つある。

1 つめは、製品の販売価格を決めること、そして、満足のいく価格で部品を購入することは、事業部にとって極めて重要な経営行動だからである。本社がこれらの価格を決めると、事業部の業績に対する事業部で働く人々の影響力が低下してしまう。これは、管理可能性の観点から望ましくないといえる。

2 つめは、振替価格を設定する際には、主観的な判断が必要となることが多いからである。そうした判断を本社が行ってしまうと、業績が低い事業部で働く人々は「恣意的な振替価格のせいで利益が出せない」と主張するかもしれない。事業部同士の交渉で振替価格を決めるようにすれば、こうした「言い訳」の余地を減らすことができるだろう。

3 つめは、通常、本社よりも事業部の方が、振替製品の市場や原価に関する多くの情報を持っているからである。そうした情報を本社が収集して振替価格を決めるよりも、最新の情報を持っている事業部同士の交渉で振替価格を決める方が、妥当な振替価格が設定される可能性は高まるだろう。

一方、Merchant and Van der Stede（2017, pp. 272-273）によれば、交渉基準にはいくつかの問題点がある。ここでは 3 つ紹介しておこう。

1 つめは、振替価格をめぐる交渉に膨大な時間と手間がかかる恐れがあることである。その結果、環境変化への対応が遅れてしまうかもしれない。あるいは、事業部で働く人々が社内交渉によって利益を増やすことに注力するようになり、本来取り組むべき収益性向上のための活動が停滞する可能性もある。

2 つめは、事業部間の利害対立が深刻になる恐れがあることである。他の条件が等しければ、振替価格が高いほど供給事業部の利益は大きくなり、反対に購入事業部の利益は小さくなる。振替価格をめぐる交渉は、こうした本質的な利害対立を顕在化させ、両者の関係を悪化させる可能性がある。その結果、事業部間の情報共有や協調行動が停滞してしまうかもしれない。

3 つめは、振替価格が経済的実態から乖離する恐れがあることである。交渉基準による振替価格には、当然ながら事業部の交渉力が反映される。たとえば、

一方の事業部には外部販売あるいは外部調達の機会が豊富にあり、もう一方の事業部にはそうした機会が少なければ、前者の事業部の交渉力が高くなる。あるいは、交渉担当者の個人的なスキルやパワーが振替価格に影響を与えることもあるだろう。

つまり、交渉の結果、本章第2節で述べた基本原則から大きく逸脱した振替価格が設定される恐れがある。それは、交渉力の弱い事業部で働く人々が不満を持つという点で影響システムとしてデメリットがあるだけでなく、事業部の業績を歪めるという点で情報システムの観点からも望ましくない。

交渉基準を採用する場合には、これらの問題が深刻になりすぎないように、振替価格のルールをできるだけ具体的に決めておく必要がある。しかし、どんなにルールを明確にしても、振替価格をめぐる交渉がまとまらないこともあるだろう。交渉基準を採用する企業は、そのような場合に備えて、仲裁のための仕組みを用意しておく必要がある（Anthony and Govindarajan, 2007, p. 243）。

たとえば、財務担当役員が双方の主張を聞いたうえで妥当と思われる振替価格を決定する、という方法が考えられる。あるいは、専門部署を設置し、振替価格をめぐる対立の仲裁や振替価格のルールの見直しといった業務を担当させることもできる。いずれにせよ、事業部同士の話し合いで振替価格が決まらない場合には、本社による介入が必要になるだろう（Anthony and Govindarajan, 2007, p. 243）。

言うまでもなく、仲裁の対象となる案件は少ない方が望ましい。振替価格をめぐる対立が頻繁に起こる企業は、ルールが不明確なために実務でうまく適用できない、組織構造や責任センターの設定方法が合理的でないなど、何かしらの問題を抱えていると考えた方がよい（Anthony and Govindarajan, 2007, p. 243）[10]。

---

10) Solomons（1965, pp. 11-12）によれば、事業部間の競争が激しいなかで大きな成功を収めている企業も存在するが、そうした競争は最低限にとどめるのがよい。そのためには、ある製品や市場を担当する事業部を変更する必要があるかもしれない。こうした組織再編は、短期的には痛みを伴う可能性があるものの、企業全体の利益に貢献するのであれば、実施されるべきである。

# 5. 事業部間の売上配分

　プロフィットセンターに関する 2 つめの論点は、どうやって複数の事業部にまたがる外部売上を配分するかである。たとえば、ある顧客は A 事業部が主に担当しているが、その顧客が B 事業部の製品を注文することがあるとする。A 事業部は、何の対価ももらえなければ、B 事業部の製品を積極的に売ろうとはしないだろう。こうした事態を防ぐためには、A 事業部が B 事業部の製品を受注した場合に、B 事業部が A 事業部に販売手数料を支払うといった仕組みが有効だと考えられる（Anthony and Govindarajan, 2007, pp. 197-198）。

　より配分が難しいのは、複数の事業部による共同プロジェクトの成果として、外部顧客からの売上が発生したケースである。このような場合には、振替価格の 3 つの決定方法（市価基準、原価基準、交渉基準）を参考にして、以下のようなやり方が考えられる。

　たとえば、A 事業部がメインで B 事業部がサポートする、という形態の共同プロジェクトがあるとしよう。この場合、もし B 事業部が提供するサービスに市場価格が存在するのであれば、A 事業部は、サポートを受けるたびにその対価を B 事業部に支払えばよい。市価基準による振替価格の考え方を、外部売上の配分にも適用するのである。

　あるいは、各事業部が拠出した経営資源の大きさにもとづいて外部売上を配分することもできるだろう。具体的には、共同プロジェクトに参画している社員の数や、外部売上の獲得に要した工数に応じて事業部間で按分を行うのである。これらは、各事業部が負担するコストに注目しているという点で、原価基準に近いやり方といえる。

　さらに、事業部同士の話し合いで各事業部に配分される外部売上を決める、という交渉基準を採用することもできる。この場合には、前節で述べた交渉基準による振替価格と同様の問題が発生すると考えられるため、あらかじめ本社による仲裁の仕組みを用意しておく必要があるだろう。すなわち、外部売上の配分をめぐる対立が深刻になった場合には、本社の役員や専門部署が売上獲得の経緯などを調査し、妥当と思われる配分方法を決定するのである。

　いずれの方法も時間と手間がかかるため、外部売上を事業部間で配分せず、売上の獲得に関わったすべての事業部にその全額を計上するという、ダブルカウント（やトリプルカウント）を行っている企業もある。こうしたやり方には、容易に実施できる、社内の対立を招きにくい、事業部の垣根を越えた協働が促進されるなどのメリットがあると思われる。しかし、情報システムとしても影響システムとしても、以下のような問題を引き起こす可能性があるので注意が必要である。

　まず、情報システムとしての問題点は、各事業部の利益の合計と企業全体の利益が大きく乖離する恐れがあることである。たとえば、2つの事業部による共同プロジェクトで外部売上のダブルカウントを行うと、各事業部はそのプロジェクトで発生した費用の一部しか負担していないにもかかわらず、売上はそれぞれに全額計上される。その結果、各事業部の利益は過大に計算され、企業全体の利益への貢献度がわかりにくくなってしまう。これは、経営者が事業ポートフォリオの管理を行ううえで、非常に大きな問題といえるだろう。

　次に、影響システムとしての問題点は、事業部で働く人々が、社内交渉によって業績を高めようとする恐れがあることである。たとえば、ある事業部が、このままでは利益目標を達成できない状況に置かれているとする。本来であれば、この事業部は、外部顧客に向けた営業活動やコスト低減活動に注力すべきであろう。しかし、ダブルカウントが認められていると、その事業部で働く人々は、他の事業部が行っている活動に少しでも関与しようとして様々な社内交渉を始める可能性がある。

# 6. 本社の利益計算

## 本社費を事業部に負担させるべきか

　プロフィットセンターに関する3つめの論点は、どうやって本社の利益を計算するかである。事業部にとって、本社で発生する費用（以下、本社費）には、管理可能なものとそうでないものがある。管理可能な本社費の例として、本社による研究開発や情報技術に関する支援で発生する費用が挙げられる。事業部

がこれらの費用を完全にコントロールすることはできないだろうが、サポートの有無や量に対してある程度の影響力を持つのであれば、事業部が管理可能な費用とみなすことができる（Anthony and Govindarajan, 2007, p. 196）。

　本社が事業部をサポートするということは、そこで何らかのサービスが提供されるということであり、その本質は事業部間で行われる部品の取引と同じである。したがって、サポートを受けるたびに事業部が対価を支払うような仕組みをつくることによって、サービスを提供した本社（に所属する部門）の収益さらには利益を計算することができる。その対価を決める際には、振替価格の決定方法に関する議論が参考になるだろう。

　ところが、本社では、事業部が管理不能な費用も発生する。たとえば、本社の人事部門や経理部門で発生するコストに対して、事業部が影響を与える余地は極めて小さいだろう。また、これらのコストは、各事業部でどれくらい発生したのかを見積もることが非常に難しい。そのため、管理不能な本社費を事業部に負担させるべきではない、という主張には一定の説得力がある（Anthony and Govindarajan, 2007, p. 196）。

　一方で、たとえ管理不能であっても、以下の 3 つの理由により、本社費を事業部に負担させるべきだという考え方もある（Anthony and Govindarajan, 2007, pp. 196-197）。

　1 つめは、本社費の肥大化を防ぐためである。本社は、企業全体のパフォーマンスに与える影響とは関係なく、社内でパワーを持っていることが多い。そのため、本社費はついつい増える傾向にある。本社費を事業部に負担させることによって、事業部長はそれらのコストを慎重にチェックするようになるだろう。場合によっては、「この本社費は高すぎる」と不満を言うかもしれない。こうした牽制には、本社における不要な支出を抑制するという効果を期待することができる。

　2 つめは、より経済的実態を反映した事業部利益を計算するためである。人事部門や経理部門のサポートがなければ、事業部は自ら人材を採用したり、会計システムを構築したりしなければならなくなる。つまり、これらの部門は、事業部が活動するうえで不可欠なサービスを提供しているのである。にもかかわらず、そこで発生する費用を事業部に負担させなければ、各事業部の利益は

過大に計算されてしまう。これは、情報システムとして問題があるだろう。

　3つめは、企業全体にとって望ましい行動を事業部にとってもらうためである。事業部の利益計算に本社費が含まれていなければ、事業部長は、過少なコストにもとづいて販売価格や製品ポートフォリオを決定するようになる。その結果、すべての事業部が黒字にもかかわらず企業全体では赤字、ということが起こるかもしれない。こうした事態を防ぐためには、事業部に本社費の存在を意識させ、企業全体で利益を生み出せるような行動をとってもらう必要がある。これは、事業部への影響システムとしての機能である。


## 本社費を事業部に負担させる方法

　多くの企業が管理不能な本社費を事業部に負担させているのは、それによって発生するコストよりも、ベネフィットの方が大きいと考えているからだろう。その具体的な方法は、配賦方式と納付方式の2つに分けることができる。

　まず、配賦方式とは、本社費をその発生と関連が強いと考えられる基準（売上高、投下資本、社員数など）を用いて按分し、各事業部に負担させる方法である。この場合、該当する本社間接部門には収益が発生しないため、それらはコストセンターとして運用されることになるだろう。

　もう一つの納付方式とは、事業部が売上や利益の一定割合を本社に支払う方法である。「事業部が稼いだ売上や利益のX％は本社に帰属する」という前提を置いて、事業部が本社から受けたサポートの対価を支払うのである。この対価は本社の収益となるため、納付方式を採用している場合には、該当する本社間接部門をプロフィットセンターに設定することができる。

　納付方式を採用する際に論点となるのは、納付の割合（X％）をどのくらいに設定するかである。これが高すぎると、本社間接部門は簡単に利益を出せてしまう。反対に低すぎると、本社間接部門はどんなに頑張っても赤字になってしまう。その「さじ加減」は決して容易ではないだろうが、うまく設定すれば、

---

11）　伊丹＝青木（2016, 第6章）は、管理不能な本社費を「本社共通費」と呼び、その配賦
　　方法と影響システムとしての機能について詳しく論じている。

本社間接部門で働く人々の利益意識を高めることができるだろう。

　なお、管理不能な本社費を事業部に負担させる場合でも、それを事業部長の業績評価にも反映させるかどうかについては判断の余地がある。責任センターの議論においては、マネジャーによる経営の成果を示す業績（management performance）と、経済主体としてのサブユニットの業績（economic performance）は区別すべきだとしばしばいわれる（Anthony and Govindarajan, 2007, p. 194[12]）。

　これら 2 つの業績を区別する際に重要な概念の一つは、管理可能性であろう。事業部でいえば、事業部の経済的業績には管理不能な本社費を含めるが、事業部長のマネジャーとしての業績には含めない、というやり方が考えられる。

　図表 4-6 には、こうした方法を採用した場合の事業部（プロフィットセンター）の損益計算書の例が示されている。ここでは、売上高から変動費、事業部で発生した固定費、事業部が管理可能な本社費を引いたものを管理可能利益（controllable profit）と呼んでいる。管理可能性の観点からは、この利益が事業部長の業績指標として相応しいということになる[13]。

　一方、事業部の経済的業績を計算する際には、事業部長にとって管理不能な項目も含める必要がある。図表 4-6 では、事業部が管理不能な本社費と法人税等（法人税、住民税、事業税など）がそれに該当する。本社が税務に関する意思決定の多くを行っている場合には、その影響を事業部長の業績指標に反映させるのは適切ではない（Anthony and Govindarajan, 2007, p. 197）。しかし、経済主体としての事業部の業績を評価する際には、あらゆる費用を引いたあとに残る当期純利益を用いるべきであろう。

---

12）たとえば、ある事業部は、経済状況や競争条件のせいで業績が振るわず、最終的には閉鎖に追い込まれたとする。しかし、そのような厳しい経営環境にあっても、事業部長が優れた仕事をしているケースはあり得る（Anthony and Govindarajan, 2007, p. 194）。しかし、鳥居（2014, p. 72）によれば、実務において、事業部の業績と事業部長の業績が区別されることは稀であるという。

13）しかし、このような区別をすることで、前述の（管理不能な本社費を事業部に負担させることで得られる）影響システムとしてのメリットを十分に享受できなくなる恐れがある点には注意が必要である。

図表 4-6　事業部（プロフィットセンター）の損益計算書の例

| | |
|---|---|
| 売上高 | ××× |
| 変動費 | ××× |
| 　貢献利益 | ××× |
| 事業部で発生した固定費 | ××× |
| 事業部が管理可能な本社費 | ××× |
| **　管理可能利益** | ××× |
| 事業部が管理不能な本社費 | ××× |
| 　税引前当期純利益 | ××× |
| 法人税等 | ××× |
| 　当期純利益 | ××× |

注：Anthony and Govindarajan（2007, p. 195）にもとづいて作成

# 7. JAL における振替価格の決定方法

　これまでは事業部を想定してプロフィットセンターの管理会計に関する論点を検討してきたが、同様の論点は機能部門をプロフィットセンターに設定した場合にも当てはまる。本節では、社内協力対価と呼ばれる、JAL における機能部門間の振替価格について詳しく取り上げる。

## 社内協力対価とは何か

　第 3 章第 7 節で述べたように、JAL は、社内協力対価という仕組みを使って機能部門の利益を計算している。社内協力対価とは、「サービス業など、複数の部門がかかわり合ってお客様にサービスを提供し売上を計上するビジネスにおいて各部門の収入をとらえる仕組み」である（稲盛＝京セラコミュニケーションシステム, 2017, p. 127）。

　社内協力対価を導入する際には、「提供するサービスの採算に責任を持つ『事業責任部門』を定める必要がある。お客様からいただくサービス収入（売上）は、その全額が事業責任部門の収入となる。そのうえで、事業責任部門は各部門から提供されるサービスに対して『社内協力対価』を支払う」（稲盛＝京セラコミュニケーションシステム, 2017, p. 128）。こうした仕組みは、アメー

図表 4-7　JAL の社内協力対価

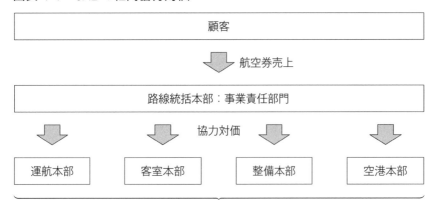

注：稲盛＝京セラコミュニケーションシステム（2017, pp. 133-135）にもとづいて作成

バ経営のコンサルティングを手がける京セラコミュニケーションシステムが、医療機関にアメーバ経営を導入する際に考案された（松井, 2017, p. 296）[14]。

　図表 4-7 には、JAL の社内協力対価の仕組みが示されている。ここからわかるように、JAL では、路線統括本部（現在の路線事業本部）が事業責任部門に位置づけられている。そして、路線統括本部を支援する 4 つの本部は、「事業支援部門」と呼ばれている（稲盛＝京セラコミュニケーションシステム, 2017, pp. 133-134）。

## 社内協力対価の設定方法

　稲盛＝京セラコミュニケーションシステム（2017, p. 128）によれば、社内協力対価は、「各部門のコストを積み上げて決めるのではなく、市場価格をベースに、それぞれの部門が定められた役割を果たすことで生み出される付加価値に応じて設定する」のが望ましい。こうした市価基準に近いやり方は、医療機

---

14）松井（2017, pp. 294-298）は、製造業にアメーバ経営を導入した場合の「社内売買」とサービス業にアメーバ経営を導入した場合の「協力対価方式」の違いについて詳しく論じている。

関のようにサービス（医療行為）ごとの単価（診療報酬）が法律で定められている場合には比較的容易であり、その組織で働く人々の納得感も得られやすい（松井, 2017, p. 300）。

　しかし、JAL のような航空ビジネスにおいて、パイロットや客室乗務員、整備士、地上スタッフが提供するすべてのサービスに妥当な市場価格が存在するとは考えにくい[15]。そのため、JAL が部門別採算制度を導入する際には、市価基準の適用が難しい場合、原価基準に近いやり方で社内協力対価を決めた[16]。稲盛氏とともに「アメーバ経営の伝道師」としてこの問題に取り組んだ森田直行氏は、次のように語る。

　　1 便ごとの収支をつかむうえで最も難しいのは、原価をどう把握するかです。これには苦労しました。収入は航空券がどれだけ売れたかであり、従来も把握できていましたが、経費のほうはなかなかつかめませんでした。

　　飛行機を 1 便飛ばすための原価には、パイロットとキャビンアテンダントの費用、空港サービス費、整備費用、機材の償却費、燃料費などがあります。これまでは、1 ヵ月ごとに実際にかかった経費を集計し、その月に飛んだ路線に按分していたので集計に時間がかかっていました。私の考えは、1 便当たりにそれぞれの経費の単価を決めるというものでした。

　　具体的な方法については、各本部に考えてもらいました。私の要求は、単価が論理的に説明できることと、原価が変動する可能性も高いので、スピーディーに単価変更ができることの 2 つでした。各本部は

---

15）日本航空株式会社（2022, p. 244）によれば、整備本部や空港本部が受け取る協力対価を設定する際には、市場での競争力を確保するために市価基準が用いられている。具体的には、海外航空会社から整備業務やグランドハンドリング業務を受託した場合に受け取る料金などを参考にして協力対価が設定されている（金子, 2017, pp. 22-23; JAL 対面インタビュー, 2023 年 7 月 24 日）。

16）松井（2017, p. 303）によれば、部門別採算制度の導入以前から JAL の原価計算の精度は高かった。つまり、経営破綻前の JAL には経営に必要な数字のほとんどがあったものの、それを活用しようという経営陣の意識が薄かった（大西, 2013, p. 152）。

非常に積極的に取り組んでくれ、私の望みに見事に応えてくれました。
（森田, 2014, pp. 105-106）

　稲盛氏と森田氏は、JAL の社員が納得する協力対価を設定するために、半年近い時間をかけて社員との話し合いを重ねた。それでも、部門別採算制度導入後の 1 年間は、様々な問題が発生した。たとえば、どんなに努力をしても黒字にならない部門がある一方で、簡単に利益をあげられる部門が出てきてしまった。両氏は、各部門ができるだけ公平に利益をあげられるように、協力対価の調整を繰り返した。こうした試行錯誤を続けるうちに、協力対価をめぐる社内の不公平感は徐々に解消されていった（大西, 2013, pp. 153-154）。

　前述のように、社内協力対価は 1 便ごとに決められているが、それはあくまでもベースとなる金額である。あるサブユニットが実際に受け取る対価は、そのサブユニットが提供するサービスの中身に応じて上下する。

　たとえば、空港本部の収入は、JAL マイレージバンク会員入会者数や、空港当日アップグレード販売座席数などに応じて変動する（JAL 書面インタビュー, 2023 年 8 月 24 日）。また、親会社である JAL からコールセンター業務を請け負っている JAL ナビアでは、コールセンター利用者の満足度が一定の水準を上回っている場合に、JAL から受け取る業務委託料が増えるという仕組みが採用されている（金子, 2017, p. 28）。

　なお、社内協力対価は、マスタープランと呼ばれる年度計画の策定時と修正時に、運航・客室・整備・空港の各本部と路線事業本部の交渉を通じて見直しが行われる[17]。交渉の場では、市場価格や原価に関する情報が共有され、活発な議論を通じて双方にとって納得のいく協力対価が決められる。そして、本部同士の話し合いで協力対価が決まらない場合には、経営管理本部のスタッフが双方の主張を聞いたうえで妥当と思われる価格方法を提案し、両者の合意を促して決定する（JAL 対面インタビュー, 2023 年 7 月 24 日）。

　本章第 4 節で述べたように、交渉基準を採用することによって、サブユニット間の利害対立が深刻になる恐れがある。JAL が協力対価の見直しを行う際も、

---

17）マスタープランについては、第 6 章第 7 節で詳しく取り上げる。

それは同様であろう。金子（2017, p. 40）によれば、JALフィロソフィには「人間として何が正しいかで判断する」「公明正大に利益を追求する」という項目があり、それらがモラルを逸脱した利益追求にブレーキをかけているという。また、同書に掲載されているインタビューにおいて、稲盛氏は次のように述べている。

　　自分のところの業績を大事にしつつ、全体との調和にも配慮するような人材が出てくるために、グループ業績報告会という場が大きな役割を担っていると思います……

　　そこでいろいろな報告をしてもらっていますが、JALフィロソフィを身に付けておらず、エゴに満ちた、つまり自分の部署の業績さえよければいい、会社全体のことを考えない、という態度のリーダーは、結局その場ですぐ分かるわけです。最初のころは私がだいぶきつく注意したりしました。さすがに今はそんなに注意することもなくなりました。

（金子, 2017, pp. 306-307）[18]

　このように、JALでは、本章で紹介した3つの決定方法（市価基準、原価基準、交渉基準）を組み合わせて振替価格を設定している。その際、JALフィロソフィを社内に浸透させ、それが身についていない社員には注意を与えることによって、交渉基準のデメリットを緩和しようとしている。

---

18）業績報告会については、第6章第7節で詳しく取り上げる。

---[ 第 **5** 章 ]---

# 投資センターの管理会計

▼

　本章では、ROIC を中心に、投資センターの業績を測定する際の論点につい
て詳しく取り上げる。第１節では、本章における議論の前提として、投資セン
ターは資本コスト率を上回る ROIC をあげる必要があることを示す。第２節で
は、ROIC を計算する際の基本的な考え方について述べたうえで、計算方法の
一例を示す。第３節では、投下資本（ROIC の分母）に関する論点として、現
金、運転資本、有形固定資産、無形固定資産の４つを取り上げる。第４節では、
投資センターの代替的な業績指標である EVA と ROIC の関係について述べる。
第５節では、オムロンの ROIC 経営について考察する。

## 1. 投資センターのマネジャーに期待される行動

　第３章第１節で述べたように、利益と利益を獲得するのに使用した資産、両
方の金額を責任変数に含んでいるサブユニットは、投資センターと呼ばれる。
投資センターの代表的な業績指標は、ROIC である。ROIC で評価されるマネ
ジャーには、既存の資産から十分な利益をあげることに加えて、十分な利益を
あげられる投資を提案する（十分な利益を得られない投資からは撤退する）こ
とが期待される（Anthony and Govindarajan, 2007, p. 271）。
　では、投資センターにとって「十分な利益」とは、どのくらいの水準の利益
を指すのだろうか。もちろん、それは最終的には企業全体の目標や戦略に依存
するのだが、一つの判断基準として、資本コスト（cost of capital）という概念

を用いることができる。その基本的な考え方は以下の通りである。

　企業が保有する資産は、もともとは資本市場から調達した資金（資本）を使って購入したものである。株主や債権者は、配当や利息、値上がり益といったリターンを期待するからこそ、企業に資金を提供する。こうしたリターンは、資金提供を受けている企業からすれば、株主や債権者に支払うべきコストである。つまり、企業の資産には資金提供者の期待というコスト（資本コスト）がかかっており、そのコストを上回る利益をあげることができなければ、事業活動として合格とはいえない（伊丹＝青木, 2016, p. 171）。

　多くの場合、資本コストは率（パーセンテージ）で表示されるため、本書では、資金提供者の期待収益率を資本コスト率と呼ぶことにする[1]。そして、ROIC は、利益を投下資本で割ることによって、「資金提供者が提供した資金 1円につき、平均的にいくらの利益を生み出したか」を測定した指標である。したがって、ある企業の ROIC がその企業の資本コスト率を上回っていれば、その企業は資金提供者を満足させる利益をあげていると解釈することができる。

　一方で、企業の目標は株主価値を最大化することである、と主張されることがしばしばある。この考え方にもとづけば、利益は多ければ多いほど望ましく、ROIC は高ければ高いほどよい、ということになる。

　しかし、Anthony and Govindarajan（2007, p. 55）は、2 つの理由からこれに異論を唱えている。一つは、株主価値を最大化するといっても、その最大値がいくらなのか、簡単にはわからないからである。経営者は、もしも選択肢が 2 つしかなければ、より収益性が高く、より株主価値の増大（たとえば株価の上昇）に貢献すると期待される方を選択するだろう。しかし、現実には、すべての可能な選択肢と、それぞれの選択肢が収益性に与える影響を特定することは、ほぼ不可能であろう。

　もう一つは、多くの企業にとって、利益を増やし、株主価値を高めることは

---

1）　資本コスト率の代表的な指標である加重平均資本コスト（weighted average cost of capital：WACC）は、株主の期待収益率と債権者の期待収益率を資本構成にもとづいて按分することで、「資金提供者が提供した資金 1 円につき、平均的にいくらの利益を生み出すことが期待されているか」を推定している。資本コスト率の推定方法については、KPMG FAS ＝あずさ監査法人（2017, pp. 26-42）や McKinsey & Company（2020, 第 15 章）を参照。

重要な目標であるが、唯一の目標ではないからである。企業は、経済的なリターンをあげることに対してのみ責任を負っているわけではない。多くの経営者は、倫理的に行動したいと思っているし、株主以外のステークホルダーにも貢献する義務があると感じている。

　これらの理由から、Anthony and Govindarajan（2007, p. 55）は、「株主価値の最大化（maximizing shareholder value）」よりも「満足のいく利益の獲得（achieving satisfactory profit）」の方が、企業の目標として適切であると主張している。そして、ある利益が株主をはじめとする資金提供者にとって満足のいく水準であるかを判断する基準の一つが、資本コストなのである。

　以上の議論から、投資センターには、最低でも資本コスト率を上回る ROIC をあげることが期待されると考えられる。そして、投資センターの管理会計は、マネジャーがこうした期待に応えるための努力をしてくれるように工夫される必要がある。

# 2. ROIC の分母と分子に何を用いるか

　ROIC は、具体的にはどのような方法で計算されるのだろうか。ROIC を計算する際の基本的な考え方は、分母と分子をできるだけ対応させるというものである。つまり、分母の投下資本に含まれる項目によってもたらされる利益のみを分子に含めるのが理想である（大津, 2022, p. 166）。

　たとえば、分母の投下資本に貸付金や有価証券を含め、分子の利益に受取利息や受取配当金を含めることで、金融活動における投資とリターンを対応させることができる。メインの事業活動で用いる資産（事業資産）についても、利益との対応を意識しながら、投下資本に含めるか否かを判断する必要がある。

　ROIC は対外的に公表することが義務づけられている指標ではないため、その分母と分子には、自社の状況や経営方針に沿ったものを採用することが望ましい（KPMG FAS ＝あずさ監査法人, 2017, p. 66）[2]。ここでは、一つの例として、

---

2）　実際に、ROIC の計算方法は、企業によって多種多様である（Jiambalvo, 2013, pp. 460-461; 田村, 2021b, p. 35）。

## 図表 5-1　ROIC の数値例

**損益計算書**

| | | |
|---|---|---|
| 売上高 | $ | 40,000,000 |
| （−）売上原価 | | 25,000,000 |
| 売上総利益 | | 15,000,000 |
| （−）販売費および一般管理費 | | 8,000,000 |
| 営業利益 | | 7,000,000 |
| （−）支払利息 | | 1,000,000 |
| 税引前当期純利益 | | 6,000,000 |
| （−）法人税等（税率35%） | | 2,100,000 |
| 当期純利益 | $ | 3,900,000 |

**NOPAT の計算**

| | | |
|---|---|---|
| 当期純利益 | $ | 3,900,000 |
| （＋）支払利息 | | 1,000,000 |
| （−）支払利息に関する節税額（$1,000,000×税率35%） | | 350,000 |
| NOPAT | $ | 4,550,000 |

**投下資本の計算**

| | | |
|---|---|---|
| 資産合計（簿価） | $ | 96,000,000 |
| （−）無利子流動負債 | | 5,000,000 |
| 投下資本 | $ | 91,000,000 |

**ROIC の計算**

| | |
|---|---|
| ROIC＝NOPAT ÷投下資本 | 0.05（5.0%） |

注：Jiambalvo（2013, p. 461）にもとづいて作成。無利子流動負債には、仕入債務、未払法人税等、未払費用といった項目が含まれる

Jiambalvo（2013, pp. 460-461）における ROIC の計算方法を紹介する。図表 5-1 には、その数値例が示されている。

　まず、ROIC の分子の利益には、税引後営業利益（net operating profit after taxes：NOPAT）を用いる。NOPAT は、以下のように純利益に支払利息を足し戻し、支払利息に関する節税額を差し引いて求められる。

$$NOPAT＝当期純利益＋支払利息−（支払利息×税率）$$

　企業の資金提供者は、株主と債権者に分けられる。NOPAT には、株主に支払われる配当の原資となる純利益と、債権者に支払われる利息が両方とも含まれている。つまり、NOPAT は、資金提供者にとってのリターンとみなすことができる。なお、上記の式から明らかなように、有利子負債がなく支払利息が

ゼロの場合、NOPAT と純利益は同じ金額になる。

　次に、ROIC の分母の投下資本には、資産合計から無利子流動負債（noninterest-bearing current liabilities：NIBCL）を控除した金額を用いる[3]。すなわち、投下資本は以下のように計算される。

　　投下資本＝資産合計－仕入債務－未払法人税等－未払費用－その他項目

　仕入債務などの NIBCL が控除されるのは、これらが資本コストを伴わない資金源（free source of funds）だからである。そして、ROIC は、資金提供者にとってのリターンである NOPAT を、資本コストを伴う投下資本で割ることによって求められる。

# 3. 投下資本に関する論点

　管理可能性の観点からは、投資センターのマネジャーがコントロールできる資産をできるだけ投下資本に含めることが望ましい。しかし、現実には、ある項目を投下資本に含めるべきか否か、簡単には決められない場合も多い。また、ある項目を投下資本に含める場合でも、どのようにその項目を計算するかについて、いくつかの選択肢があり得る。本節では、投下資本の中核をなすと思われる 4 つの項目を対象として、投下資本計算の難しさについて述べる[4]。

---

3）投下資本の計算方法は、大きく 2 つに分けられる。一つは、投下資本を「投資家から調達した資本」と捉えて、貸借対照表の右側にある有利子負債（借入金や社債）と純資産（資本）の合計を投下資本とみなす方法である。もう一つは、投下資本を「実際に事業で活用している資本」と捉えて、主として貸借対照表の左側にある資産のデータを使って投下資本を計算する方法である（KPMG FAS ＝あずさ監査法人, 2017, p. 43）。前者のアプローチに関して、サブユニットの有利子負債と純資産を算定するのは容易でない（大津, 2022, p. 167）。また、投資センターのマネジャーが実際に管理するのは、有利子負債や純資産ではなく、後述する運転資本や固定資産である（大津, 2022, p. 170）。そのため、本書では後者のアプローチによる投下資本の計算方法のみを取り上げる。

## (1)現金

　言うまでもなく、現金は事業活動に欠かせない資産である。現金がなければ、材料の仕入代金や社員の給料を払うことができない。したがって、現金は本来、投下資本に含められるべきである。ところが、多くの企業では、社内で効率的に資金を運用するために、本社が現金を一括管理している。その場合、投資センターのマネジャーは、独立企業が保有する現金の水準よりもずっと低い水準の現金しかコントロールできない（Anthony and Govindarajan, 2007, p. 274）。

　こうしたケースに管理可能性の原則を厳密に適用するのであれば、現金は投資センターにとって管理不能な資産とみなされるので、投下資本から除外されるべきである。あるいは、投資センターのマネジャーが管理できる（少額の）現金のみを投下資本に含める、というやり方もあるだろう。

　一方で、独立性が高い投資センターについては、その業績の良し悪しを、似たような事業を行っている独立企業との比較によって判断することもあるだろう。こうした比較を行う際には、その投資センターが「独立企業であれば保有していたであろう現金」を推定することで、独立企業との比較可能性を高めることができる。実際に、売上の一定割合や一定期間の売上原価をそうした現金の推定値とみなして、投資センターの投下資本に含めている企業も存在する（Anthony and Govindarajan, 2007, p. 274）。

## (2)(現金を除く) 運転資本

　企業が日常業務を遂行するために必要な資金を運転資本（working capital）という。運転資本には、流動資産から流動負債を控除するなど、いくつかの計算方法があるが、その構成要素として特に重要なのは、売上債権、棚卸資産、仕

---

4）本節が割愛した論点の一つに、どの時点の投下資本を使ってROICを計算するか、というものがある。Solomons（1965, p. 148）によれば、ROICを四半期またはそれよりも頻繁に計算する場合には、期首の投下資本を用いるべきである。このやり方は、期中に行われた投資が、翌期首まで利益に貢献しないことを仮定している。ROICの計算期間が長いほど、こうした仮定は妥当ではなくなるため、期首と期末の平均値を用いることが望ましくなる。

入債務の 3 つである（Berman et al., 2013, pp. 226-227[5]）。

### ①売上債権

まず、売掛金や受取手形などの売上債権については、売上を増やすことによって、投資センターのマネジャーが間接的にその水準に影響を与えることができる。また、顧客に掛けで販売する際の条件や限度額を決めたり、支払い期限を過ぎた債権を積極的に回収したりすることによって、直接的に売上債権の水準に影響を与えることもできる。したがって、一般的には、売上債権から貸倒引当金を引いた金額が投下資本に含められる（Anthony and Govindarajan, 2007, p. 274）。

売上債権は、企業が顧客のために立て替えている製品の購入代金を意味するため、運転資本を増加させる（Berman et al., 2013, p. 227）。そして、売上債権管理の効率性を測定する代表的な指標が、売上債権回転期間（days sales outstanding：DSO）である。

$$売上債権回転期間（DSO）= \frac{売上債権}{売上高/365}$$

上の式が示すように、DSO は売上債権が売上高の何日分あるかを測定している。それは転じて、売上債権を回収するまでの平均的な日数、すなわち、顧客がどれだけ早く販売代金を支払っているかを意味する。したがって、DSO が短いほど、少ない運転資本で効率的に事業活動を行っているといえる[6]。

DSO は様々な要因の影響を受ける。たとえば、顧客は、購入した製品の品質に問題があったり、配送が遅かったりした場合に、支払いを拒否するかもしれない。あるいは、顧客の財務的な安全性に問題があったり、安易に掛取引を

---

5）投資センターにおける（現金を含む）運転資本の測定については、鳥居（2014, pp. 86-91）でも詳しく検討されている。

6）365（1 年間の日数）を DSO で割った値、すなわち、売上高を売上債権で割った値は、売上債権回転率と呼ばれる。第 3 章第 8 節で述べたように、ROIC は売上高利益率と投下資本回転率に分解することができる。他の条件が等しければ、売上債権回転率が高いほど（DSO が短いほど）、投下資本回転率ひいては ROIC が高くなる。

認めすぎたりした場合も、売上債権の回収は遅れるだろう。売上を増やすことと信用力の高い顧客に販売することの間には、トレードオフが存在する（Berman et al., 2013, p. 230）。投資センターのマネジャーには、これらの点を踏まえながら売上債権の管理を行うことが求められる。

### ②棚卸資産

　売上債権と同様に、棚卸資産も投下資本に含められるのが一般的である（Anthony and Govindarajan, 2007, p. 274）。棚卸資産は、企業が（いずれは顧客に販売される）在庫に投資した資金を意味するため、運転資本を増加させる（Berman et al., 2013, p. 228）。そして、棚卸資産管理の効率性を測定する代表的な指標が、棚卸資産回転期間（days in inventory：DII）である。

$$棚卸資産回転期間（DII）= \frac{棚卸資産}{売上高/365}$$

　上の式が示すように、DII は棚卸資産が売上高の何日分あるかを測定している[7]。それは転じて、棚卸資産が販売されるまでの平均的な日数、すなわち、在庫がどれだけ早く売れるかを意味する。したがって、DII が短いほど、少ない運転資本で効率的に事業活動を行っているといえる[8]。

　DSO と同様に、DII も様々な要因の影響を受ける。たとえば、営業部門が顧客の細かい要望に応えたり、開発部門が継続的に既存製品の改良を行ったりすることで、製品のバリエーションは増加する。多種多様な製品の在庫を少しずつ保有することによって、製品数を絞った場合よりもトータルの在庫が増えるかもしれない。あるいは、生産部門で故障による設備の稼働停止が頻繁に起きている場合は、急な注文に備えて、より多くの仕掛品在庫や完成品在庫を保

---

7）　DII の分母を計算する際には、販売価格の影響を受ける売上高よりも、売上原価を用いる方が合理的である（Berman et al., 2013, p. 180）。ここでは、後述する CCC との整合性を考慮して、売上高を用いている。

8）　365（1 年間の日数）を DII で割った値、すなわち、売上高を棚卸資産で割った値は、棚卸資産回転率と呼ばれる。他の条件が等しければ、棚卸資産回転率が高いほど（DII が短いほど）、投下資本回転率ひいては ROIC が高くなる。

有しなければいけなくなるだろう（Berman et al., 2013, pp. 232-233）。

　当然のことながら、棚卸資産管理の目的は、在庫をゼロにすることではない。在庫が少なすぎると、多くの顧客が不満を持ち、販売機会を逃す恐れがある。必要な材料を必要なときに使うことができる、顧客からの注文に迅速に対応できるという前提条件を満たしたうえで、在庫を最低限の水準に抑えることが望ましい（Berman et al., 2013, p. 232）。これは決して簡単なことではないが、だからこそ、マネジャーの経営能力が試されるのである。

　なお、実際の企業では、欠品を恐れる意識が非常に強く働くようである。その結果、在庫はついつい増えてしまう（伊丹＝青木, 2016, p. 163）。後述する固定資産の取得については、事業部などのサブユニットに何らかの制約が課されていることが多い。しかし、棚卸資産への支出が企業の財政状態を圧迫する可能性があることは、しばしば見落とされる。したがって、マネジャーに棚卸資産に関する権限を大幅に委譲している場合でも、ある程度の財務的なコントロールは必要であろう（Solomons, 1965, p. 24[9]）。

### ③仕入債務

　売上債権と棚卸資産が運転資本を増加させるのに対して、買掛金や支払手形などの仕入債務は、企業がサプライヤーに立て替えてもらっている材料などの購入代金を意味するため、運転資本を減少させる（Berman et al., 2013, p. 228）。そして、仕入債務管理の効率性を測定する代表的な指標が、仕入債務回転期間（days payable outstanding：DPO）である。

$$仕入債務回転期間（DPO）= \frac{仕入債務}{売上高/365}$$

　上の式が示すように、DPO は仕入債務が売上高の何日分あるかを測定している[10]。それは転じて、仕入債務を支払うまでの平均的な日数、すなわち、どれ

---

9）　たとえば、京セラには、原材料のように「毎月必要なものは毎月必要な分だけ購入する」という「当座買いの原則」が存在する（稲盛, 2010, pp. 91-96）。これは、行動コントロールの一つだと考えられる。

だけ早く仕入代金を払っているかを意味する。したがって、DPO が長いほど、少ない運転資本で効率的に事業活動を行っているといえる。財務的な観点からは、サプライヤーへの支払いをできるだけ遅らせ、手元により多くの現金を置いておくことが望ましい。

しかし、DPO を長くすることで発生するコストもある。たとえば、自社が支払いを遅らせた結果、大切なサプライヤーが倒産してしまうかもしれない。あるいは、支払いが遅れることによって発生する資金調達のコストを、サプライヤーは納入価格に上乗せしようとするかもしれない。サプライヤーが提供する材料の納期が遅くなったり、品質が低下したりすることも起こり得る（Berman et al., 2013, p. 235）。

こうした点を踏まえると、サプライヤーとの間に長期的な信頼関係を築きたいのであれば、DPO は短い方が望ましいと考えられる。このように、仕入債務の管理は財務（finance）と経営哲学（philosophy）の接点となる領域であるため、DPO の適正な水準を決めることは非常に難しい（Berman et al., 2013, p. 234）。

## ④ CCC

これまでに紹介してきた DSO、DII、DPO を組み合わせて計算されるのが、キャッシュコンバージョンサイクル（cash conversion cycle：CCC）という指標である。図表 5-2 が示すように、CCC とは、材料の仕入代金を支払ってから製品の販売代金を回収するまでの期間のことであり、DSO と DII の合計から DPO を引くことによって求められる。

CCC の計算式は、以下のように変形することができる。

---

10）DPO の分母を計算する際には、販売価格の影響を受ける売上高よりも、売上原価を用いる方が合理的である（Berman et al., 2013, p. 182）。あるいは、売上原価に含まれる材料費を用いることで、より正確な DPO を計算することができる。ここでは、後述する CCC との整合性を考慮して、売上高を用いている。

図表 5-2　キャッシュコンバージョンサイクル（CCC）

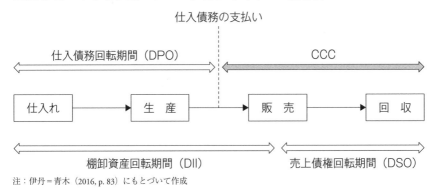

注：伊丹＝青木（2016, p. 83）にもとづいて作成

$$CCC = DSO + DII - DPO$$

$$= \frac{売上債権}{売上高/365} + \frac{棚卸資産}{売上高/365} - \frac{仕入債務}{売上高/365}$$

$$= \frac{売上債権 + 棚卸資産 - 仕入債務}{売上高/365}$$

　分母（1 日当たり売上高）が同じであれば、分子（売上債権＋棚卸資産－仕入債務）が小さいほど CCC は短くなる。このように、CCC は、運転資本管理の総合的な効率性を測定する指標として用いることができる。

　CCC が短い組織ほど、少ない資金で仕入れ・生産・販売・回収のサイクルを回すことができる。反対に、CCC が長い組織では、仕入代金をすぐに払っている、売れない在庫を抱えている、販売代金の回収が遅いなどの理由により、出ていった現金がなかなか返ってこない事態が発生していると考えられる。

### ⑤投下資本にどこまで含めるべきか

　以上の議論を踏まえて、「売上債権＋棚卸資産－仕入債務」と「売上債権＋棚卸資産」のどちらを投資センターの投下資本に含めるべきか、という点について考えてみよう。管理可能性の原則の観点からは、投資センターのマネジャーが DSO、DII、DPO をすべてコントロールできるのであれば、前者を投下

資本に含めるのが望ましい。しかし、その場合には、投資センターのマネジャーが、仕入債務を大きくする（DPO を長くする）ために、サプライヤーを犠牲にした行動をとるかもしれない点に注意する必要がある。

　売上債権と棚卸資産の合計を運転資本とみなす後者の方法であれば、こうした問題が起こる可能性は低い。すなわち、仕入債務を本社の管理下に置き、投資センターの投下資本の計算には含めないようにするのである。

　しかし、この方法にも次のような弱点がある。本章第 1 節で述べたように、投資センターには、資本コスト率を上回る ROIC をあげることが期待される。資本コスト率との比較を念頭に置くのであれば、ROIC の分母には、仕入債務控除後の投下資本を用いるのが望ましい。なぜなら、前節で述べたように、仕入債務は NIBCL、すなわち資本コストを伴わない資金源だからである。したがって、仕入債務を控除しないと、投資センターの投下資本が過大に計算されてしまう（Anthony and Govindarajan, 2007, p. 275）。

## (3)有形固定資産

　企業が長期間にわたって使用すると想定される資産を固定資産という。固定資産のうち、土地、建物、生産設備のように物理的な形態を持つものは、有形固定資産と呼ばれる。有形固定資産を投下資本に含める際の論点は、以下のように 2 つある。[11]

### ①共有資産の取り扱い

　一つは、複数の投資センターが共同で使用している有形固定資産や本社が所有している有形固定資産をどうやって割り振るか、という論点である。[12] たとえば、図表 2-7 に示したハイブリッド組織では、A 事業部の製品と B 事業部の製

---

11）投資センターにおける有形固定資産の測定については、鳥居（2014, pp. 92-105）でも詳しく検討されている。

12）複数の事業部が使用する原材料を本社が一括購入している場合など、棚卸資産でも同様の問題は起こり得る。しかし、棚卸資産がどの事業部に所属するかは、明白であることが多い（Solomons, 1965, p. 147）。

品が同じ a 工場で生産されている。この組織で事業部を投資センターに設定する場合には、a 工場の資産を A 事業部と B 事業部に割り振る必要がある。

　実務上、投資センターごとの金額を把握することが難しい資産については、合理的な基準で按分計算が行われるケースが多い（KPMG FAS ＝あずさ監査法人, 2017, p. 72）。そうした計算は決して容易ではないと思われるが、投資センターの管理会計を設計するうえでは、避けて通れないプロセスといえるだろう。したがって、複雑な按分計算を最小限にとどめるために、カンパニー制組織を採用するなど、組織構造を工夫するというのも検討に値する方策だと考えられる。[13]

　あるいは、割り振りが困難な固定資産を無理に配賦しない代わりに、投資センターの ROIC の目標値を 1 ～ 2%高くするという方法も考えられる。[14] この方法を採用した場合、投資センターの投下資本の合計は、企業全体の投下資本の合計と一致しない（Solomons, 1965, p. 144）。その結果、投資センターの ROIC を投下資本にもとづいて加重平均しても、全社の ROIC と同じにはならなくなる。

### ②取得原価と帳簿価額のどちらを用いるか

　もう一つは、有形固定資産の評価方法に関する論点である。第 3 章第 1 節で述べたように、財務会計上、土地などを除く有形固定資産の取得原価は、減価償却という会計処理を通じて、使用期間にわたって一部ずつ費用計上されていく。購入から年数が経っている資産ほど減価償却が終わっているため、その資産の帳簿上の金額（帳簿価額）は、取得原価よりも小さくなる。こうした財務会計の処理を管理会計にも適用することによって、以下のような問題が起こり得る。

　図表 5-3 は、減価償却累計額が異なる投資センターの ROIC を比較している。投資センター A は、5 年前に設立された子会社である。生産設備は、取得原価

---

13) これは、組織構造とマネジメントコントロールの関係についての 2 つの考え方（第 3 章第 7 節）のうち、後者に近い考え方である。

14) 大津（2022, p. 202）によれば、「事業ユニットがコントロールできないもの（スタッフ部門など）は無理に配賦せず、代わりに目標値を高く設定するアプローチは有効である」。

## 図表 5-3　減価償却累計額が異なる投資センターの比較

|  | | 投資センター A | | 投資センター B |
|---|---|---|---|---|
| 利益（ROIC の分子） | | 100 | | 100 |
| 投下資本の計算： | | | | |
| 現金 | | 20 | | 20 |
| 売上債権 | | 80 | | 80 |
| 棚卸資産 | | 150 | | 150 |
| 生産設備 | | | | |
| 　取得原価 | 200 | | 200 | |
| 　**（控除）減価償却累計額** | **100** | 100 | **20** | 180 |
| 資産合計 | | 350 | | 430 |
| 　（控除）仕入債務 | | 10 | | 10 |
| 投下資本（ROIC の分母） | | 340 | | 420 |
| | | | | |
| 帳簿価額にもとづく ROIC | | 29.4% | | 23.8% |
| 取得原価にもとづく ROIC | | 22.7% | | 22.7% |

注：Jiambalvo（2013, p. 462）にもとづいて作成。単位は省略してある

（200）の半分（100）が減価償却を終えている。一方、投資センター B は、今年度に設立された子会社である。生産設備は、取得原価（200）の 1 割（20）しか減価償却を終えていない。減価償却以外の条件が等しいとすると、生産設備の帳簿価額にもとづいて投下資本を計算した場合の ROIC は、投資センター B（23.8％）よりも投資センター A（29.4％）の方が高くなる。

　このケースで、投資センター A は投資センター B よりも業績が優れているといえるだろうか。確かに、投資センター A の ROIC は投資センター B のそれよりも高い。しかし、その違いをもたらしたのは生産設備の使用年数であり、それ以外の点において、これら 2 つの投資センターはまったく同じである。

　このように、減価償却の対象となる有形固定資産の使用年数が投資センターによって大きく異なる場合、ROIC を用いた業績の横並び比較が困難になる（Jiambalvo, 2013, p. 462）。これは、情報システムの観点から問題である。

　さらに、業績評価において ROIC を強調しすぎると、投資センターのマネジャーは、競争力を維持するために必要な最新設備の導入を先延ばしにする可能性がある。上記のように、古い設備ほど減価償却が終わっているため、ROIC は高く計算される。反対に、新しい設備を購入すると、利益の増加率以上に投下資本が大きくなり、短期的には ROIC が低下するかもしれない。投資センタ

ーのマネジャーは、こうした事態を恐れて投資をためらう可能性がある（Jiambalvo, 2013, p. 463）。これは、影響システムとしての問題点である。

　そのため、一部の企業は、有形固定資産の（減価償却後の）帳簿価額ではなく、取得原価を用いて投下資本を計算している（Anthony and Govindarajan, 2007, p. 277）。図表 5-3 でいえば、生産設備の取得原価（200）を投下資本に含めた場合、どちらの投資センターにおいても ROIC は 22.7％と計算される。取得原価にもとづく ROIC を業績指標にすれば、上述した 2 つの問題を緩和できるだろう。

　しかし、この方法にもいくつかの弱点がある。情報システムと影響システム、それぞれの観点から考えてみよう。

　まず、情報システムとしての弱点は、資金提供者が重視する ROIC との整合性が失われることである。企業の業績は、最終的には財務会計で作成される財務諸表にもとづいて評価されることが多い。その際に、資金提供者が帳簿価額にもとづく ROIC を重視するのであれば、経営者はそれを企業全体の業績指標の一つに設定する必要があるだろう。このような場合に取得原価にもとづいて投資センターの ROIC を計算していると、どの投資センターが企業全体の（帳簿価額にもとづく）ROIC に貢献しているのか、わかりにくくなってしまう。

　次に、影響システムとしての問題点は、投資センターのマネジャーが安易に有形固定資産を処分するようになる恐れがあることである（Anthony and Govindarajan, 2007, p. 278）。たとえば、図表 5-3 に示した投資センター A において、現行の生産設備と同一の設備が 150 で手に入るとする。帳簿価額にもとづいて ROIC が計算されている場合には、現行の設備を処分し、新しい設備を導入することで、投下資本は増加する。したがって、マネジャーが設備を更新する可能性は低いと考えられる。

　それに対して、取得原価にもとづいて ROIC が計算されている場合には、設備の更新によって投下資本は減少する。そのため、マネジャーは、まだ使用できる設備を処分して新しい設備を導入しようとするかもしれない。これは、企業全体にとって明らかに望ましくない行動である。

　以上のように、有形固定資産を投下資本に含める際には、取得原価を用いても（減価償却後の）帳簿価額を用いても、何らかの問題が発生すると考えられ

る。そして、ほとんどの企業は、財務会計のルールと同様、後者を採用してい[15]る（Anthony and Govindarajan, 2007, p. 275）。これは、取得原価を用いるよりも帳簿価額を用いる方が総じて問題が小さい、と多くの企業が考えていることを示唆している。

## (4)無形固定資産

　物理的な形態を持たない固定資産は、無形固定資産と呼ばれる。無形固定資産には、特許権に代表される法律上の権利や、企業買収によって生じる「のれん」などが含まれる。

　財務会計上、研究開発活動と広告宣伝活動で発生したコストは、原則としてその期に一括費用処理される[16]。しかし、これらの活動には、技術の蓄積やブランド力の強化など、将来における売上の獲得を目的として行われるものも多い。そのため、一部の企業では、管理会計上、これらの費用を無形固定資産に計上し、償却するという処理を行っている。たとえば、後述の EVA を計算する際には、研究開発やブランディングに関する支出を資産計上し、3 〜 5 年で償却するのが一般的である（Stewart, 2013, p. 63）[17]。

　こうした会計処理を採用することによって、無形資産への投資に対するマネジャーの見方は変わる可能性がある。研究開発コストを一括費用処理している場合、投資センターのマネジャーは、そのコストを 1 円減らすことで、利益を 1 円増やすことができる。それに対して、研究開発コストを資産計上している場合には、そのコストを 1 円減らすことで、投下資本を 1 円減らすことができる（Anthony and Govindarajan, 2007, pp. 281-282）。

　利益の金額よりも投下資本の金額が大きい場合（おそらくそれが一般的であろう）、研究開発コストの削減が ROIC を上昇させる効果は、一括費用処理し

---

15）ここで挙げた以外にも、有形固定資産の評価方法は存在する。Anthony and Govindarajan（2007, pp. 278-280）を参照。

16）国際会計基準では、一定の要件を満たす開発費を資産計上する必要がある。

17）これは、第 3 章第 6 節で紹介した、プロフィットセンターや投資センターのマネジャーによる近視眼的行動を抑制する方法の一つである。

図表 5-4　ROIC が投資プロジェクトの選択に与える影響

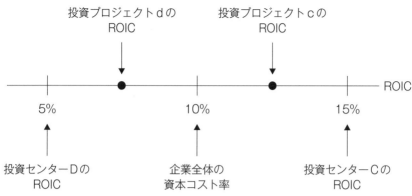

注：Jiambalvo（2013, p. 464）にもとづいて作成

ている場合よりも、資産計上している場合の方が小さくなると考えられる。だとすれば、研究開発コストを資産計上することによって、短期的に ROIC を高めるために研究開発コストを削減しようとするマネジャーの行動は抑制される可能性がある（Anthony and Govindarajan, 2007, pp. 281-282）。

# 4. ROIC と EVA の関係

## ROIC がもたらす過剰投資・過少投資の問題

　本章第 1 節の議論を踏まえると、投資センターのマネジャーには、資本コストを上回るリターンが得られるような投資プロジェクトを提案・実行することが期待される。しかし、ROIC が業績指標に設定されていると、マネジャーが期待通りの行動をとらない可能性がある。以下では、Jiambalvo（2013, p. 464）の設例を用いて、この点について詳しく説明する。

　図表 5-4 には、①ある企業の資本コスト率、②その企業内にある投資センターC と D の現在の ROIC、③投資センター C と D がそれぞれ実行可能な投資プロジェクト c と d の予測 ROIC が示されている。全社的な視点で見れば、予測 ROIC が資本コスト率を上回っている投資プロジェクト c は実行すべきだが、

予測 ROIC が資本コスト率を下回っている投資プロジェクト d は実行すべきではない[18]。

　ところが、投資センター C のマネジャーは、投資プロジェクト c の実行をためらう可能性がある。このプロジェクトを実行することによって、投資センター C の ROIC が低下するからである。その結果、望ましい投資が行われないという意味での過少投資（under-investment）の問題が起こり得る。

　反対に、投資センター D のマネジャーは、投資プロジェクト d を実行しようとする可能性がある。このプロジェクトを実行することによって、投資センター D の ROIC が上昇するからである。その結果、望ましくない投資が行われるという意味での過剰投資（over-investment）の問題が起こり得る。


## EVA とは何か

　こうした過剰投資・過少投資の問題を緩和する一つの方法として、ROIC の代わりに経済付加価値（economic value added：EVA）を業績指標に用いることが挙げられる[19]。EVA は、投資センターの利益から投下資本にかかる資本コストを引いて求められる。つまり、EVA は、ROIC のような比率ではなく、金額で表示される業績指標である。そして、ある投資センターの EVA がプラスであれば、その投資センターは資金提供者の期待を上回る利益をあげていると解釈することができる。

　EVA の計算式は、以下のように変形することができる。

---

18）企業が投資意思決定を行う際には、ROIC 以外に、正味現在価値（net present value：NPV）、内部収益率（internal rate of return：IRR）、回収期間（payback period）などを用いて投資プロジェクトの採算計算が行われる（Jiambalvo, 2013, 第 9 章 ; 伊丹＝青木, 2016, 第 10 章）。ここでは、議論を簡略化するために、ROIC のみにもとづいて投資判断を行う状況を想定している。

19）EVA は、米国のコンサルティング会社スターン・スチュワートの登録商標である。EVA が登場する以前は残余利益（residual income：RI）という言葉が用いられてきたが、両者は実質的に同じ概念である（Anthony and Govindarajan, 2007, p. 178）。近年では、RI よりも EVA の方が浸透していると思われるので、本書では一貫して EVA という言葉を用いることにする。

$$EVA = 利益 - 資本コスト$$
$$= 利益 - 投下資本 \times 資本コスト率$$
$$= 投下資本 \times (利益 \div 投下資本 - 資本コスト率)$$
$$= 投下資本 \times (ROIC - 資本コスト率)$$

　この式が示すように、EVA は、ROIC と資本コスト率の差（EVA スプレッドと呼ばれる）に投下資本を掛けたものとみなすこともできる。したがって、ROIC が資本コスト率を上回る投資プロジェクトを実行すれば、（たとえ投資センター全体の ROIC が低下したとしても）EVA は増加する。

　反対に、ROIC が資本コスト率を下回る投資プロジェクトを実行してしまうと、（たとえ投資センター全体の ROIC が上昇したとしても）EVA は減少する。こうした性質を持つ EVA を投資センターの業績指標にすることによって、先に述べた過剰投資・過少投資の問題は緩和されると考えられる。

　EVA で評価される投資センターのマネジャーは、資本コストを上回るリターンが得られるような投資プロジェクトを提案・実行しようとするだろう。また、すでに投資してしまったプロジェクトの資産についても、資本コストを基準として、それ以上のリターンをあげられないのであれば、処分しようとするだろう。このように、EVA は、企業全体にとって望ましい行動を投資センターのマネジャーにとってもらうという点では、ROIC よりも優れた業績指標だといえる。[20]

　ところが、実務においては、EVA よりも ROIC の方が幅広く用いられている。その理由は論者によって様々であるが（Anthony and Govindarajan, 2007, p. 283; KPMG FAS ＝あずさ監査法人, 2017, pp. 86-87; 伊丹＝青木, 2016, pp. 176-177）、ここでは、情報システムと影響システムの観点から特に重要と思われるものを一つずつ挙げておこう。

　まず、情報システムの観点からは、EVA よりも ROIC の方が投資センターの業績を比較しやすい、という理由が考えられる。EVA は金額で計算されるため、規模の影響を受けてしまう。たとえば、同じ EVA スプレッドの投資センター

---

20）ROIC と EVA、それぞれの長所と短所については、鳥居（2014, 第 2 章）を参照。

が複数ある場合、規模（投下資本）が大きい投資センターほど EVA は高く計算される。それに対して、ROIC は比率で計算されるため、規模が異なる投資センターの横並び比較をするうえでは便利である。

　次に、影響システムの観点からは、EVA よりも ROIC の方が投資センターで働く人々の理解を得やすい、という理由が考えられる。業務の性質上、資本市場やファイナンスの理論に接する機会を持たない人々にとって、資本コストは極めて理解しにくい概念である。そうした概念を業績指標に含めてしまうと、業績を高めようという現場のモチベーションが低下する恐れがある。それに対して、ROIC は会計数値のみを使って計算できるため、EVA に比べれば理解しやすいと考えられる。

# 5. オムロンの ROIC 経営

　本節では、オムロンの ROIC 経営について詳しく取り上げる。最初に、なぜオムロンが ROIC を重視するようになったのか、その経緯を簡単に説明しておこう。

　ROIC 経営という言葉は、2000 年代半ば頃からオムロンの社内で語られるようになった。当時の作田久男社長は、IT バブル崩壊後の収益性改善のために「キャッシュフロー経営」を推進していた。その過程でカンパニーごとに貸借対照表が作成され、それが ROIC 計算の基礎となった（浅田ほか, 2021, p. 119）。

　その後、2011 年に山田義仁氏がオムロンの社長に就任すると、同社の企業理念にある「ソーシャルニーズの創造」（図表 1-11）を実現する力が衰えているのではないか、という議論が社内で行われるようになった。こうした企業理念の実現には投資が必要であり、投資を継続するためには各事業の収益性を高めなければならない。そのための施策として、ROIC 経営が本格的に開始された（浅田ほか, 2021, p. 119）。

　オムロンが ROIC を重視するようになった背景には、海外投資家の存在も大きい。2012 年、同社は IR ロードショー（機関投資家向け説明会）の一環で米タイヨウ・パシフィック・パートナーズ（以下、タイヨウ社）を訪問した。その際、タイヨウ社のブライアン・ヘイウッド CEO が、当時の山田社長に「分

野が異なる複数の事業を扱うオムロンには、売上高や利益の大小に関係なく事業を評価できる ROIC が向いている」と伝えた。オムロンはその後、経営企画部門の担当者をタイヨウ社に派遣し、同社から ROIC 経営のイロハを学んだ（日経 ESG, 2019 年 8 月号, p. 27）。

　以上の記述から示唆されるように、オムロンは、規模が異なる事業の収益性を横並び比較できるという点に ROIC のメリットを見出している。実際、オムロン統合レポート 2018（p. 24）には、以下のような記述がある。

　　事業特性が異なる複数の事業部門を持つオムロンにとって、ROIC は各事業部門を公平に評価できる最適な指標です。営業利益の額や率などを指標とした場合、事業特性の違いや事業規模の大小で評価に差が出ますが、投下資本に対する利益を測る ROIC であれば、公平に評価することができます。

　では、オムロンは分母と分子に何を用いて ROIC を計算しているのだろうか。オムロン統合レポート 2015（p. 33）によれば、同社に設置されているカンパニーの ROIC は、以下のように計算される[21]。

$$\text{ROIC} = \frac{\text{当期純利益}}{\text{運転資金} + \text{固定資産}}$$

　まず、分子には当期純利益が用いられている。一般的には、ROIC の分母には株主だけでなく債権者から調達した資金で購入した資産も含まれていることから、分子の利益から支払利息を控除するのは望ましくないと考えられている（大津, 2022, p. 166）。

---

21）本章脚注 3 で述べたように、投下資本の計算方法には、貸借対照表の右側にある有利子負債と純資産の合計を投下資本とみなす方法と、貸借対照表の左側にある資産のデータを使って投下資本を計算する方法の 2 つがある。オムロンでは、前者によって会社全体の投下資本を計算し、後者によってカンパニーの投下資本を計算している（オムロン対面インタビュー, 2023 年 11 月 15 日）。

　それにもかかわらずオムロンが純利益を用いている理由は、同社の有利子負債が少ないからである[22]。そのため、主に重要性の観点から、カンパニーの利益計算には支払利息が含まれていない（オムロン対面インタビュー, 2023 年 11 月 15 日）。本章第 2 節で述べたように、支払利息がゼロであれば、NOPAT と純利益は同じ金額になる。その場合は、純利益を ROIC の分子に用いたとしても、上記のような分母と分子の不整合は起こらなくなる。

　なお、オムロンでは、本社費（第 4 章第 6 節）のすべてをカンパニーに負担させることはしていない。本社費の多くは、カンパニーがコントロールできない費用だからである。また、税務に関する業務は本社が一括して行っているため、法人税等を計算する際の税率には全社共通の値を用いている（オムロン対面インタビュー, 2023 年 11 月 15 日）。

　次に、分母に含まれる運転資金は、以下のように計算される（オムロン対面インタビュー, 2023 年 11 月 15 日）。

$$運転資金＝現金＋売上債権＋棚卸資産－仕入債務$$

　このうち、現金については、実際には本社が一括管理していることから、カンパニーの売上の 1 カ月分相当を疑似的にカウントしている。また、カンパニー長には売上債権、棚卸資産、仕入債務をコントロールする権限が与えられているため、これら 3 つの項目はすべて運転資金の計算に含められる（オムロン対面インタビュー, 2023 年 11 月 15 日）。

　最後に、分母に含まれる固定資産については、原則として財務会計と同じ金額を用いている。なお、本章第 3 節で述べた本社資産については、カンパニーがほとんどコントロールできないことから、カンパニーの投下資本には含めていない（オムロン対面インタビュー, 2023 年 11 月 15 日）。この点は、上述した本社費をカンパニーに負担させないという方針と整合的である。

　このように、オムロンでは、ROIC をカンパニーにとって管理可能性の高い

---

22）　オムロン有価証券報告書（2023 年 3 月期, p. 117）によれば、オムロンの有利子負債（短期借入金とオペレーティングリース負債の合計）が総資本（負債と純資産の合計）に占める割合は 4.5％ である。

図表 5-5　オムロンのポートフォリオマネジメント

**（A）経済価値評価**

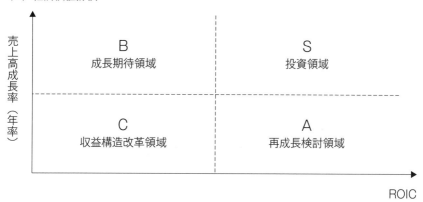

**（B）市場価値評価**

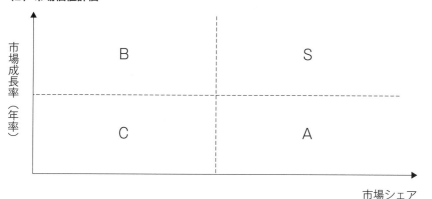

注：オムロン統合レポート 2021（p. 29）にもとづいて作成

指標にするための様々な工夫が施されている。そして、こうした指標を用いて実施される ROIC 経営には、ポートフォリオマネジメント、ROIC 逆ツリー展開、ROIC 翻訳式、という 3 つの特徴がある（KPMG FAS ＝あずさ監査法人, 2017, p. 127）。それぞれについて、以下で詳しく説明する。

## (1)ポートフォリオマネジメント

　図表5-5には、オムロンで用いられているポートフォリオマネジメントのフレームワークが示されている。ここからわかるように、同社は経済価値と市場価値という2つの次元で事業ユニット（製品サービスを軸に設定された業績測定単位）を評価している。

　まず、経済価値にもとづくポートフォリオマネジメントでは、収益性と成長性という2つの軸を用いて、事業ユニットを4つのカテゴリ（S、A、B、C）に分類している。具体的には、①ROICが10％を上回っているか、②売上高成長率が5％を上回っているか、という2つの基準によってこうした分類は行われる（オムロン統合レポート2021, p. 27, p.29）。

　McKinsey & Company（2020, p. 27）によれば、企業の価値（企業が将来にわたって生み出すと期待されるキャッシュフローの現在価値を合計したもの）は、ROIC、売上高成長率、そして両者を維持する能力によって決まる。より具体的には、資本コスト率を上回るROICをあげた場合にのみ、企業は価値を創造することができる。そして、ROICが資本コスト率を上回っている場合にのみ、売上の成長は企業価値の向上に結びつく[23]。

　したがって、企業価値を高めるという観点からは、ROICを単独の業績指標として用いるのではなく、成長性の指標とセットで用いることが望ましい。オムロンのポートフォリオマネジメントは、こうした経営の実践例だといえる（田村, 2021a, pp. 102-103）。

　オムロンでは、各事業ユニットがクリアすべきROICの水準を10％に設定している。これは、同社の想定資本コストにスタッフ部門のコストを加えたものである（オムロン統合レポート2021, p. 26）[24]。前述のように、本社費や本社資産の多くは、ROICの計算には含まれない。その代わりに、各事業ユニットに課されるハードルレートは、想定資本コストよりも高く設定されている（オムロン対面インタビュー, 2023年11月15日）。

---

23) こうした関係は、マッキンゼーのバリュードライバー式（value driver formula）によって定式化されている。詳細については、McKinsey & Company（2020, 第3章）を参照。

　そして、ROIC が想定資本コスト率を下回っている事業ユニットは、撤退の検討対象となる（オムロン統合レポート 2019, p. 36）。オムロンにおいて、事業ポートフォリオの責任者は、社長・CEO（chief executive officer）ではなく CFO（chief financial officer）である。これは、社長にとって思い入れの強い事業が社内にある場合、そこから撤退する決断を社長自ら下すことは困難だからである。そこで、CFO が数値にもとづいて冷静に全事業に関する意思決定を行い、その結果を取締役会に報告する（日経 ESG, 2021 年 3 月号, p. 36）。

　2023 年までオムロンの社長を務めた山田義仁氏は、撤退の意思決定方法について次のように語る。

　　雲行きが怪しくなったら有無を言わさず撤退する。そんな断固たる全
　　社共通のものさしがあって初めて、企業は失敗を恐れず挑戦できる。
　　即断即決で進出して成果を出すには、まず即断即決で撤退する仕組み
　　作りが欠かせない。それは経営資源の有効活用にもつながる。
　　（日経ビジネス, 2016 年 5 月 9 日号, p. 31[25]）

　ただし、こうしたやり方に例外がないわけではない。上記のように、オムロンは経済価値評価だけでなく市場価値評価も行っている。そうすることで各事業ユニットの成長ポテンシャルを見極めることができ、より最適な資源配分につながるからである（オムロン統合レポート 2022, p. 21）。具体的には、将来的な成長が見込まれる小規模な事業を経済価値評価の対象から外すなど、ポートフォリオマネジメントに一定の柔軟性を持たせている（浅田ほか, 2021, p. 122）。

---

24）オムロンは、2021 年度に、想定資本コストを従来の 6％から 5.5％に引き下げた。しかし、各事業ユニットに課すハードルレートは 10％のまま変更していない（オムロン統合レポート 2021, p. 27）。同社は、資本コストを低減させるための活動の一つとして、ESG 説明会や IR ミーティングにおけるエンゲージメント（投資家との対話）を重視している（日経 ESG, 2019 年 8 月号, p. 27）。

25）ROIC にもとづく撤退基準を設定していたとしても、それに該当する事業から本当に撤退できるのか、一時的な要因による業績悪化をどのように考慮するのかなど、ポートフォリオマネジメントには様々な難しさがある（大津, 2022, pp. 214-215）。事業の選択と集中を実現するための条件については、沼上（2009, 第 16 章）を参照。

図表 5-6　ROIC に影響を与える要因（ROIC ツリー）

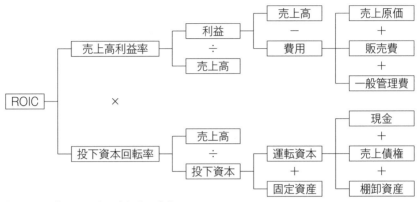

注：Merchant（1998, p. 543）にもとづいて作成

　また、ある事業ユニットの ROIC が想定資本コストを下回っており、売上高成長率が 5％を下回っていたとしても、市場成長率が高い場合には、すぐには撤退の対象にはならない。一方、売上高成長率が 5％を上回っていたとしても、ROIC が想定資本コストを下回っており、市場シェアも低い場合には、撤退の対象になることがある。このように、オムロンは、経済価値に重点を置きつつ、市場価値も考慮しながら事業を評価している（オムロン対面インタビュー，2023 年 11 月 15 日）。

## (2) ROIC 逆ツリー展開

　図表 5-6 と図表 5-7 には、一般的な ROIC ツリーとオムロンの ROIC 逆ツリーがそれぞれ示されている。まず、前者について説明しよう。

　第 3 章第 5 節で述べたように、投資センターの業績評価は、ROIC の実績値をその目標値と比較することによって行われるのが一般的である。ここで、両者の差異は ROIC ツリーを用いて分析することができる。たとえば、ある投資センターの ROIC の実績値が 15％で目標値の 20％を下回っていた場合、以下のような分析が可能になる（Merchant and Van der Stede, 2017, p. 406）。

### 図表 5-7　オムロンの ROIC 逆ツリー

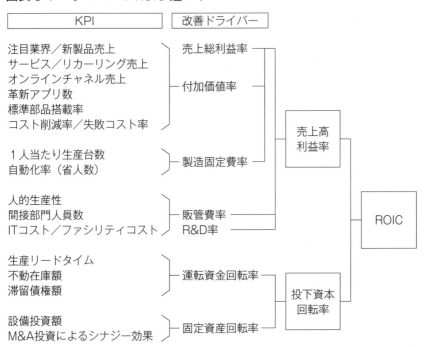

注：オムロン統合レポート 2022（p. 21）にもとづいて作成。ここに示された KPI は、あくまでも一部であり、実際にはより多様な KPI が設定されている（オムロン対面インタビュー, 2023 年 11 月 15 日）。また、KPI は経営環境の変化に合わせて見直される（オムロン統合レポート 2021, p. 28）

ROIC の目標値（20％）＝売上高利益率（20％）×投下資本回転率（1.0 倍）

ROIC の実績値（15％）＝売上高利益率（20％）×投下資本回転率（0.75 倍）

　第 3 章第 8 節で述べたように、ROIC は、売上高利益率（ROS）と投下資本回転率（ICT）に分解することができる。上記の例では、ROS は計画通りであったが、ICT が目標値を下回ったために、ROIC の目標を達成できなかったことがわかる。ここでさらに、ICT の分母（投下資本）と分子（売上高）のそれぞれについて目標値と実績値を比較すれば、目標未達成の原因をより細かく分析することができる（Merchant and Van der Stede, 2017, p. 407）。

　では、オムロンの ROIC 逆ツリーは、一般的な ROIC ツリーとどのように異なるのだろうか。図表 5-6 と図表 5-7 を見比べると、ROIC 逆ツリーには大き

く2つの特徴があることがわかる。

　一つは、ROIC を構成する財務指標（改善ドライバー）だけでなく、それら
に影響を与える KPI（key performance indicator）まで細かく記載されていること
である。オムロン統合レポート 2022（p. 21）は、その理由を次のように説明
している。

> ROIC を単純に分解した「ROS」、「投下資本回転率」といった指標で
> は、現場レベルの業務に直接関係しないことから、部門の担当者は
> ROIC を向上させるための取り組みをイメージすることができません。
> 例えば、ROIC を自動化率や設備回転率といった製造部門の KPI にま
> で分解していくことで、初めて部門の担当者の目標と ROIC 向上の取
> り組みが直接つながります。現場レベルで全社一丸となり ROIC を向
> 上させているのが、オムロンの強みです。

　オムロンの ROIC 経営における KPI は、本社が一方的に指示するのではなく、
カンパニーが主体的に設定する指標である。各カンパニーは、現場の努力が無
駄なく ROIC に反映されるように、改善ドライバーと密接に関連する KPI を模
索する（KPMG FAS ＝あずさ監査法人, 2017, p. 129）。

　ROIC 逆ツリーのもう一つの特徴は、現場レベルの KPI を起点として、それ
らが改善ドライバーひいては ROIC とどのように関連しているかを示している
点である。これは、一般的な ROIC ツリーが ROIC を起点として右に展開し、
ROIC と他の財務指標との関連性を示しているのとは対照的である。

　浅田ほか（2021, p. 120）によれば、オムロンがこうした表示方法を採用して
いるのは、ビジネスモデルと財務指標の整合性を重視しているためである。一
般的な ROIC ツリーにもとづく経営では、ROIC をいくつかの財務指標に分解
し、それぞれを改善するための取り組みが行われる。

　一方、オムロンでは、どの財務指標（改善ドライバー）を改善すべきかにつ
いて、ビジネスモデルを踏まえてカンパニーごとに議論が行われる。たとえば、
在庫を増やすと短期的には投下資本が増加し、ROIC は低下する恐れがある。
しかし、在庫を多く持つことで顧客と良好な関係を構築できるのであれば、長

期的には利益が増加し、ROIC は上昇するかもしれない。こうしたメリットとデメリットのどちらが大きいかは、ビジネスモデルに依存すると考えられる（浅田ほか, 2021, pp. 120-121）。

　オムロンは、こうした点を考慮して、カンパニーごとに異なる改善ドライバーや KPI を設定している。すなわち、各カンパニーには、図表 5-7 に示したすべての指標を改善することが求められているわけではなく、自身のビジネスモデルに照らして妥当な指標の改善に注力することで、ROIC の向上に貢献することが期待されている。ROIC 逆ツリーは、こうした現場起点の考え方を反映したものになっている（浅田ほか, 2021, p. 121）。

　前述のように改善ドライバーはカンパニーによって異なるが、全事業部門に共通で設定されている改善ドライバーも存在する。それが、売上総利益を売上高で割って求められる売上総利益率である（KPMG FAS ＝あずさ監査法人, 2017, p. 129）。元社長の山田氏は、この比率の重要性を次のように語る。

> お客様や社会にとって価値があるかは、利益に出ると社員にはよく言っています。オムロンは正しく利益が取れているかを売上総利益率で判定しています。お客様から、他のメーカーよりもオムロンのセンサーがいいんだ、オムロンの血圧計がいいんだと選んでもらっている証拠だと。
> （日経 ESG, 2022 年 3 月号, pp. 36-37）

　ここから、オムロンは、顧客から支持を得ている企業ほど費用を大きく上回る売上を生み出すことができ、両者の差額として計算される利益は「社会へのお役立ち料」（伊丹, 2007, p. 77）である、と考えていることが示唆される。そして、事業を通じてどのくらい顧客や社会に貢献しているかを横並び比較するための指標として、売上総利益率を重視していると考えられる。

　一方、2023 年までオムロンの CFO を務めた日戸興史氏は、成長のための投資という観点から、売上総利益率の重要性を次のように語る。

> 　自走的な成長の実現に向けてこだわり続けているのが、「売上総利

益率（GP率）」です。なぜなら売上総利益は、売上げから売上原価を差し引いたものづくりの純粋な利益だからです。ここから投資の原資が生まれるため、GP率が上がれば投資余力が増し、投資により競争力が高まるという、成長サイクルが実現します。成長のためには厳しい環境下でも必要な投資を行うことが不可欠であり、その原資を生み出すGP率が重要となります。

　このGP率は、生産だけでなく、営業や開発、本社を含めた全部門で連携して高めていくものです。例えば、生産で3％のコストダウンするのはとても大変なことですが、仮にGP率が50％だとした場合、営業が1.5％値引きすれば、生産が血の滲むような努力で削り出した3％は全部吹き飛んでしまいます。このようにGP率は非常に動的なものだからこそ、その重要性を全社で共有しています。（オムロン統合レポート2019, p. 34)[26)]

## (3)ROIC翻訳式

　オムロンは、ROIC経営の導入時に、管理職を対象とする教育プログラムを実施した。その結果、一般社員も少しずつROIC経営に興味を持つようになった（浅田ほか, 2021, p. 120）。しかし、ROICは戦略部門や経理・財務部門で働く人々にとっては比較的理解しやすい概念であるものの、日ごろ財務諸表に接する機会の少ない営業部門や開発部門で働く人々にとっては、ROICと自分たちの仕事を結びつけることが困難であった（オムロン統合レポート2015, p. 33）。

　こうした状況を打破するため、2015年に導入されたのが、図表5-8に示したROIC翻訳式である。この式には「成長に必要な経営資源（N：necessary management resources）を投入し、それ以上にお客様への価値（V：value to customers）を上げ、そのために滞留している経営資源（L：loss-making

---

26)　売上総利益は、英語でgross profitあるいはgross marginという。そのため、オムロンは売上総利益率をGP率と呼んでいる。

図表 5-8　オムロンの ROIC 翻訳式

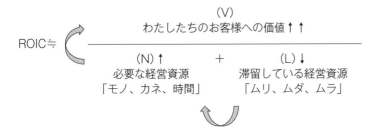

①価値創造のために**必要な経営資源（N）**（モノ、カネ、時間）を果敢に投入する。
②それ以上に、**お客様への価値（V）**を大きくする（↑は２つ！）。
③**滞留している経営資源（L）**（ムリ、ムダ、ムラ）を減らして（N）にシフト／
　投入する。
注：オムロン統合レポート 2018（p. 25）にもとづいて作成

management resources）を減らす」という、ROIC を高めるための施策が定性的
に示されている（オムロン統合レポート 2015, p. 33; OMRON Integrated Report
2015, p. 33）。

　まず、成長のためには投資が必要である。ただし、投資する場合には、それ
以上の価値を顧客に提供することが見込めなければならない。また、経営資源
には限りがあるため、ムリ、ムダ、ムラを減らす必要がある。具体的には、利
益に貢献していない（ムダになっている）経営資源や、古い設備など、ムリに
使用することで品質のムラをもたらす経営資源を削減し、できるだけ多くの資
金を投資に回す必要がある（KPMG FAS ＝あずさ監査法人, 2017, p. 131; オムロ
ン対面インタビュー, 2023 年 11 月 15 日）。

　こうした意味を持つ ROIC 翻訳式を導入することによって、具体的にはどの
ような行動変容が期待されているのだろうか。以下は、電子部品事業の事例で
ある。

　　……この事業は基本的に多額の設備投資を必要とする装置産業のよ
　　うな特性があるため、生産設備回転率が重要な改善ドライバーとなっ
　　ています。

　リレーなどのメカニカル部品は、搭載される家電商品の季節性や需要増減により生産量が上下します。これまでは、その需要に対応するための設備の増強が遅れる、また逆に増強した設備の回転率の低下を招くことが多々ありました。

　そのため、需要変動に対応しながら設備のムダを最小限にすることが重要でした。これに対応すべく生産設備のコンパクト化、つまり設備の 1/n 化を進めています。

　**必要な経営資源（N）**、この場合はリレーなどの生産設備を、需要の増加に合わせて小規模な単位で投下します。設備を小型化することで、投資金額、設置面積、使用するエネルギー量などを小さくしています。生産能力の大きな設備を一気に導入する場合と比べて、ムダ（低回転率）が少なくなります。つまり**滞留している経営資源（L）**を削減しているわけです。また同時に需要拡大時にも受注の機会損失が起こりにくくなります。お客様にとってみれば、需要に合ったタイミングでの生産が促進されることで、注文の融通性が高まり、結果的に過剰な在庫を減らせるなどのメリットが生まれます。**お客様への価値（V）**の増加です。

　電子部品事業ではこの考えをベースに設備投資を行うことで、10年前の設備と比較して例えば設置面積を 1/5 まで縮小させています。他にも設備投資額、生産能力、エネルギーなど複数の項目で設備の 1/n を促進しています。

（オムロン統合レポート 2015, p. 33）


　もちろん、ROIC 翻訳式を掲げるだけでは、こうした行動変容は起こらないだろう。オムロンには、「アンバサダー」と呼ばれる、ROIC 経営の現場への浸透を推進する人々がいる。アンバサダーは、現場で働く人々とコミュニケーションをとりながら、会計の知識を持たない人でも理解できるように、ROIC 経営の考え方を自分なりの言葉で説明したり、事業部門における ROIC 経営の事例をわかりやすく紹介したりする役割を担っている（オムロン統合レポート 2018, p. 25; 浅田ほか, 2021, p. 120）。

　アンバサダーが現場で働く人々に ROIC 翻訳式について説明する際には、図表 5-8 の①→②→③の順で説明することを徹底している。ROIC 経営の議論では③が中心になりがちだが、投下資本の削減ばかりが強調されると、必要な投資まで行われなくなる恐れがある。オムロンは、こうした事態を回避するため、価値創造に向けた投資を行うには経営資源の節約が必要であるという説明を重視している（浅田ほか, 2021, p. 122）。

# 第 III 部

▼

# 業績目標とインセンティブ、企業理念

組織行動の会計学

マネジメントコントロールの理論と実践

———

Management Accounting for Control: Theory and Practice

▲

[ 第 **6** 章 ]

# 業績目標の設定

　前章までは、サブユニットの業績をどのような会計数値で測定するかについて論じてきた。本章では、業績指標が決まったあとに、どうやってその基準値（業績目標）を設定するかについて詳しく取り上げる。第1節では、マネジメントコントロールの観点から目標設定の意義を検討する。第2節では、企業内で行われる様々な目標設定と計画策定について述べる。第3節では、計画策定の意義について述べる。第4節から第6節では、業績目標を設定する際の3つの留意点（業績目標の難度をどのくらいに設定するか、部下を目標設定にどのくらい関与させるか、業績目標を期中に修正［再設定］するか）について論じる。第7節と第8節では、JALとオムロンの目標設定についてそれぞれ考察する。

## 1. 何のために目標を設定するのか

### 目標設定理論

　第1章第5節で述べたように、業績の良し悪しは何らかの基準値（standard）との比較によって判断されるのが一般的である。多くの企業では、事前に設定された目標値（業績目標）と実際の業績（実績）を比較することによって、サブユニットの業績評価を行っている。

　ではなぜ、事前に業績目標を設定する必要があるのだろうか。マネジメントコントロールの観点から最も重要と思われる理由は、部下の仕事に対するモチ

ベーションを高めるためである[1]。

　目標設定理論（goal-setting theory）によれば、①明確で、②（部下に受け入れられている範囲内で）難度が高く、③フィードバックを伴う目標は、部下のモチベーションを高め、高いパフォーマンスにつながる。これら3つの条件について、以下で詳しく説明する（Robbins and Judge, 2017, pp. 254-255）。

　まず、明確な目標は、それ自体が内的刺激になると考えられる。多くの人は、目標が与えられなかったり、ただ「ベストを尽くせ」と言われたりするよりも、売上高X円、利益率Y%といった具体的な目標を与えられたときの方が動機づけられるだろう。

　次に、容易に達成できる目標は、部下には受け入れられやすいだろうが、それによって部下が熱心に仕事をするとは考えにくい。部下は、困難なタスクを引き受けた場合にこそ、それを達成するために高いレベルの努力をするようになる。

　そして、目標の達成度に関するフィードバックは、これまでの成果やこれからやるべきことを部下に知らせることによって、部下のパフォーマンスを高める。とりわけ、部下自身が進捗をモニタリングできたり、業務プロセスから直接フィードバックを得られたりする場合には、外部からフィードバックが与えられる場合よりも高い効果を期待できる。

## 期待理論

　以上のように、目標設定理論は、部下が目標を受け入れている、すなわち、部下が目標にコミットしていることを前提としている。では、どうすれば目標に対する部下のコミットメントを高めることができるのだろうか。この点を考える際に参考になるのが、期待理論（expectancy theory）と呼ばれるモチベーションの理論である。

　期待理論によれば、人間がある行動をとる傾向の強さは、その行動がもたら

---

1 ）　業績目標を設定するその他の理由として、資源配分を効果的に行うため、長期目標の達成に向けた進捗度のモニタリングを効果的に実施するためなどが挙げられる（David and David, 2017, p. 324）。

図表6-1 期待理論が注目する3つの関係

注：Robbins and Judge（2017, p. 267）にもとづいて作成

す成果に対する期待の高さと、そうした成果の魅力に依存する。具体的には、①努力をすることによって優れた成果をあげることができる、②優れた成果をあげることによって組織から報酬が与えられる、③組織から与えられる報酬は自分にとって満足のいくものである、と部下が信じている場合に、高いレベルの努力が引き出される（Robbins and Judge, 2017, p. 267）。

　すなわち、期待理論は、図表6-1にある3つの関係に注目する。それぞれについて、以下で詳しく説明する。

　①は、努力と成果の関係である。部下は、努力をすれば成果をあげる（たとえば、業績目標を達成する）ことができると期待している場合に動機づけられる。したがって、どんなに努力をしても能力的に達成できそうにない目標や、管理不能な要因が達成できるかどうかに大きな影響を与えるような目標は、部下のモチベーションを低下させる（Ronen and Livingstone, 1975, p. 677, p. 681）。

　②は、成果と報酬の関係である。部下は、成果をあげることで何らかの報酬が得られると期待している場合に動機づけられる。したがって、勤続年数や協調性、上司の個人的な好みといった、成果以外の要因が報酬に大きな影響を与えていると部下が感じている場合には、部下のモチベーションは低下する（Robbins and Judge, 2017, p. 268）。

　③は、報酬と満足の関係である。部下は、与えられる報酬が自身にとって魅力的なものであると期待している場合に動機づけられる。たとえば、Aさんは昇進を期待して努力し、成果をあげたにもかかわらず、ボーナスが増えただけであった。一方、Bさんはもっと興味のある仕事や、やりがいを感じられる仕事を担当させてもらえることを期待して努力し、成果をあげたにもかかわらず、上司に褒められただけであった。これらのケースでは、報酬が部下を十分には満足させていないため、部下のモチベーションは低下する（Robbins and Judge, 2017, p. 268）。

　以上の議論から、部下の目標へのコミットメントを高めるためには、「成果
＝業績目標の達成度」とみなしたうえで、図表 6-1 に示した 3 つの関係に関す
る部下の期待を高める必要があると考えられる。本章では 1 つめの関係を中心
に取り上げ、それ以外の 2 つの関係については次章に譲ることとする。

# 2. 企業における目標設定と計画策定

## 長期目標と年次目標

　第 1 章第 2 節で述べたように、戦略経営において、目標は長期目標と年次目
標の 2 つに分けられる。長期目標とは、企業がミッションを追求するうえで 2
年以上かけて達成しようとする具体的な成果である（David and David, 2017, p.
40）。そして、長期目標を達成するために策定されるのが、戦略計画（strategic
plan）である（Anthony and Govindarajan, 2007, p. 330）[2]。

　たとえば、ある産業財のメーカーが、消費財事業に参入するという多角化戦
略を策定したとする。この戦略を実行するためには、M&A と有機的成長のど
ちらによって参入するか、どの製品ラインを重視するか、内製するか外製する
か、どの販売チャネルを利用するか、といった様々な意思決定を行う必要があ
る。戦略計画は、このような戦略の実行方法を記載した文書である（Anthony
and Govindarajan, 2007, p. 331）。

　それに対して、年次目標とは、企業が長期目標を達成するために設定する短
期的なマイルストーンである。図表 6 - 2 が示すように、年次目標は組織図に
もとづいて設定される（David and David, 2017, p. 40, p. 326）。

　年次目標は、垂直的な一貫性（vertical consistency）と水平的な一貫性

---

2 ）計画策定（planning）とは、あるタスクに挑戦するかどうかを決定し、目標達成のため
　に最も効果的な方法を考え、予想外の困難に備えて十分な経営資源を確保するプロセスで
　ある（David and David, 2017, p. 184）。Mintzberg（1994, p. 12）によれば、計画策定を理解
　するための鍵は公式化（formalization）にあり、計画策定とは、「統合された意思決定シス
　テムという形で、明確な成果を生み出すための公式化された手続き」である。したがって、
　本書で計画という場合、それは公式的なプロセスを通じて明文化されたものを指すことと
　する。

### 図表 6-2　長期目標と年次目標の関係

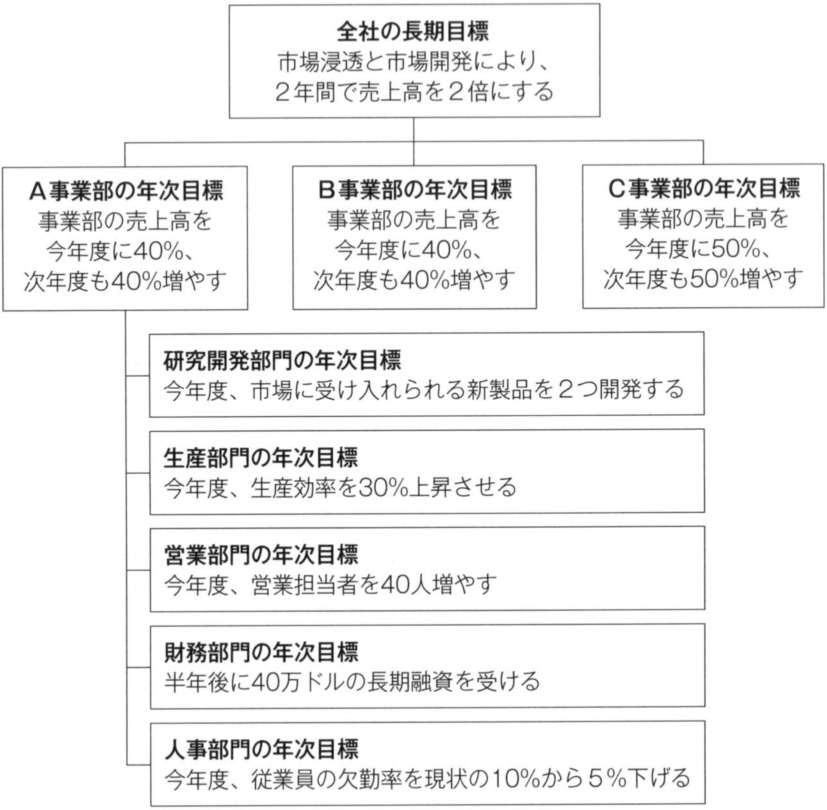

```
┌─────────────────────────────────────┐
│          全社の長期目標              │
│   市場浸透と市場開発により、         │
│   2 年間で売上高を 2 倍にする         │
└─────────────────────────────────────┘
```

| A事業部の年次目標 | B事業部の年次目標 | C事業部の年次目標 |
|---|---|---|
| 事業部の売上高を今年度に40%、次年度も40%増やす | 事業部の売上高を今年度に40%、次年度も40%増やす | 事業部の売上高を今年度に50%、次年度も50%増やす |

**研究開発部門の年次目標**
今年度、市場に受け入れられる新製品を 2 つ開発する

**生産部門の年次目標**
今年度、生産効率を30%上昇させる

**営業部門の年次目標**
今年度、営業担当者を40人増やす

**財務部門の年次目標**
半年後に40万ドルの長期融資を受ける

**人事部門の年次目標**
今年度、従業員の欠勤率を現状の10%から 5 %下げる

注：David and David（2017, p. 325）にもとづいて作成。なお、全社の長期目標に含まれる「市場浸透と市場開発」
は、図表 1-2 に示した戦略の選択肢を指す

（horizontal consistency）を両方とも持ち合わせていなければならない。前者は、すべての事業部の年次目標が 2 年続けて達成されると全社の長期目標も達成されるといった、階層の上下における一貫性である。後者は、生産部門が製造しようとしている製品を販売するのに必要な人員を営業部門が確保しているといった、主として機能部門間における一貫性である（David and David, 2017, p. 326）。

## 業績目標としての予算

　本書で「業績目標」という場合、それは原則として「サブユニットの年次目標」を指すものとする。図表 6-2 が示唆するように、サブユニットの業績目標は、全社の長期目標をブレイクダウンして（トップダウンで）決められるのが原則である。

　しかし、現実には、上司と部下の交渉によって業績目標を決めるケースがほとんどである。なぜなら、上司は部下よりも企業全体の目標や経営資源の制約に精通しているのに対して、部下は上司よりも事業の見通しや現場レベルの制約に詳しいという、情報の非対称性が存在するからである（Merchant and Van der Stede, 2017, p. 302）。

　全社の長期目標の設定時点では知り得なかった情報が明らかになったり、その時点から経営環境が大きく変化したりすることは十分に起こり得る。だとすれば、上司と部下が最新の情報を共有し、交渉を通じて業績目標を決定することにも、一定の合理性が認められるだろう。

　たとえば、営業部門長は、業界全体の動向などのマクロ情報と自社の営業担当者による予測などのミクロ情報を総合的に判断して、翌年度の販売計画を策定する（岡本, 2000, p. 630）。そして、想定された環境のもとで販売計画を実行するとどのくらいの収益を獲得できるのかを示したのが、図表 6-3 のような売上予算である。この売上予算が上司（事業部長など）に承認されれば、そこに示されている予測売上高が（収益センターに設定されている）営業部門の業績

### 図表 6-3　売上予算の例

| | 第 1<br>四半期 | 第 2<br>四半期 | 第 3<br>四半期 | 第 4<br>四半期 | 通年 |
|---|---|---|---|---|---|
| 前年度の販売数量 | 17,500 | 20,833 | 19,167 | 18,333 | 75,833 |
| 今年度の予測販売数量<br>（前年度から20%増） | 21,000 | 25,000 | 23,000 | 22,000 | 91,000 |
| 販売単価 | $45 | $45 | $45 | $45 | $45 |
| 予測売上高 | $945,000 | $1,125,000 | $1,035,000 | $990,000 | $4,095,000 |

注：Jiambalvo（2013, p. 376）にもとづいて作成。年度は省略してある

## 図表 6-4　製造予算の例

| | 第 1<br>四半期 | 第 2<br>四半期 | 第 3<br>四半期 | 第 4<br>四半期 | 通年 |
|---|---|---|---|---|---|
| 販売数量 [a] | 21,000 | 25,000 | 23,000 | 22,000 | 91,000 |
| （＋）期末在庫数量 [b] | 2,500 | 2,300 | 2,200 | 2,400 | 2,400 |
| 必要な数量の合計 | 23,500 | 27,300 | 25,200 | 24,400 | 93,400 |
| （－）期首在庫数量 | 2,100 | 2,500 | 2,300 | 2,200 | 2,100 |
| 生産数量 | 21,400 | 24,800 | 22,900 | 22,200 | 91,300 |

注：Jiambalvo（2013, p. 377）にもとづいて作成。年度は省略してある。a：図表 6-3 に示されている今年度の予測販売数量に等しい。b：翌四半期の販売数量の 10％

目標となる。

　また、生産部門長は、営業部門が予測した販売数量や期末に必要な在庫の数量、自部門の生産能力などを考慮して、翌年度の生産計画を策定する。そうした計画にもとづく生産数量は、図表 6-4 のような製造予算にまとめられる。生産部門では、さらに直接材料の仕入予算や直接労務費予算、製造間接費予算が作成され、計画された数量を生産するのにかかるコストが見積もられる（Jiambalvo, 2013, pp. 376-379）。

　これらの予算が上司（事業部長など）に承認されれば、そこに示されているコストの金額が（コストセンターに設定された）生産部門の業績目標となる。そして、事業部のようなプロフィットセンターでは、自部門の販売計画や生産計画を実行すると最終的にどのくらいの利益が見込まれるのかを把握するために、予算損益計算書が作成される。

　プロフィットセンターのマネジャーは、予想される利益が目標値を上回っているかどうかを慎重に検討する必要がある。もしその利益が満足のいく水準でなければ、広告キャンペーンを拡充して売上を増やす、サプライヤーとの交渉によって費用を減らす、といった対策を講じる必要がある（Jiambalvo, 2013, p. 381）。そして、最終的に予算損益計算書が上司（本社など）に承認されれば、そこに示されている利益の金額が（プロフィットセンターに設定されている）事業部の業績目標となる。

　ここで取り上げた以外にも、企業内では様々な計画が策定される。たとえば、投資センターでは、設備投資などの長期的な投資計画を上申し、それが承認さ

れれば、資本予算が作成される。さらに、こうした設備投資も含め、自分たちが計画している行動が貸借対照表に与える影響を把握するために、予算貸借対照表が作成される（Jiambalvo, 2013, p. 381, p. 384）。

# 3. 何のために計画を策定するのか

前節で述べたように、企業内では様々な行動計画が策定される。そして、それらを財務的に表現したものが予算である。行動計画と予算は常にセットで存在しなければならず、どちらが欠けても経営計画としては不完全である（岡本, 2000, p. 623）。

ではなぜ、行動計画を策定する必要があるのだろうか。計画策定のメリットは、以下のように3つあると考えられる。

## (1)部下が将来についてよく考えるようになる

将来どんなことが起こりそうか、それに対してどのように対応すべきか、といったことを事前に検討し、計画にまとめておくことによって、場当たり的に対応するよりも適切な行動がとられる可能性が高まる（伊丹＝加護野, 2003, p. 325）。さらに、現場で働く人々は、計画策定を通じて、自部門の業績に影響を与える様々な要因（外部環境に潜む機会や脅威、自部門に内在する強みや弱み）について深く理解するようになる（Merchant and Van der Stede, 2017, p. 297）。そうした理解は、経営環境が変化した場合の対応策を考える際に有用であろう。

あらゆるものが常に変化する環境下では、計画策定は無意味に見えるかもしれない。しかし、実際には、不確実な環境においてこそ計画や将来予測は重要性を持つ。なぜなら、経営環境が安定している場合、組織は目の前の業務上の問題や日々の効率性に集中していれば済むからである。現在の経営環境で要求されるものが将来のそれと大きく変わらないのであれば、計画や将来予測を実施することの意義は小さい（Daft, 2021, p. 165）[3]。

---

3）経営計画の有効性に関する実証研究については、篠原＝足立（2022）を参照。

## (2)組織内の様々な活動が事前に調整される

　計画策定を通じて、組織内の情報共有が促進される。たとえば、部下が自分の計画を策定し、上司がそれを承認するというプロセスにおいては、上司が企業全体の方針や優先事項を部下に伝えるというトップダウンのコミュニケーションと、部下が経営資源の必要性やリスクを上司に伝えるというボトムアップのコミュニケーションが行われる。こうした情報共有を踏まえて上司が部下の行動計画を事前にチェックすることで、部下が望ましくない行動をとる可能性を低下させることができる（Merchant and Van der Stede, 2017, p. 297）。

　計画策定のプロセスにおいては、部門間の水平的なコミュニケーションも行われる。たとえば、材料や人員の過不足が発生しないように、生産計画は販売計画と連動して策定される（Merchant and Van der Stede, 2017, p. 297）。その際、生産部門と営業部門は密に連絡を取り合う必要がある。計画策定のためのコミュニケーションを通じて、異なる部門がお互いの状況をよく理解し、協働がスムーズに行われるようになることが期待される（伊丹＝加護野, 2003, p. 334）。

## (3)業績目標に対する部下のコミットメントが高まる

　本章第1節で述べたように、目標設定理論によれば、部下が業績目標を受け入れていない場合には、上司が高い目標を設定したとしても、部下から多くの努力を引き出すことは難しい。したがって、能力的に達成できそうにない目標や、管理不能な要因が達成できるかどうかに大きな影響を与えるような目標を設定することは、避けた方がいいだろう。

　部下に十分な能力があり、業績指標の管理可能性が高かったとしても、目標達成に至るプロセスを具体的にイメージできなければ、部下は目標にコミットしなくなるかもしれない。こうした事態を防ぐためには、事前の計画策定が有用だろう。どのような行動を、どのような手順でとれば、業績目標を達成できるのか。そうしたことを部下が上司と相談しながら事前によく考え、最終的にはその計画を上司が承認することによって、（期待理論における）努力と成果

## 図表 6-5　他人が策定した計画が生産性と満足度を低下させる理由

①他人が策定した計画を実行するときは、社員の達成感が小さい
②他人が策定した計画では、首尾よく実行できるという社員の自信が湧きにくい
③他人が策定した計画では、計画をうまく機能させるために社員が必死で努力するということが起こりにくい
④他人が策定した計画は柔軟性が低く、社員がそれを修正したり、改善に向けた新たな行動をとったりする余地が生まれにくい
⑤他人が策定した計画は、社員の理解度が低い
⑥他人が策定した計画では、人的資源がうまく活用されていない
⑦他人が策定した計画の指示に従う際には、コミュニケーションの問題が深刻になり、結果としてエラーや歪みが起こりやすくなる
⑧計画の策定者と実行者を分けることで、両者の間に対抗意識が生まれやすくなる

注：Bass（1970, p. 159）にもとづいて作成

の関係に対する部下の期待を高めることができると考えられる。

　Bass（1970）によれば、他人が策定した計画を実行するときよりも自分で策定した計画を実行するときの方が、社員の生産性と満足度は高くなる傾向がある。この文献では、その理由として、図表6-5にある8点が挙げられている。

　さらに、三枝（2001, pp. 185-186）によれば、「計画を組む者と、それを実行する者は同じでなければならない。他人にやらせることを前提に立てた計画は無責任になりがちである。あとで失敗の原因を計画のせいにすることもしばしば起きる」。上司と部下が相談しながら計画を策定する場合、上司は、計画の実行者である部下の主体性を尊重することが望ましいと考えられる。

　このように、計画策定には様々なメリットがある[4]。ところが、現実には、実行可能な行動計画があるかどうかに関係なく、ただ予算が「上から降ってくる」企業もある（伊丹＝青木, 2016, p. 233）。予算を上司から押しつけられた場合でも、部下はそれを達成しようと努力するだろうが、業績目標に対するコミットメントは低下する可能性が高い。その結果、第1章第7節で述べたネガティブな振る舞いが起こりやすくなり、MCS のコストがベネフィットを上回っ

---

4）　もちろん、計画策定にはデメリットもある。「たとえば、計画のプロセスの複雑化にともなって、スタッフと本社に権力が集まってしまい、計画が現場から遊離する。あるいは、計画に固執するあまり、環境変化への柔軟な対応ができなくなる。計画を緻密にたてようとするあまり、分析ばかりして肝心の行動をいつまでもとらない（分析マヒ症候群）。計画のための計画をたてるのにエネルギーをさきすぎて、実行へのエネルギーがあまり残らなくなる」（伊丹＝加護野, 2003, p. 343）。計画策定のデメリットについては、Mintzberg（1994）が詳しく論じている。

てしまうかもしれない。

# 4. 業績目標の難度をどのくらいに設定するか

　業績目標を設定する際には、どのような点に留意する必要があるのだろうか。ここからは、前節までの議論を踏まえて、①業績目標の難度をどのくらいに設定するか、②部下を目標設定にどのくらい関与させるか、③業績目標を期中に修正（再設定）するか、という3つの論点を順に検討する。本節では、①について取り上げる。

　本章第1節で述べたように、目標設定理論によれば、目標の難度が高いほど部下は努力をするようになる。一方、期待理論によれば、目標の難度が高すぎると、部下は「どうせ達成できない」と感じてしまい、かえって努力をしなくなる。

　これらの議論を踏まえると、目標の難度と部下の努力水準の関係は図表6-6のようになっていると考えられる。そして、理想的な業績目標とは、図表6-6のXのような「簡単には達成できないが、頑張れば達成できる（challenging but achievable）と部下に思わせるような難度」を持つ業績目標である（Merchant and Van der Stede, 2017, p. 305）。

　目標の難度を達成確率で表現するとしたら、図表6-6のXとは、達成確率がどのくらいの目標を指すのだろうか。その水準は、部下のパーソナリティや能力、経験だけでなく、経営環境の不確実性などによっても左右されるため、一概に何％と決めることは難しい。実務においては、達成確率が80％から90％の目標が設定されることが多いようである（Merchant and Van der Stede, 2017, p. 305）。

　業績目標が達成可能なものであれば、部下がそれにコミットする可能性は高まると考えられる。達成可能な業績目標には、それ以外にも様々なメリットがある。ここでは3つ挙げておこう（Merchant and Van der Stede, 2017, pp. 306-308）。

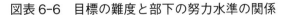

**図表 6-6　目標の難度と部下の努力水準の関係**

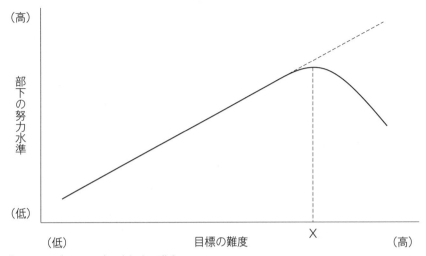

注：Merchant（1998, p. 388）にもとづいて作成

## (1)部下が達成感を得やすくなる

　部下にとっては、目標を達成できるかどうかが成功と失敗の分かれ目になる。業績目標が達成可能なものであれば、多くの部下が成功者となり、彼ら彼女らの自尊心は高まるだろう。自尊心が高い部下ほど熱心に働き、起業家精神が高く、将来への期待が大きい。そうした部下が多いことは、企業に様々なメリットをもたらすだろう。

　反対に、目標を達成できなかった部下は、組織内で敗者とみなされ、その失敗を（翌期が終わるまでの）1 年間、あるいはそれ以降も引きずりながら働くことになるかもしれない。その結果、彼ら彼女らは仕事に対する自信や熱意を失ってしまうだろう。これは、企業にとって非常に大きな損失である。達成が困難な業績目標を設定すると、敗北感を味わう部下が増えてしまう恐れがある点には、注意する必要があるだろう。

## (2)楽観的な将来予測がもたらすコストを減らすことができる

　本章第2節で述べたように、生産計画は販売計画にもとづいて策定される。その際に営業部門が楽観的な計画を立ててしまうと、生産部門は実際には売れる見込みのない製品をつくるために材料や機械設備を調達したり、新たに人材を採用したりするかもしれない。いったん獲得した経営資源は、あとで必要のないことが明らかになったからといって簡単に減らせるとは限らない。その結果、余分な経営資源を抱えることになってしまう。

　こうした問題を緩和するためには、販売計画をある程度、保守的に作成し、経営資源の獲得はその必要性が確実な場合にのみ行うようにするのがよいだろう。そのためには、達成可能な業績目標を設定する必要がある。達成が困難な業績目標を設定してしまうと、つじつまを合わせるために実行可能性の低い計画が策定され、結果として必要のない経営資源の獲得が行われてしまうかもしれないからである。

## (3)成果をよく見せるための不健全な行動を抑制できる

　第1章第7節で述べたように、プロフィットセンターのマネジャーは、このままでは業績目標を達成できないという状況に置かれると、会計処理に含まれる裁量の余地を利用したり、メンテナンスを延期したりすることによって、利益をかさ上げしようとするかもしれない。こうした行動は、不正会計や品質の低下につながりかねず、企業全体にとって望ましいものではない。

　もちろん、こうした行動は、達成可能な業績目標を設定した場合にも起こり得る。努力をすれば達成できる目標なのに、その努力を怠り、代わりにデータを操作することによって目標を達成したかのように見せかける部下が現れる可能性は否定できない。しかし、達成が困難な業績目標を設定した場合には、多くの部下が目標未達成の脅威にさらされることになる。その分だけ、不健全な行動がとられるリスクは高まると考えられる。

　このように、達成可能な業績目標には様々なメリットがある。しかし、あま

図表6-7　部下による目標設定への関与

①上司に相談せず、部下が目標を設定する
②部下が目標を提案し、上司に相談する。最終的には、部下の意見が通りやすい
③部下が目標を提案するが、最終的には上司と部下が共同で設定する
④上司が目標を提案するが、最終的には上司と部下が共同で設定する
⑤上司が目標を提案し、部下は意見を求められる。部下の意見は、それなりに尊重される
⑥上司が目標を提案し、部下は意見を求められる。部下の意見は、あまり尊重されない
⑦部下は、上司が設定した目標について説明を受けるが、意見は求められない
⑧部下は、上司が設定した目標について説明を受けることも、意見を求められることもない

注：Hofstede（1968, p. 179）にもとづいて作成

りにも簡単な目標だと、部下は努力を控えるようになり、目標の難度が高ければあげられたはずの業績を下回ってしまう。部下から十分な努力を引き出せる程度に達成が難しく、だからといって達成不可能だと部下に思われるほど難度は高くない。そんな業績目標を設定するのは決して簡単ではないが、目標設定は、経営者にとって重要な仕事の一つである。現場の実態を見極めながら、少しでも理想に近い目標設定を目指すべきであろう。

# 5. 部下を目標設定にどのくらい関与させるか

業績目標の設定に関する2つめの論点は、部下を目標設定にどのくらい関与させるかである。これは、目標設定におけるトップダウンとボトムアップのバランスをどのように考えるかという論点と言い換えることもできる（Merchant and Van der Stede, 2017, p. 308）。

部下が目標設定などの意思決定に関与する場合、そこには様々なレベルが存在する。最も高いレベルでは、意思決定は完全に部下に委ねられる。より低いレベルでは、上司が部下の意見を踏まえて意思決定をする。さらに低いレベルでは、上司が意思決定をしてそれを部下に伝え、部下からの質問を受け付ける（Hofstede, 1968, p. 67）。図表6-7は、完全なボトムアップと完全なトップダウンを両端として、部下による目標設定への関与の程度をまとめたものである。

## ボトムアップのメリットとデメリット

　ではなぜ、部下を目標設定に関与させる必要があるのだろうか。そのメリットは3つあると考えられる。

　1つめは、部下の目標へのコミットメントを高める、というメリットである。部下は、目標設定に積極的に関与することによって、なぜそのような目標が設定されたのかをよく理解できるようになる。その結果、部下が目標を受け入れる可能性は高まると考えられる（Merchant and Van der Stede, 2017, pp. 308-309）。また、自身が設定に関与した目標であれば、他人から与えられた目標よりも、部下は当事者意識を持って達成したいと思うようになるだろう。

　2つめは、組織内の情報共有が促進される、というメリットである（Merchant and Van der Stede, 2017, p. 309）。本章第2節で述べたように、上司が企業全体の目標や経営資源の制約に関する詳しい情報を持っているのに対して、部下は事業の見通しや現場レベルの制約に関する詳しい情報を持っている。目標設定を通じて上司と部下がコミュニケーションをとるようになれば、両者の間の情報の非対称性は緩和されると考えられる。

　3つめは、計画の質を高めることができる、というメリットである。上司は、部下を目標設定に関与させることによって、部下にどのような行動を期待しているのか、どのような行動は望ましくないと考えているのかを、詳細な計画を策定する前に伝えることができる。その結果、部下は、最善の方法で目標を達成できる行動計画を考えるようになるだろう（Merchant and Van der Stede, 2017, p. 309）。

　一方、部下を目標設定に関与させることには、目標設定にバイアスがかかるというデメリットもある。多くの場合、部下は、目標設定への関与の機会を利用して、目標を引き下げようとするだろう[5]。保守的なバイアスのかかった目標を設定することで目標達成の可能性が高まり、少ない努力で目標を達成することができるからである（Merchant and Van der Stede, 2017, p. 309）。

---

5）これは、第1章第7節で述べた予算スラックの問題である。

　反対に、チャレンジ精神が旺盛な部下であれば、楽観的なバイアスのかかった目標を設定しようとするかもしれない。あるいは、上司に積極的な姿勢をアピールし、より多くの経営資源を獲得するために、高すぎる目標を設定しようとする部下もいるかもしれない（Merchant and Van der Stede, 2017, p. 309）。

　いずれのバイアスも、企業にとっては望ましくないものである。すなわち、本章第1節で述べたように、保守的な目標は、部下から十分な努力を引き出すことを妨げる。また、前節で述べたように、楽観的な目標は、余分な経営資源を抱えるリスクを高める。上司には、自身の知見やこれまでの経験にもとづいて、これらのバイアスを補正することが求められる（Merchant and Van der Stede, 2017, p. 309）。

　以上の議論から、完全なボトムアップ（図表6-7の①）も完全なトップダウン（同⑧）も、目標設定においては望ましくないということが示唆される。ボトムアップを重視しすぎると、部下はバイアスのかかった目標を設定する可能性がある。反対に、何もかもトップダウンで決めてしまうと、現場の実態が目標に反映されないだけでなく、部下の目標に対するコミットメントが大きく低下してしまうだろう[6]。

　したがって、企業にはトップダウンとボトムアップを組み合わせて目標を設定することが求められる。その適切な組み合わせは企業によって異なるだろうが、最終的には上司が目標を設定するとしても、その過程で部下の意見に耳を傾けることが重要だと思われる。それは、情報共有のためだけではない。部下が自分の意見を主張する場をつくり、上司がそれに真摯に向き合うことによって、たとえ最終決定が自分の望んだものではなかったとしても、部下がそれを受け入れる可能性は高まると考えられるからである[7]。

---

6) Merchant and Van der Stede（2017, p. 309）は、トップダウンによる目標設定が効果的な状況として、上司が部下と同等の知識を持っている（情報の非対称性が小さい）、部下が予算編成に必要なスキルを持っていない、部下の思考が過去の業績に縛られて機能不全に陥っているなどを挙げている。

7) この記述は、ソフトウェア開発企業であるレッドハットの経営手法を参考にしている（日経ビジネス, 2018年3月5日号, p. 50）。

## コントローラーを活用した目標設定

　事業部制組織など、本社の下に複数の自己充足的なサブユニットを抱える企業においては、サブユニット内にコントローラー（controller）と呼ばれる役職を設置することによって、トップダウンとボトムアップ、それぞれのメリットを享受しながら目標設定を行うことができるかもしれない。

　コントローラーとは、MCS の設計・運用を担う役職のことである。多くの企業では、CFO が全社のマネジメントコントロールに対して責任を負うコーポレートコントローラーを務め、さらに事業部などのサブユニットにもビジネスユニット（BU）コントローラーが設置されている（Anthony and Govindarajan, 2007, pp. 110-111）。下の図表 6-8 には、コントローラーの主な役割がまとめられている。

　BU コントローラーは、コーポレートコントローラーだけでなく、自身がスタッフとしてサポートするサブユニットのマネジャー（BU 長）に対しても忠誠を尽くす義務がある。すなわち、BU コントローラーには、分割された忠誠心（divided loyalty）が求められる（Anthony and Govindarajan, 2007, p. 111）。こうした特性を持つコントローラーが本社とサブユニットの橋渡し役になることで、両者の間の情報の非対称性は緩和され、妥当な目標設定が行われる可能性は高まると考えられる。

　組織構造上、BU コントローラーをどのように位置づけるかについては、図表 6-9 のように 2 つの選択肢がある。この図表の（A）では、直属の上司である BU 長が、BU コントローラーの採用や育成、評価に関して大きな権限を有する。しかし、これらの経営行動がコーポレートコントローラーの意見を無視

### 図表 6-8　コントローラーの主な役割

①情報システムおよびコントロールシステムの設計・運用
②外部報告のための財務諸表および財務報告書の作成
③予算編成、内部向け業績報告書（performance reports）の作成・分析
④内部監査、不正の監視
⑤コントローラー業務を担当できる人材の育成

注：Anthony and Govindarajan（2007, p. 110）にもとづいて作成

図表 6-9　BU コントローラーをどのように位置づけるか

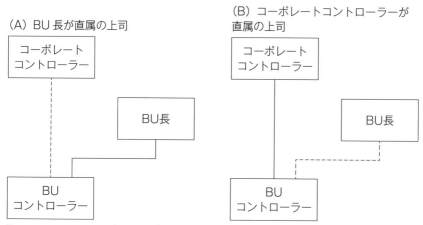

注：Anthony and Govindarajan（2007, p. 112）にもとづいて作成。実線は、直属の上司であることを示す

して行われることは稀である。一方、（B）における BU コントローラーは、コーポレートコントローラーという直属の上司のもとで BU 長をサポートする（Anthony and Govindarajan, 2007, pp. 111-112）。

　これら 2 つの選択肢には、いずれも弱点がある。（A）のように BU 直属の場合、BU コントローラーは客観的な判断ができなくなり、BU にとって有利な目標設定をするかもしれない。一方、（B）のように本社直属だと、BU コントローラーは BU 内で「本社から来たスパイ」とみなされ、目標設定に必要な正確な情報を手に入れられないかもしれない（Anthony and Govindarajan, 2007, p. 112）。

　（A）と（B）のどちらが望ましいかは、企業によって異なるだろう。しかし、本章第 3 節で述べたような、予算が「上から降ってくる」企業では、目標設定がほとんど動機づけ効果を持たないと考えられる。そうした企業では、（A）を採用することによって、ボトムアップのメリットを活かした目標設定を行えるようになるだろう。

　コントローラーに関するこれまでの記述から、管理会計のためにそこまでの人員を確保する必要があるのか、と思った読者がいるかもしれない。それでも筆者は、社内にコントローラーという役職を設置し、それに向けた人材採用・

人材育成を行うことには大きな意義があると考えている。

　その最大の理由は、コントローラーが、企業にとって重要な経営人材になり得ることである。コントローラーには、会計の知識だけでなく、書面および口頭による優れたコミュニケーションのスキル、確かな対人関係のスキル、事業内容に関する深い知識といった、様々な能力が求められる（Jiambalvo, 2013, p. 459）。こうした能力を持つ人材のなかから、将来の経営者候補が育つ可能性は十分にあると考えられる。

# 6. 業績目標を期中に修正（再設定）するか

　業績目標の設定に関する3つめの論点は、業績目標を期中に修正（再設定）するか否かである。業績目標を固定目標（fixed target）とした場合、期中の目標修正は行われず、一貫して当初の業績目標を達成することが部下には求められる。一方、変動目標（flexible target）であれば、経営環境の変化に応じて期中に業績目標が修正される（Merchant and Van der Stede, 2017, p. 302）。

## 業績目標と実績が乖離する理由

　本章第1節で述べたように、多くの企業は、業績目標と実績を比較することによって業績評価を行っている。その業績評価は、図表6-10のような、業績目標・計画を起点とするサイクルの一部として位置づけることができる。

　ここで注意すべきは、実績が業績目標を上回ったり、反対に下回ったりする原因が、すべて部下の行動にあるとは限らない点である。Jiambalvo（2013, p. 5, p. 372）によれば、業績目標と実績が大きく乖離する原因は3つある。

　1つめは、業績目標が注意深く設定されなかったことである。たとえば、将来予測を真剣にやらずに「前年度＋X％」のようなやり方で目標を設定したり、簡単に目標を達成できるように（部下が）保守的な目標を設定したり、ストレッチ目標という名目で（上司が）楽観的な目標を設定したりした場合には、実際の成果が目標と大きく異なっていたとしても不思議ではない。

　2つめは、想定外の経営環境の変化が起こったことである。業績目標とは、

図表 6-10　業績評価のサイクル

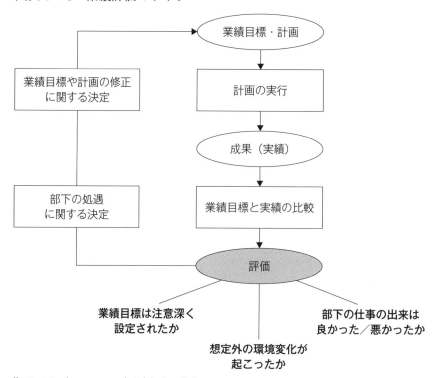

注：Jiambalvo（2013, p. 5, p. 373）にもとづいて作成

　事前に想定された環境のもとで、一定の行動をとった場合に得られるであろう成果のことである。しかし、現実には、競合他社の動向や法律などの規制、自然災害などに関して、想定外の環境変化が起こることも多い。実際の環境が想定された環境と大きく異なっていれば、どんなに注意深く業績目標が設定されていたとしても、実績と目標の間にずれが生じるだろう。

　3つめは、部下の仕事の出来が良かった、あるいは悪かったことである。業績目標が注意深く設定され、想定外の大きな環境変化が起こらなかったのであれば、業績目標と実績の差は、おおむね部下の行動に起因すると考えて差し支えないだろう。その場合、原則として、目標を達成した部下は高い評価を受け、達成できなかった部下は低い評価を受けることになる。だからこそ、部下は業

績目標を達成するために努力するのである。

　以上から、業績目標と実績の差を業績評価に用いるためには、まず業績目標を注意深く設定する必要があることがわかる。そもそも評価基準が歪んでいたら、実績と比較したところで、その良し悪しを適切に判断できないからである。前節までの議論を踏まえると、注意深く設定された業績目標とは、①実行可能な行動計画に裏打ちされ、②「簡単には達成できないが、頑張れば達成できる」と部下に思わせるような難度を持ち、③トップダウンとボトムアップを組み合わせて設定された業績目標ということができるだろう。

## 変動目標のメリットとデメリット

　業績目標が注意深く設定されている場合、業績目標と実績の差は、想定外の環境変化と部下の行動の良し悪しによって発生していると考えられる。第4章第6節で述べたように、責任センターの議論においては、マネジャーによる経営の成果としての業績と経済主体としてのサブユニットの業績を区別すべきだといわれる。

　この考え方を本節の議論に適用するならば、業績目標と実績の差についても、部下の業績評価に反映させる（部下が責任を負うべき）部分とそうでない部分を区別する必要がある。そのための手段の一つとして、想定外の環境変化が起こった場合に業績目標を修正する、すなわち、変動目標を採用することが挙げられる。

　たとえば、四半期あるいは1カ月ごとに、業績目標を設定した際に想定した環境と実際の環境がどのように異なっているかを検討する。その結果、想定外の環境変化が起きており、当初の業績目標が「時代遅れ」になっていることが明らかになった場合には、最新の将来予測にもとづいて業績目標を再設定するのである。

　想定外の環境変化が起こった場合には、業績目標だけでなく、行動計画も見直す必要がある。なぜなら、当初想定されていた環境において望ましいとされていた行動が、環境変化が起きたあとでも有効であるという保証はないからである。環境変化に合わせて業績目標と行動計画をアップデートすることによっ

て、期末に計算される（再設定された）業績目標と実績の差は、環境変化の影響を考慮したうえでの部下の努力を適切に反映したものになるだろう。

　固定目標を採用した場合には、上記のような修正は行われない。その結果、部下がコントロールできない環境変化の責任を部下に押しつけてしまうことになりかねない。たとえば、期が始まってすぐに経営環境が悪化し、当初の業績目標を達成することが極めて困難になったとする。環境変化のせいで、目標の難度が上昇してしまったのである。このような場合に業績目標が修正されなければ（引き下げられなければ）、部下は「どんなに頑張っても目標を達成できない」とやる気をなくしてしまうかもしれない。

　反対に、経営環境が好転した場合、当初の業績目標の難度は低下する。その結果、部下は、業績目標が修正された（引き上げられた）場合と比較して、努力を控えるようになるかもしれない。

　以上から、想定外の環境変化が起きた場合には、業績目標を修正することが望ましいと考えられる。しかし、変動目標にもデメリットはある。たとえば、目標の修正には時間や手間などのコストがかかる（Merchant and Van der Stede, 2017, p. 527）。

　また、あとで目標が修正される可能性があるとわかると、部下は期初に設定される目標を真剣に受け止めなくなったり、何を目指して行動すべきなのか、わかりにくくなったりするかもしれない。反対に、経営環境が悪化しても目標を修正しなければ、さらなる努力が引き出される可能性もある。最終的には、固定目標と変動目標、それぞれのメリットとデメリットを比較したうえで、自社にとって望ましいやり方を模索するしかないだろう。

　この点に関して、多くの企業は、定期的に業績の再予測（re-forecast）を行っているといわれる。これは、予算を見直す（re-budget）という意味ではない。定期的に最新の情報にもとづく予測をしながら、部下には当初の業績目標にコミットすることを求めるのである。したがって、多くの企業のプロフィットセンターおよび投資センターにおいて、財務的な目標は固定されていると考えてよい（Merchant and Van der Stede, 2017, p. 303）。

## 図表 6-11　固定予算にもとづく業績評価

| 第 1 四半期の製造間接費 | 固定予算 | 実績 | 差異 |
|---|---|---|---|
| 生産量 | 21,400 | 25,000 | 3,600 |
| 変動費： | | | |
| 　間接材料費（単位当たり予算＝$2.0） | $42,800 | $49,000 | ($6,200) |
| 　間接労務費（単位当たり予算＝$1.5） | $32,100 | $38,000 | ($5,900) |
| 　水道光熱費（単位当たり予算＝$1.0） | $21,400 | $24,600 | ($3,200) |
| 変動費合計 | $96,300 | $111,600 | ($15,300) |
| 固定費 | | | |
| 　監督者の給料 | $90,000 | $90,200 | ($200) |
| 　減価償却費 | $20,000 | $20,300 | ($300) |
| 　その他 | $5,000 | $5,000 | $0 |
| 固定費合計 | $115,000 | $115,500 | ($500) |
| 製造間接費合計 | $211,300 | $227,100 | ($15,800) |

注：Jiambalvo（2013, p. 386）にもとづいて作成。年度は省略してある。（）には不利差異、すなわち、予算を超過したコストの金額が示されている

## 変動目標の実践例

　一方、第 3 章第 3 節で紹介した工学的コストセンターでは、変動目標を用いるのが一般的である（Merchant and Van der Stede, 2017, p. 303）。以下では、製造間接費（第 4 章第 3 節）を管理するマネジャーに固定目標と変動目標をそれぞれ適用した場合の業績評価について述べる。

　製造間接費を管理するマネジャーに固定目標を適用する場合、その業績は、期初に編成された予算と実際にかかった製造間接費を比較することによって評価される。図表 6-11 には、こうした固定予算にもとづく業績評価の例が示されている。ここでは、製造間接費の実績値は固定予算を超過しており、原価管理が適切に行われなかったことが示唆される（Jiambalvo, 2013, p. 386）。[8]

　しかし、図表 6-11 をよく見ると、期初に予定されていた生産量は 2 万 1,400

---

8）　原価管理（cost control）とは、「一定の品質や規格を保った製品を生産するという前提を満たしたうえで、原価の発生を一定の幅のなかにおさえていく」ための活動である（岡本, 2000, p. 384）。原価管理は、原価低減（cost reduction）、すなわち「製品の品質を確保しながら、これまで使用してきた高価な材料を安い材料に変更したり、あるいは性能の良い新しい機械に変えて生産するなど、経営者の意思決定によって、標準の設定される作業条件そのものを変更し、標準原価自体を引き下げる」ための活動とは異なる（岡本, 2000, p. 384）。

## 図表 6-12　変動予算にもとづく業績評価

| 第 1 四半期の製造間接費 | 固定予算 | 実績 | 差異 |
|---|---|---|---|
| 生産量 | 25,000 | 25,000 | 0 |
| 変動費： | | | |
| 　間接材料費（単位当たり予算＝$2.0） | $50,000 | $49,000 | $1,000 |
| 　間接労務費（単位当たり予算＝$1.5） | $37,500 | $38,000 | ($500) |
| 　水道光熱費（単位当たり予算＝$1.0） | $25,000 | $24,600 | $400 |
| 変動費合計 | $112,500 | $111,600 | $900 |
| 固定費 | | | |
| 　監督者の給料 | $90,000 | $90,200 | ($200) |
| 　減価償却費 | $20,000 | $20,300 | ($300) |
| 　その他 | $5,000 | $5,000 | $0 |
| 固定費合計 | $115,000 | $115,500 | ($500) |
| 製造間接費合計 | $227,500 | $227,100 | $400 |

注：Jiambalvo（2013, p. 387）にもとづいて作成。年度は省略してある。（）には不利差異、すなわち、予算を超過したコストの金額が示されている

単位だったのに対して、実際には 2 万 5,000 単位を生産したことがわかる。この増産は、製品の売上が想定したよりも好調だったことが原因かもしれない。定義上、生産量が増えても固定費は変わらないが、変動費は生産量に比例して増加する。したがって、予定されていた生産量と実際の生産量が異なる場合、固定予算と実績を比較しても、マネジャーによる原価管理の良し悪しを評価するという目的のためには、あまり役に立たない（Jiambalvo, 2013, p. 386）。

　上記のような固定予算の問題点を克服するために作成されるのが、変動予算である。図表 6-12 には、変動予算にもとづく業績評価の例が示されている。変動予算を採用した場合、固定費の予算は当初のまま、実際の生産量に応じて変動費の予算が修正される（Jiambalvo, 2013, p. 386）。

　図表 6-12 では、製造間接費の実績値は変動予算を下回っており、固定予算を採用した場合とは逆の結果が得られている。すなわち、固定費については実績が予算を上回っているものの、総じてこのマネジャーは、適切な原価管理を行ったと考えられる（Jiambalvo, 2013, p. 386）。

　同様の工夫は、サービス業でも可能である。たとえば、ホテルの客室で提供されるトイレタリー（石鹸やシャンプーなど）のコストを管理するマネジャーの業績を評価する際に、実際の稼働率にもとづく変動予算と実際に発生したコストを比較するという方法が考えられる。一方、ホテル全体の経営を任されて

いる支配人については、変動予算にもとづく業績評価が行われることはあまりない。通常、支配人には、適切な経営行動を通じて稼働率や利益の目標を達成することが求められる（Merchant and Van der Stede, 2017, p. 303）。

さらに、第3章第4節で紹介した相対的業績評価（RPE）も、変動目標の一例とみなすことができる（Merchant and Van der Stede, 2017, p. 303）。RPEを実施する場合、あるサブユニットの業績は、類似する他のサブユニットの業績との比較にもとづいて評価される。そうすることで、環境変化等の影響を考慮したうえで各サブユニットの業績を相対的に判断することができるのである。

多くの場合、比較可能なサブユニットを見つけることは困難であるため、フォーマルな仕組みとしてRPEを用いている企業は少ないようだ。しかし、たとえば業界平均との比較にもとづいて業績の良し悪しを判断するといったインフォーマルなRPEは、多くの企業で行われている可能性がある（Merchant and Van der Stede, 2017, p. 528）[9]。

# 7. JAL の目標設定

## 2つの経営計画：マスタープランと月次予定

JALの部門別採算制度では、「マスタープラン」と「月次予定」という2つの経営計画が部門ごとに策定される（JAL REPORT 2016, p. 28）[10]。1つめのマスタープランとは、新しい期（会計年度）が始まる前に策定される、利益に関する年度計画である。各部門は、トップの経営方針（経営トップが掲げる業績目標や戦略）にもとづいて自部門の12カ月分の業績目標とアクションプランを

---

9) RPEは、経営者報酬を決定する際にも用いられる。こうした点に関する実証研究については、濱村＝井上（2022）を参照。

10) JALでは、予算ではなく計画という言葉が使われる。予算には「消化する」という思考が潜んでおり、一度獲得すると既得権益化するからである（大西, 2013, p. 29; 原, 2013, p. 196）。計画であれば、いったん承認されたものであっても、実行する際に再度、本当に必要な支出かどうかを検討する必要がある（原, 2013, p. 181）。予算の問題点と脱予算（beyond budgeting）に向けた動きについては、Merchant and Van der Stede（2017, pp. 310-312）や小林ほか（2017, pp. 196-202）を参照。

明確にし、それを上位の組織階層に提出する（稲盛＝京セラコミュニケーションシステム, 2017, pp. 184-185）。

　各階層では、経営方針を実現するためにはどのような目標を立てるべきか、どのような取り組みが必要かについて、繰り返し議論が行われる。最終的には経営陣が各部門の目標の妥当性を検討し、必要があれば差し戻して再検討を要請するが、トップダウンで一方的に目標を指示することはしない。「人は、与えられた目標より自ら立てた目標のほうを達成したいと強く思うものである」という考えにもとづき、マスタープランはあくまでもボトムアップで策定される（稲盛＝京セラコミュニケーションシステム, 2017, pp. 184-185）。

　稲盛＝京セラコミュニケーションシステム（2017, p. 191）によれば、「マスタープラン策定後に景気変動など大きな経営環境の変化があったときには、すぐに経営トップも含めて見直しの是非を検討し、必要なら組み替えをおこなうべきである。現実味のない計画では、達成に向けて社員の力をまとめることができないからである」。つまり、マスタープランは、必要に応じて期中に修正することが望ましい。

　JAL は、2001 年の米同時多発テロ、2011 年の東日本大震災、2020 年の新型コロナ感染症（COVID-19）流行のように、業績に重大な影響を及ぼす想定外の事態が発生した場合には、速やかにマスタープランを修正する。また、為替レートや燃油価格といった外的要因が変化した場合には、上半期が終わった時点でマスタープランを修正することもある（JAL 対面インタビュー, 2023 年 7 月 24 日）。

　もう一つの経営計画である月次予定とは、マスタープラン策定時からの経営環境の変化を踏まえて、最大限の利益改善を目指して期中に策定される、1 カ月ごとの利益に関する計画である。すなわち、マスタープランに示された月次計画をアップデートしたものが月次予定である。

　月次予定を策定する際、各部門のリーダーは、「メンバーひとりひとりと打ち合わせをしたうえで具体的なテーマとアクションプランを与え、一ヵ月間にどのような活動をしてもらうかを明確にしていく……メンバーひとりひとりのアクションプランに落とし込むことで、それが自分たちの目標であるという意識が生まれる」（稲盛＝京セラコミュニケーションシステム, 2017, pp. 193-194）。

　月次予定が決まったら、各部門はそこに示されたアクションプランを実行し、目標の進捗状況を確認しながら必要に応じて対策を講じる。期末に実績が出たら、それを月次予定と比較し、両者の差異の原因を明らかにしたうえで、翌月の予定に反映させる（JAL REPORT 2016, p. 28）。

## 業績報告会

　このように、JAL は、年次計画を策定するだけでなく、毎月、月次計画をアップデートすることで、経営環境の変化に迅速に対応できる PDCA（plan-do-check-action）サイクルを運用している。その際に重要な役割を果たすのが、「業績報告会」と呼ばれる会議である。

　業績報告会は、階層的に実施されている。まず、各部門の業績報告会では、部門ごとに実績とマスタープラン・月次予定の差異を分析し、今後の施策や目標について検討する。次に、社長と全役員が出席する JAL グループ全体の業績報告会では、各部門のトップが自部門の実績と今後の目標について報告し、全幹部で議論する（JAL REPORT 2022, p. 23）。

　業績報告会では、実績が計画を下回った場合だけでなく、上回った場合も理由を聞かれ、場合によっては注意を受ける。なぜなら、それは業績目標が注意深く設定されなかったことを示唆するからである（原, 2013, pp. 193-195; 森田, 2014, pp. 96-97; 金子, 2017, pp. 282-283 など）。この点について、2012 年から 2018 年まで JAL の社長を務めた植木義晴氏は、以下のように語る。

　　「頑張ったからそれだけ上にいったんだ」という考え方もありますが、
　　だったら社員の頑張りというものを、本部長、役員は信じて、目標を
　　上げようよ、と。目標というのはデータを集めてササッと作ったら
　　「はい、こうなりました」というものではないんです。役員がここに、
　　どれだけの意思を込めるかが重要なんです。
　　（金子, 2017, p. 283）

　前節で述べたように、注意深く設定された業績目標とは、①実行可能な行動

計画に裏打ちされ、②「簡単には達成できないが、頑張れば達成できる」と部下に思わせるような難度を持ち、③トップダウンとボトムアップを組み合わせて設定された業績目標だと考えられる。これらのうち、①と③に関する JAL の取り組みについては、すでに述べた通りである。

②については、業績報告会における上記のスタンスが関連していると考えられる。下振れも上振れも望ましくないのであれば、部下は業績目標の設定や差異分析に真剣に取り組むようになる。そうすることで、将来予測の精度は徐々に高まっていく（原、2013, p. 193; 金子、2017, p. 36）。結果的に、業績目標は②に近いものになっていくと思われる。

なお、本章第 4 節で述べたように、高い業績目標を設定することによって、社員が不健全な行動をとるようになるかもしれない。この点について、植木氏は次のように語る。

> そのために重要なのがフィロソフィ（行動哲学）です。社員全員が持つべき意識・価値観・考え方として「JAL フィロソフィ」を制定し、一人ひとりにしっかりと理解してもらい、深化させてきました。不正を止めるのは仕組みではなく、人の心、魂の部分です。
> （金子、2017, pp. 283-284）

このように、JAL は、フィロソフィを社内に浸透させることによって、高い目標を達成するための不健全な行動を抑制しようとしている。

# 8. オムロンの目標設定

## PPM とは何か

オムロンにおいて、業績目標の設定や行動計画の策定は、PPM（product portfolio management）の考え方にもとづいて実施されている（オムロン対面インタビュー、2023 年 11 月 15 日）。その具体的な内容に入る前に、PPM について説明しておこう。

　PPM とは、「市場成長率と市場シェアとの 2 次元で個々の事業単位を位置づけ、カネ（キャッシュ）の流れをコントロールして会社全体として適切な利益と成長を達成するための方法である」（沼上, 2023, p. 293）。図表 6-13 には、そのフレームワークが示されている。

　PPM は 3 つの仮定にもとづいて実施される。1 つめは、相対市場シェアが高い製品サービスほどより多くのキャッシュを生む、という仮定である。ある製品の相対市場シェアが高ければ、それだけその製品の生産に関するノウハウを蓄積している可能性が高い。製品の価格が一定であれば、他社よりも低いコストで生産することによって、正味キャッシュフロー（現金収入と現金支出の差）は大きくなるだろう（沼上, 2023, pp. 295-296）。

　2 つめは、製品サービスの売上を増やすためにはキャッシュが必要である、という仮定である。市場シェアを獲得するためには、広告宣伝や販売促進といったプロモーション活動が必要になるのが一般的である。あるいは、新規顧客からの注文に備えて在庫を積み増したり、場合によっては生産設備を拡大したりするなどの投資も必要になるだろう。いずれもカネのかかる経営行動である（沼上, 2023, p. 297）。

　3 つめは、製品サービスの市場成長率は企業がどのような手を打ったとしても時間とともに低下していく、という仮定である（沼上, 2023, p. 297）。製品ライフサイクルの理論によれば、多くの製品サービスは、「売上高も利益も少ない導入期」「急速に売上高と利益が増大する成長期」「売上高の成長が止まる成熟期」「売上高・利益ともに減少していく衰退期」という 4 つの段階をたどる（沼上, 2023, p. 93）。

　以上の議論を踏まえれば、図表 6-13 の 4 つのセルに異なる名称がつけられている理由を理解できるであろう。沼上（2023, pp. 297-299）にもとづいて、右上のセルから時計回りに説明する。

　まず、右上のセルは、市場成長率が高いことから、市場と同じスピードで成長するためには多額の投資を必要とする。それと同時に、相対市場シェアも高いため、多くのキャッシュを生み出している。したがって、正味のキャッシュフローは少額のプラスもしくはマイナスになる。このセルに含まれる製品サービスは、将来的には大量のキャッシュを生み出すことが期待されるため、花形

## 図表 6-13　PPM のフレームワーク

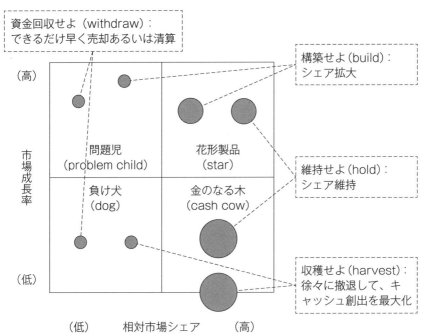

注：沼上（2023, p. 306）にもとづいて作成。横軸の相対市場シェアとは、「自社を除く業界他社のうち最大手と自社のシェアの比」を指す（沼上, 2023, p. 294）。PPM の図表において、相対市場シェアは右に行くほど低くなるように描かれることが多いが、ここでは、オムロンのポートフォリオマネジメントとの整合性を考慮して、右に行くほど相対市場シェアが高くなるように描かれている。一つひとつの円は個々の製品サービスを示しており、売上が大きいものほど大きな円で描かれている

製品（star）と呼ばれる。

　次に、右下のセルは、市場成長率が低いことから、多額の投資を必要としない。一方で、相対市場シェアは高いため、多くのキャッシュを生み出している。結果的に正味のキャッシュフローが大幅なプラスになることから、このセルに含まれる製品サービスは、金のなる木（cash cow）と呼ばれる。

　そして、左下のセルは、市場成長率も相対市場シェアも低いため、正味のキャッシュフローは少額のプラスもしくはマイナスになる。このセルに含まれる製品サービスは、これから成長する見込みが小さく、多くのキャッシュを生むことも期待できないため、負け犬（dog）と呼ばれる。

　最後に、左上のセルは、市場成長率が高いことから、多額の投資を必要とす

る。一方で、相対市場シェアは低いため、そこまで多くのキャッシュを生み出さない。結果的に正味のキャッシュフローが大幅なマイナスになることから、このセルに含まれる製品サービスは、問題児（problem child）と呼ばれる。ただし、市場自体は成長しているため、問題児のなかには、花形製品になる可能性を秘めた製品サービスも含まれている。

## PPM における 4 つの戦略指針

　PPM によれば、企業全体にとって最適なキャッシュのマネジメントとは、「金のなる木で得られたキャッシュ」と「負け犬を売却して得られたキャッシュ」を特定の問題児に集中的に投資し、その問題児を花形製品に育成することである（沼上, 2023, p. 303）。そして、図表 6-13 に示されているように、各製品サービスには、以下に示す 4 つの戦略指針のうち、いずれかが与えられる（沼上, 2023, pp. 305-307）。

　1 つめは、構築せよ（build）、すなわち、相対市場シェアを高めるために集中的な投資を行うという指針である。たとえば、花形製品のなかでも相対市場シェアが低い製品サービスについては、さらなるシェア拡大によって市場で確固たる地位を確立することが望ましい。また、問題児のなかでも相対市場シェアが高く、将来が有望な製品サービスについては、キャッシュを投入することで花形製品に育てる必要があるだろう。

　2 つめは、維持せよ（hold）、すなわち、現在の相対市場シェアを維持するための投資を行うという指針である。たとえば、花形製品のなかでも相対市場シェアが高い製品サービスについては、さらにシェアを高めることの意義は小さいだろう。また、金のなる木のなかでも市場成長率が高く、まだ衰退期に入りそうにない製品サービスについても、現在のポジションを維持できるだけのキャッシュを投入すればよいと考えられる。

　3 つめは、収穫せよ（harvest）、すなわち、正味キャッシュフローを最大化するために投資を控えるという指針である。たとえば、金のなる木のなかでも市場成長率が低い製品サービスについては、あまり投資をせずに、できるだけ多くのキャッシュを生み出させることが適切な場合がある。また、負け犬であっ

ても相対市場シェアが高い場合には、ほどほどのキャッシュを生み出してくれることがある。こうした製品サービスについては、投資を抑えながら徐々に撤退することが望ましい。

　4つめは、資金回収せよ（withdraw）、すなわち、できるだけ早く売却あるいは清算をするという指針である。たとえば、負け犬のなかでも相対市場シェアが低く、正味のキャッシュフローがマイナスになっている製品サービスについては、その事業を続ける経済的意義は小さいと考えられる。また、問題児のなかでも相対市場シェアが低く、将来が有望ではない製品サービスについても、売却や清算によってポートフォリオから除外した方が、より効率的にキャッシュを活用することができるだろう。

　これらの戦略指針は、個々の製品サービスに関する業績評価のベースとなる。たとえば、「構築せよ」という戦略指針を与えられた製品サービスの担当者は、利益率よりも、売上高成長率や市場シェアの伸び率に重点を置いて評価されるべきである。あるいは、「資金回収せよ」を指針とする製品サービスの担当者であれば、売却・清算のタイミングや、そこから得られたキャッシュの大きさにもとづいて評価されるべきである（沼上, 2023, p. 307）。


## オムロンのポートフォリオマネジメントと PPM の関係

　第 5 章第 5 節で述べたように、オムロンは、経済価値と市場価値という 2 つの次元で事業ユニットを評価している。このうち、図表 5-5（189 ページに再掲）の（B）に示した市場価値評価のフレームワークは、市場成長率（縦軸）と市場シェア（横軸）によって 4 つのセルに分割されている。これは、図表 6-13 に示した PPM のフレームワークと類似している。

　一方、図表 5-5 の（A）に示した経済価値評価のフレームワークは、売上高成長率（縦軸）と ROIC（横軸）によって 4 つのセルに分割されている。これは、市場価値評価あるいは PPM のフレームワークをベースとして、縦軸と横軸を自社の財務業績に置き換えたものと捉えることができる。

　まず、縦軸については、ある製品サービスの市場全体が成長していれば、その製品サービスによる自社の売上高も増加傾向にあると推測することができる。

次に、横軸については、先に述べた PPM の 1 つめの仮定（相対市場シェアが高い製品サービスほどより多くのキャッシュを生む）にもとづいて、製品サービスの市場シェアと収益性は比例関係にあると予測することができる。

　もちろん、経済価値評価の縦軸と横軸は、市場価値評価のそれらと完全に連動するわけではないだろう。そのため、オムロンは、経済価値に重点を置きつつ、市場価値も考慮しながら事業を評価している（第 5 章第 5 節）と考えられる。

　オムロンでは、具体的にはどのような方法で目標設定と計画策定が行われているのだろうか。2023 年までオムロンの CFO を務めた日戸興史氏は、次のように語る。

　　…… ROIC で事業ユニットを評価する際、各事業には想定資本コストの 6％を、企業価値を毀損しているか否かを測るハードルにしています。そして、そこからスタッフ部門などのコストを加えた 10％をハードルレートとして課しています。ただし、こうした数字だけで判断することなく、事業のライフサイクルやステージの違いを考慮しながら、まずは現状の数字に基づいて議論し、問題点は何か、いかに改善していくのかを考えます。次いで、ハードルレートをクリアするには、どのようなマイルストーンや施策が必要になるのかを記した行動計画を作成・説明します。その際、ROIC 経営の責任者である私がオーナーとなって、事業部門の責任者と合意に至ることが必要になります。

　　事業部門は常にプレッシャーを感じているでしょうが、ROIC を共通言語とした議論を毎年繰り返すなかで、「この事業の問題は自分たちで十分解決できる」、「どこかと提携する」、もしくは「譲渡するのが賢明である」といった冷静かつ現実的な意見が自然に出てきます。さらに、全社のポートフォリオの視点から、「制御機器事業とヘルスケア事業を中核事業として注力すべきである」、「社会システム事業は環境事業と一緒になってソリューションビジネスを開発しよう」、「電子部品事業は収益構造を高めるために生産拠点の機能集約を進めよう」といった事業のリポジショニングや組織再編などが検討されるようになります。

（再掲）図表 5-5　オムロンのポートフォリオマネジメント

**（A）経済価値評価**

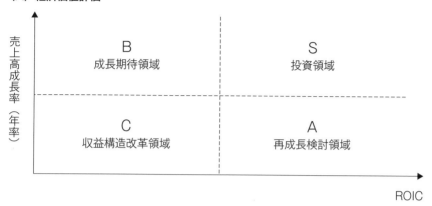

**（B）市場価値評価**

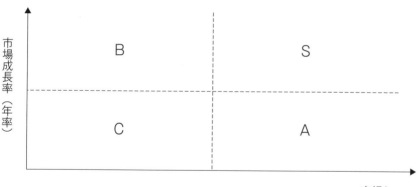

注：オムロン統合レポート 2021（p. 29）にもとづいて作成

（オムロン統合レポート 2021, pp. 26-27）[11]

　こうした記述からも示唆されるように、オムロンでは、各事業ユニットがクリアすべき ROIC の水準を 10％に設定しているものの、このハードルレート

---

11）第 5 章脚注 24 で述べたように、オムロンは、2021 年度に、想定資本コストを従来の 6
　　％から 5.5％に引き下げた。

がそのまま業績目標になるわけではない。ROIC の目標値は事業ユニットの戦略指針にもとづいて設定されるため、それが 10％を下回っている事業ユニットもあれば、反対に上回っている事業ユニットもある（オムロン対面インタビュー, 2023 年 11 月 15 日）。

ROIC の目標値が 10％を下回っている事業ユニットが業績目標を達成すれば、その製品サービスを担当する PM は良い評価を受ける。しかし、業績目標を達成した後も ROIC の実績値が 10％を下回っている場合には、その製品サービスの経済的な観点からの評価は低いままである（オムロン対面インタビュー, 2023 年 11 月 15 日）。ここから、オムロンは、PM のマネジャーとしての業績と製品サービスの経済的業績を区別して評価していると考えられる[12]。

また、ROIC が十分に高い事業ユニットについては、常に ROIC の上昇が求められるわけではない。たとえば、前年度の ROIC が 20％の事業ユニットがあったとして、今年度は 22％、次年度は 25％といった具合に、際限なく高い目標値を設定することはしていない。投資による投下資本の増加分とのバランスを考慮して、前年度を下回る ROIC の目標値が設定されることもある（オムロン対面インタビュー, 2023 年 11 月 15 日）。こうしたやり方は、PPM の考え方と整合的である。

オムロンでは、社長と CFO が事業ポートフォリオに関する全社の方針を伝えたうえで、ボトムアップによって年次の予算（業績目標）と行動計画が策定され、最終的には、本社とカンパニーによる協議を経て合意に至る。また、期中に経営環境が変化した場合、外部に公表する業績予想は四半期ごとにアップデートするが、社内の業績目標は原則として据え置く（オムロン対面インタビュー, 2023 年 11 月 15 日）。

このように、JAL とオムロンには、トップが経営方針を伝え、それにもとづいてボトムアップで業績目標が設定されるという共通点がある。一方で、JAL は変動目標を採用しているのに対して、オムロンは固定目標を採用しているという違いがある。この違いは、企業によって、固定目標と変動目標の相対的な望ましさが異なることを示唆している。

---

12) 両者の区別については、第 4 章第 6 節を参照。

─────[ 第 **7** 章 ]─────

# 業績評価とインセンティブ

▼

　本章では、第6章第1節で紹介した期待理論が注目する3つの関係のうち、「成果と報酬の関係」および「報酬と満足の関係」について詳しく取り上げる。第1節では、企業が社員に与える報酬（インセンティブ）を概観したうえで、成果と報酬の間には直接ルートと間接ルートという2つの経路があることを示す。第2節と第3節では、成果から報酬への直接ルート（業績連動型報酬）と間接ルート（人事評価）についてそれぞれ述べる。第4節では、組織的公正の観点から報酬と満足の関係を検討する。第5節と第6節では、JALとオムロンの役員報酬と人事評価についてそれぞれ考察する。

## 1. 成果と報酬の関係

　第1章第5節で述べたように、報酬は外的報酬と内的報酬の2つに分類される。これらのうち、本章の主たる関心は前者にある。すなわち、本章で「報酬」という場合、それは「社員が企業にとって望ましい行動をとるようになることを目的として、企業が社員に与えるインセンティブ」を指すこととする。また、本章で「成果」という場合、それは原則として「業績目標の達成度」を指すこととする。

　守島（2004, p. 111）によれば、企業が提供できるインセンティブのうち特に効果的なのは、カネによるインセンティブと仕事によるインセンティブである。それぞれの定義、メリット、デメリットは以下の通りである。

## (1)カネによるインセンティブ

　これは、基本給の増額やボーナスの支給といった、多くの人にとって魅力があると思われる金銭的報酬を与えることによって、社員から望ましい行動を引き出そうとする手法である。こうしたインセンティブには、企業が人材に与える量の自由度が高いというメリットがある（守島, 2004, p. 111）。

　たとえば、後述する（仕事によるインセンティブの一つである）昇進であれば、あるポストに昇進させる／させないの選択肢しかないが、金銭的報酬であれば、あるポストの半分のボーナスを支給するなどの調整が可能である。また、ポストから降格させるよりも給与を減らす方がやりやすいという意味で、金銭的報酬には可逆性が高いというメリットも存在する（守島, 2004, pp. 111-112）。

　一方で、カネによるインセンティブには、いくつかのデメリットが存在する。前述のように、金銭的報酬は多くの人にとって魅力的であると考えられるが、社員のなかには、お金よりも自由な時間が欲しい、自分がやりたい仕事をしたい、という人もいるはずである。こうした人々にとっては、金銭的報酬は十分なインセンティブ効果を持たないだろう。また、たとえ金銭的報酬を重視している社員であっても、受け取る金額が大きくなるにつれて、増額による追加的なインセンティブ効果が小さくなる可能性もある（守島, 2004, p. 112）。

## (2)仕事によるインセンティブ

　これは、社員がやりたい仕事や面白いと感じる仕事、あるいは企業にとって重要な仕事を割り振ることによって、社員から望ましい行動を引き出そうとする手法である。そのなかでも特に高いインセンティブ効果を持つのが、昇進などの地位向上である（守島, 2004, pp. 112-113）。

　社員は、昇進することによってより多くの金銭的報酬を受け取れるようになるだけでなく、社内でより大きな権力を持つようになったり、より多くの情報にアクセスできるようになったりする。また、誰が昇進したかについては社内で明示されることが多いため、昇進した社員は「人材として評価された」という優越感に浸ることができる。そのため、多くの人は昇進を目指して努力する

図表 7-1　成果と報酬の関係

（守島, 2004, p. 113）。

　一方で、仕事によるインセンティブには、自由度や可逆性が低いというデメリットがある。誰かにある仕事を割り振れば、他の人はその仕事を担当できなくなることが多い。また、多くの企業では、ある人がいったん昇進すると、のちにその人が降格し別の人が代わりに昇進する、といった逆転はあまり起こらない。その結果、誰かに仕事によるインセンティブを与えることによって、選ばれなかった人のモチベーションが低下する恐れがある（守島, 2004, pp. 120-122）。

　本章では、上記のようなインセンティブを報酬とみなしたうえで、最初に期待理論における成果と報酬の関係を検討する。第 6 章第 1 節で述べたように、部下は、成果をあげることで何らかの報酬が得られると期待している場合に動機づけられる。

　図表 7-1 が示すように、成果が報酬に影響を与える経路には、直接ルートと間接ルートの 2 つがある。前者は、成果の水準のみにもとづいて（固定報酬以外の）報酬が決まる経路のことであり、業績連動型報酬がその代表例である。一方、後者の代表例は、成果の水準が人事評価に影響を与え、その人事評価にもとづいて（固定報酬以外の）報酬が決まるという経路である。次節以降、それぞれのルートについて説明する。

# 2. 成果から報酬への直接ルート：業績連動型報酬

　本節では、期待理論における「成果と報酬の関係」のうち、直接ルート（図表7-1）としての業績連動型報酬について詳しく論じる。図表7-2には、業績連動型報酬の一般的なスキームが示されている。この図表では、業績が最低ライン（業績目標の80％）に達するまでは、部下の報酬は一定である。そして、業績が最低ラインに達すると、部下は一定のボーナス（基本ボーナス）を受け取る。さらに、最低ラインを上回る業績に対しては、上限（業績目標の120％）に達するまで比例的にボーナス（変動ボーナス）が支払われる。

## 業績連動型報酬のメリット

　図表7-2のような業績連動型報酬には、4つのメリットがあると考えられる。1つめは、業績と報酬を連動させることによって、部下が業績目標を真剣に受け止めるようになることである。業績目標と実績の比較にもとづいて評価されるからこそ、部下は目標を達成するための計画を真剣に考え、必要に応じて他者と連携しようとする。事後的な評価が何も行われないのであれば、実行可能性の低い、無責任な計画が策定されるかもしれない（伊丹＝加護野, 2003, p. 337）。

　もちろん、ここでいう「評価」には、後述する人事評価も含まれる。しかし、間接ルートよりも直接ルートの方が、部下に与える影響は大きいと考えられる。

　2つめは、変動ボーナスを設定することによって、業績目標の達成後も部下が努力を続ける可能性が高まることである（Merchant and Van der Stede, 2017, p. 307）。最低ラインの業績を達成したか否かにもとづいて一定のボーナスが支払われ、それ以降はどんなに業績をあげてもボーナスが変わらない場合、部下は、最低ラインを達成するまでは努力をするだろうが、それ以降は努力を控えるかもしれない。最低ラインを達成した後も業績に応じてボーナスがある程度まで支払われるようにすれば、こうした問題を緩和できるだろう。

図表 7-2 業績連動型報酬の一般的なスキーム

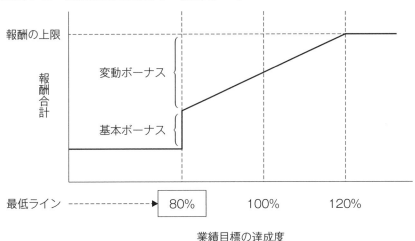

注：Jensen（2001, p. 97）、Jiambalvo（2013, p. 389）にもとづいて作成

　3 つめは、基本ボーナスが支払われる業績目標の達成度の最低ラインを 100
％より低く設定することによって、経営環境の悪化が報酬に与える影響を緩和
できることである。第 6 章第 6 節で述べたように、想定外の大きな環境変化が
起きた場合には、業績目標を修正することが望ましい。一方で、目標の修正に
はコストがかかるため、たとえ想定外であったとしても、環境変化の影響がそ
こまで大きくなければ、業績目標を据え置く（修正しない）という判断も十分
にあり得る。

　後者のような状況下で基本ボーナスの最低ラインを達成度 100％にしてしま
うと、わずかでも経営環境が悪化した場合に、部下のモチベーションが著しく
低下する恐れがある。図表7-2のように達成度80％を最低ラインに設定すれば、
こうした問題は起こりにくくなるだろう。

　4 つめは、報酬合計の上限を設定することによって、過剰報酬の問題を緩和
できることである。報酬が業績に比例して際限なく増える場合、部下が上司よ
りも多くの報酬を受け取るということが起こりやすくなる。人件費管理に関す
る企業全体の方針に照らしてこうした事態が望ましくない場合には、図表7-2
のように報酬合計の上限を設ける必要があるだろう（Merchant and Van der

Stede, 2017, p. 365）。

## 業績連動型報酬のデメリット

　一方、図表7-2のような業績連動型報酬を採用することによって、部下は企業にとって望ましくない2つの行動をとる可能性がある。一つは、容易に達成できる、低い業績目標を設定しようとすることである（Jensen, 2001, p. 96）。この問題に対処するためには、前章で述べた内容を参考にして、注意深く業績目標を設定するしか方策はないと思われる。

　もう一つは、業績目標が決まったあとに、どんな手段を使ってでも（たとえ将来的に企業が損害を被ることになったとしても）それを達成しようとすることである。部下が最低ラインの業績を達成できると信じているうちは、正当な方法で業績を高めようとするだろう。しかし、切羽詰まってくると、必ずしも正当とはいえないような方法に頼ろうとするかもしれない（Jensen, 2001, p. 96）。

　たとえば、プロフィットセンターのマネジャーであれば、資産の購入や雇用を先延ばしにすることによって費用計上のタイミングを遅らせる、受注の繰り上げや特別割引の提供によって売上計上のタイミングを早める、といった行動をとる可能性がある。これは、将来の利益を当期の利益につけかえる行為である（Jensen, 2001, p. 96）。

　反対に、最低ラインの業績達成をあきらめてしまったマネジャーは、先ほどとは逆に、当期の利益を将来の利益につけかえようとする可能性がある。図表7-2によれば、マネジャーが最低ラインの業績を達成できない場合、未達の程度が大きかろうと小さかろうと、（解雇されない限り）報酬は変わらない。そうしたマネジャーは、利益を先送りすることによって、将来、多額のボーナスを受け取るチャンスを増やすことができる（Jensen, 2001, p. 96）。

　高い成果をあげ、報酬合計が上限に近づいているマネジャーも、目標達成をあきらめたマネジャーと似たような行動をとる可能性がある。これ以上、成果をあげても報酬が増えないのであれば、当期の利益を将来の利益につけかえることによって、将来の報酬が増える可能性があるからである（Jensen, 2001, pp. 96-97）。

　以上のような利益のつけかえは、GAAP（図表 1-1）に抵触しない限り、必ずしも不正会計とはいえない。しかし、利益を歪める行為が社内に蔓延すると、現場で働く人々は、「利益はつくれるもの」と感じるようになるかもしれない。その結果、彼ら彼女らは普段から正当な方法で成果をあげることを怠り、期末近くになってつじつま合わせの行動ばかりとるようになるかもしれない（伊丹＝青木, 2016, p. 62）。つまり、利益のつけかえは、組織から誠実さを奪い、組織を腐敗させる恐れがある。

## デメリットへの対応策

　では、どうすればこれらの不健全な行動を抑制できるだろうか。いずれも万能薬ではないが、ここでは 3 つの工夫を紹介する。

### （1）線形報酬プランを導入する

　1 つめの工夫は、Jensen（2001, p. 98）が「線形報酬プラン（linear compensation plan）」と呼ぶ、業績目標の達成度ではなく実績に報いる仕組みを導入することである。図表 7-3 には、そのスキームが示されている。

　ここでは、実績が業績目標を上回っているか（目標 a）、それとも下回っているか（目標 b）に関係なく、ある水準の業績に対して一定のボーナスが支払われる（Jensen, 2001, p. 98）。具体的には、収益センターであれば売上の X ％、プロフィットセンターであれば利益の Y ％をボーナスとして支払うといった具合に、実績とボーナスを連動させるのである。そして、これらのパーセンテージが高ければ高いほど、図表 7-3 に示した直線の傾きは大きくなる。

　線形報酬プランを導入した場合、業績目標は、主に企業内の情報共有や調整のために設定される。目標を達成したからといって多額のボーナスを受け取れるわけではないため、図表 7-2 のような業績連動型報酬を採用した場合と比較して、部下は目標を引き下げようと画策したり、目標を達成するために利益をつけかえようとしたりはしなくなるだろう。

　一方、線形報酬プランを採用することによって、将来予測や行動計画の質が低下する恐れがある。部下は、業績目標と報酬が連動するからこそ、真剣に将

図表 7-3 線形報酬プランのスキーム

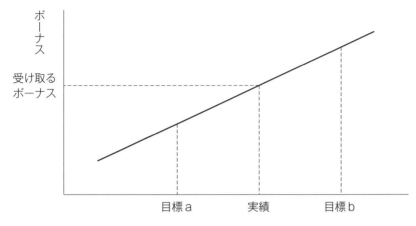

注：Jensen（2001, p. 98）にもとづいて作成

来を予測し、業績目標を達成するための計画を考えるのである。両者の連動が
失われてしまうと、こうしたメリットは得られなくなるかもしれない。

### （2）成果と報酬の連動性を弱める

　2つめの工夫は、図表7-2のような業績連動型報酬を前提としたうえで、成
果（業績目標の達成度）と報酬の連動性を弱めるというものである。上述した
線形報酬プランのように業績目標と報酬を完全に切り離すのではなく、緩く連
動させるのである。

　具体的には、図表7-1における直接ルートよりも間接ルートを重視して報酬
を決める、という方法が考えられる。すなわち、部下が受け取る報酬のうち、
成果のみによって決まる部分の割合を小さくし、人事評価を通じて間接的に決
まる部分の割合を大きくするのである。次節で述べるように、人事評価は成果
以外の要素も考慮して行われるのが一般的である。人事評価で成果以外の要素
を重視すればするほど、成果と報酬の連動性は弱まる。

　成果が報酬に与える影響が弱まれば、部下による不健全な行動は抑制される
だろう。しかし、それを弱めすぎると、両者を連動させることのメリットを十

分に享受できなくなってしまう。最適と思われるポイントを見つけるためには、試行錯誤や微妙な「さじ加減」が必要になるだろう。その難しさが、2 つめの工夫の弱点である。

### (3) 不健全な行動を厳しく罰する

　3 つめの工夫は、こちらも図表 7-2 のような業績連動型報酬を前提としたうえで、不健全な行動が発覚した場合に厳しく処罰するというものである（Jiambalvo, 2013, p. 390）。たとえば、業績目標を引き下げるために重要な情報を上司に伝えなかった部下がいた場合には、その部下の人事評価を下げる。あるいは、業績目標を達成するために利益のつけかえが行われていた場合には、関与した部下を降格させる。そうした会計操作が GAAP から逸脱したものであれば、解雇という選択肢もあり得る。

　露見すると厳しく罰せられるというリスクは、不健全な行動に対する抑止力となるだろう。しかし、この方法には、上司によるモニタリングのコストが上昇するという弱点が存在する。不健全な行動が処罰の対象になるということであれば、上司は、これまで以上に部下の行動を精査しなければいけなくなるだろう。また、上司によるチェックが細かく頻繁に行われることによって、部下に「自分はそんなに信用されていないのか」という心理的反発が生まれる恐れもある。

# 3. 成果から報酬への間接ルート：人事評価

## 人事評価の 4 つの要素

　本節では、期待理論における「成果と報酬の関係」のうち、間接ルート（図表 7-1）としての人事評価について詳しく論じる。図表 7-4 には、人事評価の対象となる要素が業務遂行プロセスに関連づけて示されている。業務遂行プロセスとは、「能力」と「労働意欲」を持つ人材が「仕事」に取り組むことによって「成果」を生み出す、というプロセスを指す（今野＝佐藤, 2020, p. 150）。

図表 7-4　業務遂行プロセスと人事評価の関係

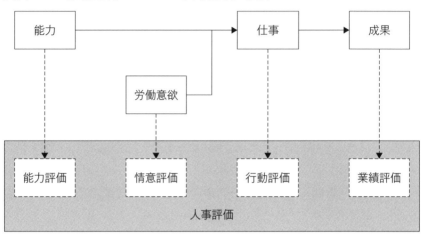

注：今野＝佐藤（2020, p. 151）、守島（2004, p. 88）にもとづいて作成

　業務プロセスに含まれる能力、労働意欲、仕事、成果は、いずれも人事評価の対象となり得る（今野＝佐藤, 2020, p. 150）。ここでは、それぞれの要素に対する評価を能力評価、情意評価、行動評価、業績評価と呼ぶことにしよう。

　まず、能力評価とは、「○○ができる」ということについての評価である。企業がそれぞれの人材の持つ能力を評価し、その蓄積や伸びを処遇と結びけることによって、働く人々は能力を高めようとするだろう。つまり、企業が能力を評価することは、人材の育成・成長という観点から重要である（守島, 2004, pp. 88-89）。

　次に、情意評価とは、モチベーションについての評価である。具体的な評価項目として、積極性、規律性、責任感、協調性などが挙げられる。管理職であれば、部下の育成や全社的視点の有無といった、能力評価に近い項目も含まれるようになる。どんなに能力が高くても、それを企業のために発揮しなければ、経営成果にはつながらない。労働意欲を評価することによって、こうした問題を緩和することができると考えられる（守島, 2004, p. 93）。

　そして、行動評価とは、仕事のやり方についての評価である。能力と労働意欲があったとしても、仕事のやり方がわからなかったり、間違った仕事のやり

方をしたりしている場合には成果はあがらない。そこで、部下が自身の能力を成果につなげられるように仕事のやり方を工夫している場合に、そのプロセスを評価しようというのが、行動評価の背後にある考え方である（守島, 2004, pp. 89-90）。

　行動評価の対象となるのは、個人に割り振られた仕事に関する行動のみとは限らない。頼まれていなくても同僚を助ける、同僚に敬意を持って接する、職場で建設的な提案をするといった、組織の心理的環境に貢献する行動は、担当する仕事とは直接的な関連がなかったとしても、評価対象になり得る。こうした行動は、組織市民行動（organizational citizenship behavior：OCB）と呼ばれる（Robbins and Judge, 2017, pp. 65-66, p. 614）。

　最後に、業績評価とは、「○○を達成したこと」についての評価である。すなわち、仕事を通して顕在化した、企業にとって価値のある成果を評価するのである（守島, 2004, p. 88）。第 6 章第 1 節で述べたように、多くの企業は、事前に設定された業績目標と実際の業績を比較することによって業績評価を行っている。

## 業績のみにもとづいて人事評価を行うことの問題点

　このように、業績評価は人事評価の構成要素の一つとして位置づけられる。短期的な経営成果を大きくしたいのであれば、人事評価において業績のみを評価する、すなわち、「人事評価＝業績評価」としても問題はないかもしれない。しかし、以下の 3 つの理由により、こうしたやり方は長期的には望ましくない（今野＝佐藤, 2020, pp. 152-153）。

　1 つめは、同じ能力と労働意欲を持つ社員が同じやり方で仕事をしたとしても、その社員がコントロールできない経営環境の変化によって業績は短期的に変動するからである。そのため、成果のみで評価すると、同じ人の評価結果が不安定になったり、成果の出にくい仕事に配置された人が不当に低い評価を受けたりするかもしれない。こうした状況が続けば、社員は「評価が公正に行われていない」と感じ、労働意欲を失ってしまうだろう。

　2 つめは、短期的な業績のみで評価されると、社員が長期的な視点で仕事を

しなくなる恐れがあるからである。企業が経営環境の変化に迅速に対応するためには、現時点では必ずしも必要でなくても、将来的には必要になる可能性の高い能力や労働意欲を持った人材を社内にプールしておく必要がある。しかし、そうした能力や労働意欲が十分に評価されなければ、社員はそれらを軽視するようになり、人材育成が停滞してしまうだろう。

　3つめは、長期的な経営成果につながる人材マネジメントを行うためには、短期的な成果だけでなく、それを生み出す社員の能力や労働意欲、仕事の進め方についても把握しておく必要があるからである。成果のみに注目していると、たとえ能力開発や仕事の進め方に課題があったとしても、それに気づくことは困難になる。業務プロセスの構成要素を多面的に評価することによって、人材マネジメントの改善に資する情報を手に入れることができるだろう。

　したがって、企業が人事評価を行う際には、業績のみに注目するのではなく、各構成要素の特性を考慮したうえで、「複数の要素の最適な組み合わせ」を考える必要がある（今野＝佐藤, 2020, p. 154）。人事評価において、どれだけ業績を重視すべきか。この問いに答えるのは決して簡単ではないが、経営者が取り組むべき重要な課題の一つといえるだろう。

　さらに、経営者は、人事評価の結果をどこまで報酬に反映させるかについても考える必要がある。経営成果をあげるために有効であれば、評価によって報酬に大きな差をつけることも、小さな差をつけることも、まったく差をつけないこともあり得る（今野＝佐藤, 2020, p. 144）。この論点は、次節で取り上げる分配的公正の概念と密接に関連すると考えられる。

# 4. 報酬と満足の関係

　本節では、期待理論における「報酬と満足の関係」について検討する。第6章第1節で述べたように、部下は、与えられる報酬が自身にとって魅力的なものであると期待している場合に動機づけられる。ここで、ある報酬が魅力を持つかどうかは、個人の嗜好や置かれている状況に依存する（Merchant and Van der Stede, 2017, p. 41）。そのため、理論的には、個々の社員のニーズに合わせて報酬の中身を決めることが望ましい。

図表 7-5　組織的公正の 3 つの側面

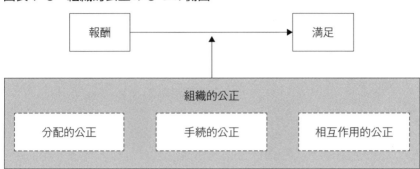

注：Robbins and Judge（2017, p. 263）、鈴木＝服部（2019, p. 136）にもとづいて作成

　しかし、金銭的報酬にせよ、社内のポストにせよ、企業が社員に与えられるインセンティブには限りがあるため、個人ごとに調整することは現実には困難である（Robbins and Judge, 2017, p. 268）。仮にそうした複雑な報酬システムの設計が可能であったとしても、その運用には多くのコストがかかってしまうだろう（Merchant and Van der Stede, 2017, p. 41）。

　では、共通の報酬システムのなかで適切に部下を動機づけるためには、どのような工夫が必要なのだろうか。その鍵を握るのが、組織的公正（organizational justice）と呼ばれる概念である。組織的公正は、「職場における公平性（what is fair in the workplace）についての全体的な認識」と定義される（Robbins and Judge, 2017, p. 263）。

　図表 7-5 が示すように、組織的公正は、分配的公正（distributive justice）、手続的公正（procedural justice）、相互作用的公正（interactional justice）という 3 つの側面を持つ。それぞれについて、以下で詳しく説明する。


## (1)分配的公正

　これは、報酬の量と配分に関して部下が認識している公平性を指す（Robbins and Judge, 2017, p. 263）。その基礎となる公平理論（equity theory）によれば、部下は、自身の「組織に対する貢献」と「受け取った報酬」の関係（比率）を他

## 図表 7-6 公平理論

| パターン | 比較結果 | Aさんの反応 |
|:---:|:---:|---|
| ① | $\dfrac{O}{I_A} < \dfrac{O}{I_B}$ | 自分の報酬が過少であるという不満を持つ |
| ② | $\dfrac{O}{I_A} = \dfrac{O}{I_B}$ | 自分は公平に扱われていると感じて満足する |
| ③ | $\dfrac{O}{I_A} > \dfrac{O}{I_B}$ | 自分の報酬が過剰であるという罪悪感を持つ |

注：Robbins and Judge（2017, p. 262）、平野＝江夏（2018, p. 51）にもとづいて作成。$O$ はAさんとBさんが受け取った報酬、$I_A$（$I_B$）はAさん（Bさん）の貢献を意味する

者のそれと比較することによって、報酬が公平であるか否かを判断する（鈴木＝服部, 2019, p. 66）。図表 7-6 には、そうした比較結果のパターンと、それぞれのもとで予測される部下（Aさん）の反応が示されている。

たとえば、あるグループが重要な課題を解決したとする。その一員であるAさんは、自分は課題の解決に大きく貢献したと思っている。Aさんから見ると、同じグループの一員であるBさんは、ほとんど貢献しなかった。にもかかわらず、課題を解決したことに対する報酬は、AさんとBさんで同じであった。この場合、Aさんは、受け取った報酬が十分なものであったとしても、自分はもっと報酬をもらってもいいはずだ、という不満を持つかもしれない（鈴木＝服部, 2019, p. 66）。これが、図表 7-6 のパターン①である。

これとは反対に、Aさんは、自分は課題の解決にほとんど貢献できなかったと感じているとしよう。このような場合に、Aさんの報酬が他のメンバーと同じであったとすると、Aさんは、自分は報酬をもらいすぎている、という罪悪感にさいなまれ、報酬を素直に喜べないかもしれない（鈴木＝服部, 2019, p. 66）。これが、図表 7-6 のパターン③である。

以上のように、貢献と報酬の比率が他者より高い場合も低い場合も、部下は不公平感を持つ可能性がある。不公平感が大きくなりすぎないようにするためには、図表 7-6 のパターン②のような状態を目指して部下の処遇を工夫する必要がある。

## (2)手続的公正

　これは、報酬の配分を決定する際に用いられるプロセス（報酬決定プロセス）に関して部下が認識している公平性を指す（Robbins and Judge, 2017, p. 263）。本章の文脈でいえば、部下が業績連動型報酬のスキームや人事評価のプロセスをどれだけ公平だと感じているか、という意味での公正である。

　部下は、報酬の量と配分が公平であると感じていれば、その決定プロセスにはあまり関心を持たないかもしれない。すなわち、分配的公正が確保されていれば、手続的公正は大きな問題にはならない可能性がある（Robbins and Judge, 2017, p. 265）。

　部下が手続的公正を重視するのは、部下にとって報酬が好ましいものではなかった場合である。部下は、報酬が公平な手続きを踏んで決められていると判断すれば、たとえ自分の報酬が好ましいものではなかったとしても、それを受け入れやすくなるだろう。報酬決定プロセスがフェアであれば、いずれは自分もフェアな報酬がもらえるだろうと思うからである（Robbins and Judge, 2017, p. 265）。

　では、手続的公正の高低はどのようにして判断されるのだろうか。Leventhal（1980, pp. 39-46）によれば、上司が以下の 6 つの基準に従って報酬を決めている場合に、部下はそのプロセスが公平であると認識する。

　1 つめは、一貫性（consistency）である。一貫性には、人に関するものと時間に関するものの 2 種類がある。まず、人に関する一貫性とは、すべての部下に同様の報酬決定プロセスが適用されるということである。手続き上、特定の部下が優遇されるようなことがあると、公平性は低下する。一方、時間に関する一貫性とは、少なくとも短期的には報酬決定プロセスが変更されないということである。手続きが頻繁に、あるいは容易に変更されるようなことがあると、公平性は低下する。

　2 つめは、バイアスの抑制（bias-suppression）である。上司の私的な利益や先入観はバイアスをもたらすため、報酬決定プロセスからできるだけ排除されなくてはならない。これらの要因が報酬に大きな影響を与えていると、部下は公平性が低いと感じる。

　3つめは、正確性（accuracy）である。報酬は、可能な限り多くの信頼できる情報と、正しい知識にもとづく意見を踏まえて決定されなくてはならない。間違った情報や、部下の仕事をきちんと理解していない人の意見にもとづいて報酬が決められると、部下は公平性が低いと感じる。

　4つめは、修正可能性（correctability）である。報酬決定プロセスには、その様々な段階で行われた決定を修正したり、覆したりする機会が存在しなければならない。どんなに有能な上司であっても、間違いや見落としをすることはある。部下が上司の決定に異議を唱える仕組みがあれば、理不尽な決定が行われにくくなり、公平性は上昇する。

　5つめは、代表性（representativeness）である。報酬決定プロセスは、それによって影響を受ける人々の関心や価値観、モノの見方を反映していなければならない。個人の報酬に関していえば、報酬決定プロセスの影響を最も強く受けるのは、一人ひとりの部下である。そのため、自身が報酬決定プロセスに関する意思決定に参加できたり、報酬決定プロセスについて上司に頻繁に相談することができたりする場合に、部下は公平性が高いと感じる。

　6つめは、倫理性（ethicality）である。報酬決定プロセスは、部下の道徳観や倫理観に適合していなければならない。たとえば、部下をだましたり、部下のプライバシーを侵害するようなやり方で行動を観察したりすることによって、公平性は低下する。

## (3)相互作用的公正

　これは、上司との関わり合いのなかでどのように扱われているかに関して部下が認識している公平性であり、2つのタイプがある。一つは、情報的公正（informational justice）、すなわち、上司が部下に重要な意思決定の理由を説明しているか、企業の重要事項について知らせているかに関する公平性である。上司が部下に対して詳細な情報を提供し、率直であるほど、部下はフェアに扱われていると感じる（Robbins and Judge, 2017, pp. 263-265）。

　もう一つは、対人的公正（interpersonal justice）、すなわち、上司が礼儀正しく、敬意を持って部下に接しているかに関する公平性である。たとえば、部下が昇

給する際、上司が部下を感じよく褒めることによって、部下はフェアに扱われ
ていると感じるだろう（Robbins and Judge, 2017, pp. 263-265）。

　以上のように、組織的公正には様々な側面がある。同じ報酬を与えられたと
しても、部下がその量と配分、決定プロセス、上司の姿勢をどの程度フェアで
あると感じるかによって、部下の満足度は変わる可能性がある。いずれの公正
も部下による認識の影響を大きく受けるため、企業がそれらを完全にコントロ
ールすることはできないだろう。それでも、報酬を与える際、組織的公正にで
きるだけ配慮することで、報酬と満足の関係を高めることができると考えられ
る。

# 5. JAL の役員報酬と人事評価

## 役員報酬の決定方法

　図表 7-7 には、JAL の役員報酬に関する方針が示されている。JAL REPORT
2022（p. 31）によれば、役員報酬の半分を占める業績連動型報酬のうち、業績
連動型賞与は、安全運航に関する目標の達成状況を考慮したうえで、全社の利
払前税引前利益（earnings before interest and taxes：EBIT）と各役員の個別業績評
価指標（財務指標 40％、非財務指標 60％）を目標通りに達成した場合の支給
額を 100 とし、達成度に応じて 0 から 150 で変動する。測定期間は 1 年間であ

## 図表 7-7　JAL の役員報酬に関する方針

| 固定報酬 | 業績連動型報酬 | |
|---|---|---|
| 50% | 30% | 20% |
| 基本報酬 | 業績連動型賞与 | 業績連動型株式報酬 |

注：JAL REPORT 2022（p. 31）にもとづいて作成。上記は、業績目標の達成度が 100％である場合の目安であり、
株価に応じて変動する

図表 7-8　JAL における各本部の成果と本部長の報酬の関係

る。

　一方、業績連動型株式報酬は、株主総利回り（total shareholder return：TSR）、ROIC、ESG 銘柄選定数、有償トンキロ当たりの $CO_2$ 排出量という 4 つの業績評価指標を目標通りに達成した場合の交付数を 100 とし、達成度に応じて 0 から 150 で変動する。測定期間は 3 年間である（JAL REPORT 2022, p. 31）。

　ここでいう役員には、事業責任部門および事業支援部門（第 4 章第 7 節）のトップを務める執行役員も含まれる。しかし、各本部の採算が本部長の報酬に与える影響はそこまで大きくない。これまでの記述が示唆するように、役員の個別業績評価指標にもとづく報酬が報酬全体に占める割合は 15％程度であり、さらに個別業績評価指標のすべてが財務指標とは限らないからである。執行役員にとっては、自身が率いる部門の採算よりも、全社の業績の方が報酬に与えるインパクトは大きい（JAL 対面インタビュー，2023 年 8 月 10 日）。

　以上から、JAL においては、各本部の成果と本部長の報酬の間に図表 7-8 のような関係があると考えられる。図表 7-1 では、直接ルートの代表例として業績連動型報酬を挙げ、間接ルートの代表例として人事評価を挙げた。JAL の事例は、業績連動型報酬に関しても、直接ルートと間接ルートの 2 つがあることを示している。そして、JAL では、各本部の成果と本部長の報酬を連動させる直接ルートよりも、各本部の成果が全社業績に影響を与え、その全社業績にもとづいて本部長の報酬が決まるという間接ルートが重視されている。

　第 3 章第 4 節で述べたように、プロフィットセンターを設定することの潜在的なデメリットとして、サブユニットが全社の利益よりも自身の利益を優先して行動することが挙げられる。JAL が役員報酬を決定する際に全社の業績を重

視している背景には、こうした個別最適の問題を緩和する意図があるのかもしれない。役員が自部門の採算を改善するが全社の利益にはつながらない行動をとったとしても、それはほとんど報酬に反映されない。そうすることで JAL は、役員の意識を全体最適に向かわせようとしている可能性がある。

## 人事評価の方法

　では、（役員以外の）社員の報酬はどのような方法で決められているのだろうか。JAL は、実力主義にもとづく人事評価を行っている（JAL 対面インタビュー, 2023 年 8 月 10 日）。その基本的な考え方は以下の通りである。

　　……短期的な成果や採算実績にのみフォーカスするのではなく、中長期的に業績を伸ばして事業を成長発展に導き、フィロソフィを実践し、経営理念の実現に貢献できる人材を評価し、登用する……
　　評価基準を明確に示したうえで、たとえ十分な経験がなくても、すばらしい人間性と能力、仕事に対する熱意を持ち、また人間として信頼と尊敬を集める人物、すなわちフィロソフィを実践している人物をリーダーに任命し、会社をリードしてもらうのである。登用されたリーダーは実力を発揮して実績を残すに従い、長期的にその実力にふさわしい処遇となっていく。
　（稲盛＝京セラコミュニケーションシステム, 2017, pp. 205-206）

　こうした記述が示唆するように、JAL において、部門別採算制度における成果と社員の報酬はほとんど連動していない。同社で重視されているのは、PFO（Performance for Objectives）と呼ばれる人事評価制度である[1]。
　PFO では、年度初めに、所属する部門の目標にもとづいて上司と部下が対話を行い、部下の個人目標を設定する。その際、個人目標の進捗をどうやって

---

1 ）JAL は、管理職より下の社員に対しては職能資格制度を、管理職（部長やグループ長）に対しては職務等級制度をそれぞれ採用している（JAL 対面インタビュー, 2023 年 8 月 10 日）。それぞれの制度については、本章第 6 節を参照。

確認するかに加えて、個人目標を達成するためにはどのような行動や能力、心構えが必要かについても詳しく議論される。半期が終わると、上司と部下の間で個人目標の進捗に関するレビューが行われ、年度の終わりには、複数の部門によって多面的な人事評価が行われる（JAL 対面インタビュー, 2023 年 8 月 10 日 ; JAL ホームページ, 2023 年 8 月 10 日閲覧）。

　このように、PFO には、図表 7-4 に挙げた 4 つの評価（能力評価、情意評価、行動評価、業績評価）がすべて含まれている。ただし、ここでいう業績（成果）は、第 6 章第 7 節で取り上げたマスタープランの達成度ではなく、個人目標の達成度を指す（JAL 対面インタビュー, 2023 年 8 月 10 日）。

　また、4 つの評価の比重は、役職ごとに異なる。基本的には、上位職ほど業績評価の比重が高く、下位職ほど能力評価の比重が高くなる。これは、上位職には（能力があるのは前提として）成果を出すことが求められるのに対して、下位職は（すぐに成果を出すよりも）長期的な能力開発を行うことが大切だと考えられているためである（JAL 対面インタビュー, 2023 年 8 月 10 日）。

　ではなぜ、採算と報酬がほとんど連動しないにもかかわらず、JAL では多くの社員が採算を高めようと努力するのだろうか。その理由の一つは、部門別採算制度がもたらす内的報酬にありそうだ。稲盛氏は、あるインタビューにおける「新しい管理会計ツールを導入したことで社員の行動はどう変わったか」という質問に次のように答えている。

　　社員が、経営というものに対して非常に興味を持ちはじめました。一般的に、経営は厳しく、つらいものと思われがちですが、日々の数値が結果としてわかるようになり、社員たちにとっても、経営というものがおもしろくなってきたようです。
　　そうなりますと、皆こぞって一生懸命やろうという気持ちになります。努力をすれば、それがそのまま数字に反映されますから、それが励みになっていったと思います。
（引頭, 2013, pp. 224-225）

　また、第 4 章第 7 節で紹介した森田氏は、次のように語る。

　自分たちが稼ぎ出した利益が毎月数字で目の前に示されれば、それを何とかしてよくしたいと思うのは、人間の持って生まれた性分かもしれません。大事なのは数字が正確でかつ、すぐに出てくること。出てくる数字がいい加減だったり、出てくるまでに長期間を要したりしたら、誰も数字をよくしようとする意欲など湧きません。

（森田, 2014, p. 28）

　第 2 章第 1 節では、成果コントロールを効果的に行うための条件を 3 つ挙げた。上述した稲盛氏と森田氏の言葉は、これらの条件を満たす業績評価を行うことができれば、たとえ成果と外的報酬の連動が弱かったとしても、社員に望ましい行動をとってもらうことが可能であることを示唆している。

# 6. オムロンの役員報酬と人事評価

## 役員報酬の決定方法

　図表 7-9 には、オムロンの役員報酬に関する方針が示されている。オムロン統合レポート 2022（pp. 102-103）によれば、オムロンの役員（取締役および執行役員）報酬は、基本報酬、短期業績連動報酬（賞与）、中長期業績連動報酬（株式報酬）の 3 つから構成される。ここで、それぞれの比重は役職に応じて異なる。社長であれば、業績目標の達成度が 100％の場合、以下の式にもとづいて報酬が決められる。

　基本報酬：短期業績連動報酬（賞与）：中長期業績連動報酬（株式報酬）
　＝ 1：1：1.5

　まず、基本報酬とは、役割に応じて毎月支給される固定報酬である。その金額は、外部専門機関が調査した競合他社（同業種・同規模などのベンチマーク企業）の役員報酬を参考にして決められる。

図表 7-9　オムロンの役員報酬に関する方針

| |
|---|
| **①基本方針** |
| ●企業理念を実践する優秀な人材を取締役として登用できる報酬とする |
| ●持続的な企業価値の向上を動機づける報酬体系とする |
| ●株主をはじめとするステークホルダーに対して説明責任を果たせる、「透明性」「公正性」「合理性」の高い報酬体系とする |
| **②報酬構成** |
| ●取締役の報酬は、固定報酬である基本報酬と、業績に応じて変動する業績連動報酬で構成する |
| ●基本報酬に対する業績連動報酬の報酬構成比率は、役割に応じて決定する |
| ●社外取締役の報酬は、その役割と独立性の観点から、基本報酬のみで構成する |
| **③基本報酬** |
| ●基本報酬額は、外部専門機関の調査にもとづく他社水準を考慮し役割に応じて決定し毎月支給する |
| **④業績連動報酬** |
| ●短期業績連動報酬として、単年度の業績や目標達成度に連動する賞与を事業年度終了後に一括支給する |
| ●中長期業績連動報酬として、中期経営計画の達成度や企業価値（株式価値）の向上に連動する株式報酬を支給する |
| ●株式報酬の業績連動部分は中期経営計画終了後に、非業績連動部分は退任後に支給する |
| ●短期業績連動報酬および中長期業績連動報酬の基準額は、役割に応じて定める報酬構成比率により決定する |
| **⑤報酬ガバナンス** |
| ●報酬構成および報酬構成比率、基本報酬の水準ならびに業績連動報酬の業績指標および評価方法は、報酬諮問委員会の審議、答申を踏まえ決定する |
| ●各取締役の報酬の額は、報酬諮問委員会の審議、答申を踏まえ、取締役会の決議により決定する |

注：オムロン統合レポート 2022（p. 102）にもとづいて作成

　次に、短期業績連動報酬は、年度計画にもとづいて設定した営業利益・当期純利益・ROIC の目標値に対する達成度（0 〜 200％）に応じて、事業年度終了後に支給される。具体的な計算式は以下の通りである。

　　短期業績連動報酬
　　＝役職別の基準額×業績評価（営業利益 50％、当期純利益 50％）× ROIC
　　　評価

　第 2 章第 5 節で述べたように、オムロンにおいて、4 人のカンパニー長は執行役員である。彼ら彼女らの短期業績連動報酬を決める際に用いられる業績（営業利益、当期純利益、ROIC 評価）には、全社の業績と各事業部門の業績の両方が用いられる（オムロン書面インタビュー, 2023 年 10 月 24 日）。

　そして、中長期業績連動報酬は、大きく 2 つの要素で構成される。一つは、中期経営計画の達成度（0 〜 200％）などに応じて決まる業績連動部分である。これは同報酬全体の 60％を占めており、中期経営計画終了後に支給される。

具体的な計算式は以下の通りである。

業績連動部分
＝役職別の基準額×（財務目標評価 60％＋企業価値評価 20％＋サステナビリ
　ティ評価 20％）

　ここで、財務目標評価は、1 株当たり利益（EPS）と ROE にもとづいて行われる。企業価値評価は、TSR にもとづいて行われる。そして、サステナビリティ評価は、温室効果ガス排出量の削減、社員のエンゲージメント調査のスコア、持続可能性に関する第三者評価にもとづいて行われる[2]。これらの指標については、全社ベースで測定されたものがカンパニー長の報酬に反映される（オムロン書面インタビュー, 2023 年 10 月 24 日）。

　中長期業績連動報酬のもう一つの構成要素は、一定期間の在籍を条件に支給される非業績連動部分である。これは同報酬全体の 40％を占めており、退任後に支給される。その目的は、中長期的な株価向上への動機づけと役員に相応しい人材の確保である。

　以上から、オムロンにおいては、短期業績連動報酬の一部が事業部門の成果にもとづいて決められているものの、短期業績連動報酬よりも報酬全体に占める割合の大きい中長期業績連動報酬の多くは、全社業績にもとづいて決められている。

　つまり、図表 7-8 に示した JAL と同様、オムロンにおいても、事業部門の成果と事業部門長の報酬を連動させる直接ルートよりも、事業部門の成果が全社業績に影響を与え、その全社業績にもとづいて事業部門長の報酬が決まるという間接ルートが重視されている。

---

2）エンゲージメント（engagement）が高い社員とは、多くの身体的・認知的・感情的エネルギーを職務遂行に投入する社員のことである。そうした社員は仕事に没頭し、その感情や思考、行動がすべて仕事に向けられる（Robbins and Judge, 2017, p. 269）。

## 人事評価の方法

では、執行役員より下の階層の報酬はどのような方法で決められているのだろうか。オムロンの人事制度は、職能資格制度をベースとしている（オムロン書面インタビュー、2023 年 10 月 24 日）。

職能資格制度とは、「社内のさまざまな仕事をする上で共通して必要とされる能力を見出したり、あるいは、さまざまな能力の価値の高低を定義づけたりした上で、保有する能力に応じて社員を格付けようとする」仕組みであり、「同一等級の社員に対しては、たとえ彼らが異なる職種や職務に従事していても同じ評価尺度が適用される」（平野＝江夏, 2018, p. 77）。つまり、オムロンでは、原則として能力の伸長にもとづいて昇格が行われる（オムロン書面インタビュー、2023 年 10 月 24 日）。

ただし、管理職や専門職、一般職は、ジョブ型人事制度の対象となる（オムロン統合レポート 2022, p. 71）。ジョブ型人事制度は職務等級制度とも呼ばれ、「経営・事業戦略に基づき組織設計がなされ、個々の職務が明確になっている」「個々の職務の職務価値（Job Size）に応じて、等級格付けがされている」「職務等級の等級区分ごとに評価基準が定められている」「職務等級及び評価により、報酬が付与される」といった特徴を持つ（加藤, 2022, p. 78）。

オムロンでは、職務内容に応じて等級が決められており、それぞれの職務等級に基本賃金が紐づけられている。また、1 年ごとに職務の充足度を評価し、洗い替え方式（毎回、評価がリセットされる方式）によって報酬に反映させている（オムロン書面インタビュー、2023 年 10 月 24 日）。

なお、オムロンにおいて、社員の成果は、すべて人事評価を通じて報酬に反映される。つまり、図表 7-1 に示した成果と報酬の関係のうち、間接ルートが重視されており、業績連動型報酬のような直接ルートは用いられていない。ただし、人事評価においては、業績評価の比重が他の 3 つの評価（能力評価、情意評価、行動評価）よりも高く、4 つの評価の比重は、すべての組織階層で統一されている（オムロン書面インタビュー、2023 年 10 月 24 日）。

以上のように、JAL とオムロンは、いずれも成果と外的報酬をそこまで強く連動させているわけではない[3]。こうした点は、第 6 章第 1 節で紹介した期待理

図表 7-10　測定結果の使い方と「気になる目」

| パターン | 測定結果の使い方 | 「気になる目」 |
|---|---|---|
| ① | 評価対象とし、公開もする | 上司の目、周囲の目、内なる目 |
| ② | 評価対象とするが、公開はしない | 上司の目、内なる目 |
| ③ | 評価対象としないが、公開はする | 周囲の目、内なる目 |
| ④ | 評価対象とせず、公開もしない | 内なる目 |

注：伊丹＝青木（2016, p. 334）にもとづいて作成

論と必ずしも整合的ではないように見える。

　伊丹＝青木（2016, pp. 328-329）によれば、測定結果の使い方は、評価の対象とするか否か、周囲に公開するか否か、によって4つのパターンに分類できる（図表7-10）。これらのうち、パターン①と②では、成果の測定結果が人事評価の対象となる。測定結果が昇進や金銭的報酬などの処遇と連動していれば、部下は「上司（評価者）の目」を気にして行動するようになるだろう。

　部下はまた、周りにいる（上司以外の）人々から自分がどのように思われているかを気にしたり、他者と比較されることで競争心を持つようになったりもするだろう。したがって、パターン③のように測定結果が評価対象にならない場合でも、それが周囲に公開される場合には、部下は「周囲の目」を気にして行動を変える可能性がある。

　さらに、達成欲求や成長欲求が強い部下であれば、パターン④のように測定結果が評価対象ではなく、公開もされない場合でも、成果をあげたい、目標を達成したいと思うかもしれない。自分自身の目、すなわち「内なる目」を気にして、人間は行動を変えることがしばしばある。

　マネジメントコントロールを実施する際には、上司の目が与える影響だけでなく、周囲の目と内なる目が与える影響にも配慮する必要がある。前節で指摘した内的報酬は、主に後者の2つの目にもとづく効果と考えてよいだろう。JALとオムロンは、こうした効果をうまく利用して、社員の努力を引き出している可能性がある。

---

3）一般的に、日本企業では、欧米企業と比較して、会計数値が個人の評価に反映される割合は小さいといわれる（小林ほか, 2017, p. 12）。

[ 第 8 章 ]

# マネジメントコントロールにおける企業理念の役割

　前章までに取り上げた事例から、JALとオムロンは、フィロソフィや企業理念と関連づけてマネジメントコントロールを実施していることがわかる。本章では、その理由を検討したうえで、マネジメントコントロールにおける企業理念の役割について考える。第1節では、MCSがもたらす部門間のコンフリクトを緩和するための方法について述べる。第2節ではJALフィロソフィと部門別採算制度の関係について、第3節ではオムロンの企業理念経営とROIC経営の関係について、それぞれ考察する。第4節では、JALとオムロンの事例を踏まえて、マネジメントコントロールにおける「理念的インセンティブ」(伊丹＝加護野, 2003, p. 304) の重要性について検討する。

## 1. MCS がもたらすコンフリクトを緩和する方法

　MCSの中核をなすと考えられる、影響システムとしての管理会計システムをうまく機能させるためには、どのような経営上の工夫が必要になるのだろうか。本書の目的は、この問い (リサーチクエスチョン) に対する筆者なりの答えを提示することであった (第1章第1節)。ここで、「MCSをうまく機能させる」とは、MCSがもたらすベネフィットをできるだけ大きくし、MCSを運用することで発生するコストをできるだけ小さくすることを意味する (第1章第7節)。

　まず、前者 (MCSのベネフィットを大きくするための工夫) について、本

書では、管理可能性をはじめとする業績指標の特性（第2章第1節）や、振替価格を決定する際の基本原則（第4章第2節）、目標設定理論と期待理論（第6章第1節）、公平理論をはじめとする組織的公正に関する理論（第7章第4節）を紹介した。これらの原理原則に配慮してMCSを設計・運用することによって、社員が望ましい行動をとる可能性は高まると考えられる。

　一方、後者（MCSのコストを小さくするための工夫）については、利益（率）を責任変数に設定することで起こり得る、近視眼的行動への対応策を紹介した（第3章第6節）。ここで、サブユニットの業績指標に利益を含めることには、潜在的な問題がもう一つある。それは、社内に様々なコンフリクトが生まれることである（第3章第4節）[1]。

　Daft（2021, pp. 585-587）によれば、経営者が部門間のコンフリクトに対処する方法は5つある。1つめは、第1章第3節で紹介したタスクフォースやプロジェクトマネジャーのような、統合のための仕組み（integration device）を設計することである。たとえば、利害が対立する部門の代表者を集めて、特定の問題を解決するためのチームを結成する。共通の問題について議論していくなかで、各部門の代表者が他部門の考え方を理解できるようになり、部門間の協働が促進される可能性がある。

　2つめは、対峙（confrontation）と交渉（negotiation）を利用することである。対峙とは、対立する当事者が直接的に関わり合い、意見の相違を解消しようとすることである。交渉とは、対峙のなかでしばしば発生する、当事者が系統的に解決策に到達できるようにするためのプロセスである。具体的な方法としては、各部門の代表者を集めて、深刻な利害対立を緩和するための方法について議論させることが挙げられる。

　3つめは、部門間協議のための予定を組む（schedule intergroup consultation）ことである。部門間のコンフリクトが深刻かつ持続的で、各部門のメンバーが

---

1）多くの組織では、人によって意見や価値観、追求する目的、情報を含む経営資源へのアクセス権限が異なる。こうした人々が集まることによってコンフリクトが発生するのは、ごく自然なことである。また、組織内に多様な考え方をもたらしたり、組織の変革につながったりするような、健全な（healthy）コンフリクトも存在する（Daft, 2021, p. 577, p. 580）。MCSがもたらすコンフリクトにもこうした側面はあると考えられるが、ここでは、部門間のコンフリクトは組織全体の業績を悪化させるという前提を置いて議論を進める。

懐疑的かつ非協力的な場合、経営者は、自ら介入したり、外部からコンサルタントを招いたりすることによって、コンフリクトを解決する必要がある。具体的には、各部門の代表者を集めて（ときには数日間にわたる）ワークショップを開催し、自部門および他部門に対する参加者の認識を共有したうえで、協働するための方策を探る。

4つめは、ローテーションを実施する、すなわち、ある部門のメンバーを別の部門に異動させることである。社員は、ローテーションを通じて、他部門の価値観や問題点、目標を深く知ることができる。さらに、もともと所属していた部門のそれらを新しい同僚に伝えることもできる。その結果、部門間の率直で正確な意見交換・情報交換が可能になり、コンフリクトは徐々に解消されていくと考えられる。

5つめは、共通のミッション（shared mission）や、達成するためには部門間の協働が必要な上位目標（superordinate goals）を設定することである。社員が壮大なビジョンを共有している企業ほど、社員の団結力が強く、社員が協働に対して前向きである可能性が高い。また、自部門の目標と他部門の目標がリンクしていることがわかれば、社員は、経営資源や情報を積極的に共有するようになる。上位目標の重要性が高く、社員が協働のための時間や金銭的インセンティブを与えられていれば、こうした傾向はさらに強くなるだろう。

前章までの議論から示唆されるように、JAL において、フィロソフィと部門別採算制度は密接に関連している。また、オムロンでは、企業理念と ROIC 経営の整合性が重視されている。こうしたやり方は、上記のうち5つめの方法に近いと考えられる。すなわち、JAL とオムロンは、フィロソフィや企業理念と関連づけてマネジメントコントロールを実施することによって、MCS がもたらすコンフリクトを抑制しようとしている可能性がある。次節からは、両社の取り組みについて詳しく取り上げる。

# 2. JAL フィロソフィと部門別採算制度

## なぜフィロソフィが大切なのか

　JAL REPORT 2022（p. 23）によれば、部門別採算制度の運用には、JAL フィロソフィが不可欠である。その理由は、JAL フィロソフィという共通の価値基準が存在することによって、部門利益の最大化のみならず、全社最適での利益追求が可能になるからである。

　こうした記述は、共通の価値基準がないまま部門別採算制度を導入すると、部門間のコンフリクトが深刻になる可能性があることを示唆している。以下は、稲盛氏の言葉である。

　　経営において一番大事なことはトップである社長が立派な考え方や哲学を持つことであり、その考え方や哲学を社員と共有することである。アメーバ経営をおこなうにあたっては、このことを最初に手がけなければならない……

　　アメーバ経営では会社の組織を、それぞれ独立して採算を見ることができる単位——明確な収入が存在し、その収入を得るために要した費用を明確に算出できる単位に分割していく……

　　組織を分割していくときに考えておかなければならないことがある。必ず部門間の利害対立が起きるのである……

　　そのような争いをなくすために不可欠なのが、冒頭で述べた考え方、つまりフィロソフィである。フィロソフィとは、私が人間として何が正しいのかと自らに問い、正しいことを正しいままに貫いていくなかから導き出した実践哲学である……

　　役員同士が「もっとマージンをよこせ」「いや、これ以上は払えない」とただ角を突き合わせるのではなく、相手の事情を聞いて自分の事情も話し、そのなかで会社にとって最も適正な、互いに納得できる一致点を見出す。そこにはフィロソフィが欠かせない。

（稲盛＝京セラコミュニケーションシステム, 2017, pp. 17-30）

## フィロソフィによる意識改革

　第3章第7節で述べたように、稲盛氏によるJAL再建の柱は、フィロソフィによる意識改革とアメーバ経営をベースとする部門別採算制度の導入にある。しかし、この2つは同時に行われたわけではない。2010年2月の会長就任後、稲盛氏が最初に手をつけたのは、自身の経営哲学（フィロソフィ）にもとづく全社員の意識改革であった[2]。

　まず、50名ほどの経営幹部を集めて、1日3時間、1カ月で17日間のリーダー教育（フィロソフィ勉強会）が行われた。そこでは、稲盛氏自らがリーダーとしてのあり方や経営の考え方、そして人間としての生き方などを説きながら、フィロソフィの大切さを経営幹部たちに徹底的に理解してもらうことを目指した。勉強会のあとにはコンパが開催され、参加者が率直に意見を出し合い、活発に議論を行った。

　当初は、こうした稲盛氏のやり方に対して、違和感を覚える経営幹部も多かった。しかし、回数を重ねるごとに理解を深めていき、稲盛氏に強く共感する幹部のなかには、自分たちの部下にリーダー教育の感想を話す者も出てきた。その結果、各職場のリーダーたちからもリーダー教育を受けたいとの要望があり、最終的には約3,000人がフィロソフィ勉強会を受講することになった。

　さらに、稲盛氏は一般社員向けの教育も実施した。稲盛氏によれば、航空運輸業は「究極のサービス産業」である。以下は、同氏の言葉である。

　　　飛行機をはじめ、運航や整備に必要な機器を多数所有している航空
　　運輸業は「巨大な装置産業」だと思われがちだが、日本航空に着任し
　　たときから私は、お客様に喜んで搭乗していただくことが何より大切
　　な「究極のサービス産業」だと感じていた……

---

2）稲盛氏がJALで行った意識改革に関する記述は、引頭（2013）、大西（2013）、森田（2014）、稲盛＝京セラコミュニケーションシステム（2017）、金子（2017）にもとづいている。

　現場の社員たちがどのような考え方をして、どうお客様と接するか
が、航空運輸業にとって最も大切なことであり、そのことを通じてお
客様に「もう一度、日本航空に乗ってみたい」と思うようになってい
ただかなければお客様が増えるはずはなく、業績は向上していかない
と考えた。
（稲盛＝京セラコミュニケーションシステム, 2017, p. 45）

　稲盛氏は、こうした考え方を現場に伝えるため、時間を見つけては羽田空港
や成田空港に出向いた。そして、カウンターで働く社員や客室乗務員、パイロ
ット、整備部門の社員などを集めて、仕事をする際の心構えを直接、語りかけ
ていった。
　そして、2010 年の夏には、JAL の全社員が持つべき共通の価値観や判断基
準を制定することを目的とする「JAL フィロソフィ検討ワーキンググループ
（WG）」が発足した。当時の大西賢社長が、リーダー教育に参加していた経営
幹部のなかから 11 人のメンバーを選定し、自らもメンバーに加わった。また、
稲盛氏の秘書を長く務め、その経営哲学に精通した大田嘉仁氏がアドバイザー
として毎回参加し、議論を見守った。
　WG のメンバーは、稲盛氏の経営哲学をまとめた「京セラフィロソフィ」を
読み込み、それぞれの項目を JAL フィロソフィにも採用するかどうかを議論
した。[3]　また、航空会社として安全を重視する姿勢や、顧客に接する際の姿勢に
関する項目をどのように盛り込むかについても検討され、JAL フィロソフィの
素案が固められていった。
　その後、WG のメンバーは、多くの社員へのヒアリングを通じて、JAL フィ
ロソフィの素案に含まれる表現や事例をブラッシュアップしていった。そして、
稲盛氏も出席する経営会議での承認を経て、経営破綻から 1 年後の 2011 年 1
月に、JAL フィロソフィの完成版が発表され、手帳にして全社員に配布された。
図表 8-1 には、その主要項目がまとめられている。

---

3 ) JAL フィロソフィが京セラフィロソフィにもとづいていることについて、稲盛氏は「会
　社が違うからといって、基本的な事業経営や人生観、経営の哲学といったものがそこまで
　根本的に変わるはずがありません」と述べている（金子, 2017, p. 303）。

**図表 8-1　JAL フィロソフィ**

| 第1部　すばらしい人生を送るために | 第4章　能力は必ず進歩する | 第3章　心をひとつにする |
|---|---|---|
| 第1章　成功方程式（人生・仕事の方程式） | 能力は必ず進歩する | 最高のバトンタッチ |
| 人生・仕事の結果＝考え方×熱意×能力 | | ベクトルを合わせる |
| 第2章　正しい考え方をもつ | 第2部　すばらしいJALとなるために | 現場主義に徹する |
| 人間として何が正しいかで判断する | 第1章　一人ひとりがJAL | 実力主義に徹する |
| 美しい心をもつ | 一人ひとりがJAL | 第4章　燃える集団になる |
| 常に謙虚に素直な心で | 本音でぶつかれ | 強い持続した願望をもつ |
| 常に明るく前向きに | 率先垂範に | 成功するまであきらめない |
| 小善は大悪に似たり、大善は非情に似たり | 渦の中心になれ | 有言実行でことにあたる |
| 土俵の真ん中で相撲をとる | 尊い命をお預かりする仕事 | 真の勇気をもつ |
| ものごとをシンプルにとらえる | 感謝の気持ちをもつ | 第5章　常に創造する |
| 対極をあわせもつ | ものごとをシンプルにとらえる | 昨日よりは今日、今日よりは明日 |
| 第3章　熱意をもって地味な努力を続ける | お客さま視点を貫く | 楽観的に構想し、悲観的に計画し、楽観的に実行する |
| 真面目に一生懸命仕事に打ち込む | 第2章　採算意識を高める | 見えてくるまで考え抜く |
| 地味な努力を積み重ねる | 売上を最大に、経費を最小に | スピード感をもって決断し行動する |
| 有言注意で仕事にあたる | 採算意識を高める | 果敢に挑戦する |
| 自ら燃える | 公明正大に利益を追求する | 高い目標をもつ |
| パーフェクトを目指す | 正しい数字をもとに経営を行う | |

注：JAL REPORT 2022 (p. 22) にもとづいて作成

　以上のように、稲盛氏は、リーダー教育と JAL フィロソフィの制定によって社員の意識改革を行い、アメーバ経営（部門別採算制度）導入の土台を築いていった。同氏は、その成果を次のように語る。

　　こうした活動を通じて、社員ひとりひとりの意識は徐々に変わっていった。日本航空にもともとあった官僚的な体質は少しずつなくなり、またマニュアル主義といわれていたサービスも改善されていった。現場の社員がお客様に少しでも喜んでいただくために自発的に努力を重ねてくれるようになり、各職場で全社員が自ら創意工夫を重ね、仕事の改善に努めてくれた結果、業績が目に見えて向上していったのである……

　　こうして素地となる考え方が共有された後で私は、アメーバ経営を導入した。

（稲盛＝京セラコミュニケーションシステム, 2017, pp. 46-47）

## 2 つの共通言語：フィロソフィと部門別採算制度

　JAL フィロソフィは、各機能部門の専門性が高く、セクショナリズムが強い JAL 社内の壁を突き崩す「共通言語」となった。JAL フィロソフィができたことによって、社員が同じ目標、感情、価値観を共有できるようになった。その結果、社内の意思疎通がスムーズになったり、迷ったときの判断基準にすることで社員の行動のベクトルを合わせることが容易になったりするということが、組織のいたるところで起きた（原, 2013, p. 83, pp. 146-148）。

　つまり、JAL は、フィロソフィを「思考の共通言語」として浸透させることによって、組織文化（第 1 章第 6 節）を変えたのである。そして、図表 8-2 が示すように、JAL フィロソフィの実践に向けた様々な取り組みは、現在でも実施されている。

　一方、企業会計は、しばしば「ビジネスの言語（language of business）」と呼ばれる（Breitner and Anthony, 2013, p. 7）。会計は、どんな組織が対象であっても、一定のルールにもとづいてその組織に関するカネの流れを網羅的に記録し、

図表 8-2　JAL フィロソフィ実践に向けた取り組みの例

| |
|---|
| **JAL フィロソフィ勉強会**<br>JAL フィロソフィへの理解を深め、繰り返し学ぶための勉強会。年間 3 回、グループの全社員が参加する。部門を超えたコミュニケーションの機会創出と一体感の醸成のために、国内外の役員と社員をつないでオンラインで開催する。教材の作成や進行役は、人財本部の意識改革推進部が担当する。意識改革推進部は、運航本部、客室本部、整備本部、空港本部、本社間接部門などグループ全体の様々なサブユニットから集まった 15 名程度のメンバーで構成される |
| **リーダー勉強会**<br>リーダーとして持つべき意識、価値観、考え方を繰り返し学び、リーダーの使命と役割を再認識し実践につなげていくことを目的とした勉強会。役員と部長を対象に年間 6 回、管理職を対象に年間 2 回、開催される。全職種のリーダー層が真剣に議論し、切磋琢磨する機会となっている。JAL フィロソフィ勉強会と同様、意識改革推進部が教材の作成や進行役を担当する |
| **JAL フィロソフィ発表大会**<br>年に一度、テーマを設定して発表者を募集し、そのなかから選ばれた社員がフィロソフィの実践について発表する会。2022 年は「JAL フィロソフィの実践〜私が大切にしていること〜」というテーマで募集し、1,416 名の応募があった。大会当日は、そのなかから選抜された 12 名が発表し、それぞれの発表について役員が講評を行った。こうした取り組みは、社員が発表者の「挑戦する姿勢」と「JAL フィロソフィを実践する姿」から学び、自己成長を図る機会となっている |

注：JAL REPORT 2020（p. 17）、JAL REPORT 2022（p. 22）、JAL 対面インタビュー（2023 年 8 月 10 日）にもとづいて作成

それを財務諸表などに要約してくれるからである。

　JAL の部門別採算制度では、組織を小さく切り分け、全部門共通のフォーマットで採算表を作成し、それを社内で公表することによって、どの部門がどれだけ全社利益に貢献しているのか、社員であれば誰でもわかるようになった。その結果、多くの社員が採算を向上させるための行動をとるようになった。つまり、JAL は、部門別採算制度を「成果の共通言語」として浸透させることによって、社員の利益意識を高めたのである。

　JAL では、フィロソフィの実践と部門別採算制度の活用が車の両輪のように機能することによって、社員全員が経営に参加し利益に貢献することが可能になり、それがひいては企業理念（図表 1-9）の実現につながると考えられている（JAL REPORT 2022, p. 23）。

　同社の事例は、経営再建を成し遂げ、その効果を持続させるためには、思考と成果、両方の共通言語を社内に浸透させる必要があること、そして、思考の共通言語の浸透を成果の共通言語の浸透に先立って行う必要があることを示唆している。

# 3. オムロンの企業理念経営と ROIC 経営

## なぜ企業理念を重視するのか

オムロンでは、ROIC 経営と技術経営が両輪となって「企業理念経営」を推進すると考えられている（オムロン統合レポート 2021, p. 26）[4]。企業理念経営は、2023 年まで同社の社長を務めた山田義仁氏（現取締役会長）が社長就任時に打ち出した概念である。その経緯について、同氏は次のように語る。

> 私が社長に就任した 2011 年当時のオムロンには、閉塞感がありました。2008 年のリーマンショックの余波が残る中、東日本大震災の直後に社長のバトンを引き継いだのですが、そうした混乱期の暗いムードや停滞感を打破したいという思いがありました。そして、考え抜いた末、企業理念を発展の原動力にすることを決心しました。
> オムロンの企業理念は、創業者立石一真のベンチャースピリットがDNA となっています。私はその DNA を受け継いだ社員が抱く、社会の発展に貢献したい、新たなソーシャルニーズを創り出したい、というエネルギーやチャレンジ精神を、企業理念により解放し、後押ししたいと思ったのです。さらには、企業理念の実践で持続的な発展を確実なものとするために、2015 年、企業理念をよりわかりやすく改定しました。この 10 年は、いかに社員に企業理念に共感し共鳴してもらうか、どう現場に根付かせるかに注力しました。
> （オムロン統合レポート 2021, p. 10）

このように、オムロンは、社員が企業理念に共感・共鳴し、それを事業活動のなかで実践することを重視している。図表 8-3 には、企業理念の観点から望ましいと同社が考える行動の例が示されている。そして、図表 8-4 には、企業

---

4）オムロンの技術経営については、オムロン統合レポート 2021（pp. 35-38）を参照。

## 図表 8-3　オムロン社員が大切にする「価値ある行動例」

| |
|---|
| **ソーシャルニーズの創造：私たちは、世に先駆けて新たな価値を創造し続けます** |
| ●未来志向で社会を捉える |
| ●本質的な課題はなにかを常に考え行動する |
| ●求心点はお客様であることを忘れない |
| ●現状に甘んじたり、安易な現状肯定はしない |
| ●「なぜ」「何のために」を習慣化する |
| ●これまでと違う新たな方法を試してみる |
| **絶えざるチャレンジ：私たちは、失敗を恐れず情熱をもって挑戦し続けます** |
| ●7：3の原理で、まずやってみて誤りがあれば正していくという考え方を持つ |
| ●チャレンジを楽しむ心を大切にする |
| ●失敗を糧にし、次の成功につなげる |
| ●高い目標を掲げ宣言する |
| ●揺るぎない自分の考え、信念を持つ |
| ●人に言われてからではなく自らが積極的に行動する |
| **人間性の尊重：私たちは、誠実であることを誇りとし、人間の可能性を信じ続けます** |
| ●責任感と良識のもと、法令と社会的ルールを遵守し、高い倫理観を持って行動する |
| ●どんな環境でも誠実さを貫く強い意志を持つ |
| ●社会の一員としての自覚を持ち、他社への配慮や思いやりを心がける |
| ●最初からできないとあきらめるのではなく、自分はできると信じて行動する |
| ●一人ひとりが仲間の可能性を信じ、お互いが支援し合い共に成長する |
| ●自分とは違う多様な価値観を受け入れ、新たな価値創造につなげる |

注：オムロン統合レポート 2019（p. 66）にもとづいて作成。「7：3の原理」とは、「成算が7割あれば実行する」という、オムロン創業者である立石一真氏が重視した考え方である（オムロンホームページ, 2023 年 8 月 6 日閲覧）

## 図表 8-4　オムロンにおける企業理念実践に向けた取り組みの例

| |
|---|
| **企業理念ミッショナリーダイアログ** |
| 世界各地の経営幹部と取締役会長が企業理念について対話をする場。参加者が自身にとっての企業理念の実践について語ることで、企業理念に対する理解を深めることを目的としている。さらに、どうやって組織の成長に貢献するか、どうすれば自部門のなかで企業理念に対する共鳴の輪を広げられるかについても議論が行われる |
| **TOGA（The OMRON Global Awards）** |
| 企業理念に対する共鳴の輪を広げることを目的として、企業理念の実践事例を表彰する制度。TOGA に関する取り組みは、業務の一環として、年間を通じてチームで行われる。社員は、社会的課題の解決につながるアイデアを出し、2 人以上の仲間を集めてプロジェクトを開始する。その内容が社会の発展に貢献するものであると上司が認めた場合には、勤務時間内での活動が認められたり、予算が与えられたりする<br>年に一度、開催される TOGA グローバル大会では、予選を勝ち抜いたチームが自分たちのプロジェクトについて発表する。2021 年は、6,461 テーマ（参加人数のべ 5 万 1,033 人）のなかから、企業理念の実践度合いを審査基準として、ゴールド賞 13 テーマ、特別賞 3 テーマの計 16 テーマが選ばれた。表彰された社員にとっては、他の社員に自分たちの努力を知ってもらうことで、自尊心が高まる。そうでない社員も、優れた取り組みを通じて、企業理念を実践するとはどういうことかを理解することができる |

注：オムロン統合レポート 2021（p. 11, p. 114）、オムロン統合レポート 2022（pp. 72-73）、日経 ESG（2023 年 7 月号, p. 33）にもとづいて作成

理念に共感・共鳴する社員を増やすために同社が行っている取り組みがまとめられている。

図表8-4に挙げた取り組みは、図表8-3の行動例と密接に関連している。たとえば、「企業理念ミッショナリーダイアログ」では、行動例を参考にして、経営理念の実践に向けた参加者の行動が共有される。また、社員が日常業務のなかで行動例を実践することによって、「TOGA」へのエントリーに向けた社員の意欲が高まり、地域大会、リージョン大会、グローバル大会と進むごとに、共感と共鳴が拡大していくようになっている（オムロン書面インタビュー, 2023年10月24日）。

こうした取り組みの結果、オムロンでは、社内のいたるところで企業理念をベースにした議論が行われるようになったという。2017年から同社の監査役を務める國廣正氏は、次のように語る。

> ……取締役会においても現場においても、企業理念経営や社会的責任ということを建前でなく、本気で取り組んでいる。ESGやSDGsが唱えられるずっと前から社会的課題の解決を掲げており、目先ではなく長期ビジョンの下で企業価値向上を目指している。しかも、その軸がけっして揺るがない。これがオムロン最大の強みです。
> （オムロン統合レポート2019, p. 81）

## ROIC経営が企業理念の実現に貢献するメカニズム

では、ROIC経営が企業理念経営を推進するとは、具体的にはどういうことなのか。第5章第5節で述べたように、オムロンでは、ROICが想定資本コスト率を下回っている事業ユニットが撤退の検討対象となる。これは、資本コストを上回る利益をあげられない製品サービスを抱えていると、成長に必要な投資の原資を生み出すことができず、「よりよい社会への貢献を目指す企業理念とも乖離をきたす」と考えられているからである（オムロン統合レポート2019, p. 36）。

つまり、オムロンは、ROICを主な基準に用いて、自社が手がけることで社

会に貢献できる事業とそうでない事業を選別している。経営陣が企業理念の観点からポートフォリオマネジメントを実施していれば、現場で働く人々は、企業理念の重要性を認識するとともに、その実現度を測る指標の一つとしてROICを捉えるようになるだろう。

第6章第8節で述べたように、オムロンでは、経営陣と事業部門の間で「ROICを共通言語とした議論」が繰り返し行われる（オムロン統合レポート2021, p. 26）。その結果、ROICは、「個々の活動を連結するための、共有する『ものさし』」として機能するようになる（オムロン統合レポート2015, p. 34）。

以上の議論から、JALと同様、オムロンにおいても、思考と成果、両方の共通言語を社内に浸透させることが重視されていることがわかる。ここで、思考の共通言語（企業理念）は、成果の共通言語（ROIC）がもたらす潜在的な歪みを緩和する役割を担っていると考えられる。第3章第5節と第5章第4節で述べたように、ROICを業績指標に設定することは、過少投資を含む近視眼的な行動を誘発する可能性がある。しかし、価値創造や成長を重視する企業理念が現場に浸透していれば、こうした問題は起こりにくくなるだろう。

また、第5章第5節で述べたように、オムロンでは、現場レベルのKPIを起点としたROIC逆ツリーを用いることによって、現場で働く人々に自分たちの業務がROICとどのように関連しているかを理解してもらおうとしている。さらに、ROIC経営の現場への浸透を推進する「アンバサダー」がROICを高めるための施策を説明する際には、成長に向けた投資の重要性を強調する。こうした細やかな工夫が、MCSがもたらす歪みを緩和する可能性は十分にある[5]。

# 4. 理念的インセンティブの大切さ

前章までに取り上げた事例から明らかなように、JALとオムロンは、MCSに関して大きく異なるアプローチを採用している。まず、JALは、部門別の採算を細かく計算することで、現場で働く人々の利益意識を高めようとしている。

---

5）伊丹（1986, p. 6）によれば、マネジメントコントロールとは「細かい具体的影響の集積によるコントロール」である。

一方、オムロンは、ROIC 逆ツリーや ROIC 翻訳式などの工夫によって、現場で働く人々に資本効率を意識させようとしている。

しかし、JAL とオムロンは、フィロソフィや企業理念といった「理念的なもの」を重視してマネジメントコントロールを実施しているという点で共通している。そして、両社はともに、企業理念を実現するための手段として MCS を位置づけている。

上記の「理念的なもの」は、伊丹＝加護野（2003, p. 304）のいう「理念的インセンティブ」と言い換えることができる。社員が経営者の掲げる思想や価値観に共鳴すると、彼ら彼女らの仕事に対する意欲が高まり、それらと整合的な努力が行われるようになる。これが、理念的インセンティブの基本的な考え方である。したがって、理念的インセンティブの源泉は企業理念であり、企業理念が社員の間に浸透すると、それは組織文化の一部となる（伊丹＝加護野, 2003, p. 304, p. 349）。

伊丹＝加護野（2003, p. 304）によれば、「理念は人を動かす。『正しいことをしている』という感覚を組織の人々がもつとき、あるいは『意義のある仕事をしている』『自分の存在価値がわかる』と人々が思えるとき、組織に命が吹き込まれる」。JAL とオムロンは、まさにこうした経営を実現するために、図表 8-2 および図表 8-4 に挙げたような取り組みを通じて、企業理念と整合的な組織文化を定着させようとしていると考えられる[6]。

企業理念が社員の間に浸透することによって、MCS のコスト、とりわけ間接コストは抑制される可能性がある。なぜなら、多くの場合、望ましくない行動変容や駆け引き、ネガティブな振る舞いといった行為（第 1 章第 7 節）は、企業理念とは相容れないからである。

マネジメントコントロールは、ややもすると数字による無機質な管理になりがちである。それが、組織で働く人々の心に様々な歪みを生む可能性がある。そうした歪みが深刻にならないようにするためには、そもそも何のために MCS があるのか、MCS の背後にどのような社会的意義が存在するのかといっ

---

6）組織文化の定着については、伊丹＝加護野（2003, pp. 357-366）や Daft（2021, pp. 447-451）を参照。

たことを彼ら彼女らにきちんと説明し、理解してもらう必要がある。そのプロセスを丁寧に行わなければ、MCS のコストがベネフィットを上回ってしまうかもしれない。

———————————[ 終　章 ]———————————

# 競争力の源泉としてのマネジメントコントロール

▼

## 1. 経営の本質：他人を通して事をなす

　本書の最後に、企業経営におけるマネジメントコントロールの意義について、改めて考えてみたい。しばしば、経営（management）の本質は他人を通して事をなすこと（doing things through others）だといわれる。以下は、伊丹（1986, p. 6）からの引用である。

> 組織はもともと、一人一人の個人がバラバラに行動していたのでは実現できないことを複数の人間の協働体として行えるようにしようとして、生まれてくるものである。つまり、組織の経営者の立場からいえば、自分一人ではとてもできない数多くの意思決定と行動を、人間臭い集団に階層的に任せることによって可能にしようとするわけである。とすると、経営の本質の一つは Doing things through others にあることが知られる。自分だけでするのではない。他人を通して自分が望ましいと思うことを実現していく。そのためには人間臭いことを考える必要があり、階層的な仕組みを考える必要がある。そういう Doing things through others なのである。Doing by myself では、自分一人の意思決定だけを考えればよい。しかしそれは、個人事業ではあっても、本質的に経営ではない。

同じく、Hofstede（1968, p. 9）によれば、経営の本質は、組織に所属する他者との関係を通じて物事を成し遂げることにある。そして、コントロールのプロセスとは、マネジャーと他の人々との間の基本的な組織上のつながり（fundamental organizational link）である。

第1章第5節で述べたように、（広義の）コントロールには様々な活動が含まれる。そうした活動の一つひとつが、「他人を通して事をなす」ためのプロセス、経営の本質的なプロセスとして機能する可能性がある。

それらをうまく機能させるためのヒントになると思われるのが、戦略上の適合性（strategic fit）と呼ばれる考え方である。Porter（2008, pp. 58-61）によれば、競争優位と卓越した業績は、以下の3つの適合性によって生み出される。

1つめは、戦略と個々の活動（機能）との間のシンプルな一貫性（simple consistency）である。あらゆる活動を戦略と連動させることによって、競争優位を積み重ねやすくなり、それらが損なわれたり、相殺されたりすることが起きにくくなる。また、活動と戦略の一貫性を保つことによって、顧客や従業員、株主に戦略を伝達しやすくなる。その結果、社内が一丸となって戦略を実行しやすくなる。

2つめは、活動同士が強化し合う（activities are reinforcing）、すなわち、ある活動の水準を高めることで、その活動の成果だけでなく、別の活動の成果も大きくなる、という意味での適合性である。業績に影響を与える変数の間に相互作用がある場合、それらの変数は補完性（complementarity）を持つといわれる（Roberts, 2004, p. 34）。企業は、補完的な活動を同時に行うことによって、それぞれの活動を単独で行う場合よりも多くの成果を得ることができる。

3つめは、労力の最適化（optimization of effort）という意味での適合性である。その基本形は、調整や情報交換を通じて活動の重複をなくし、無駄な労力を最小化することである。あるいは、製品デザインを工夫することによって、アフターサービスの必要性をなくしたり、顧客がそうした活動を行えるようにしたりするなど、より高度な最適化もある。

Porter（2008, p. 99）は、これら3つの適合性のすべてにおいて、個々の部分よりも全体が重要だと主張する。すなわち、競争優位は活動システム全体（entire system of activities）が生み出すものであり、そこに含まれる活動間の適

合性がコストを大幅に低減させたり、差別化の程度を高めたりするのである。

## 2. マネジメントコントロールは管理会計の枠を超えた領域である

　前節で紹介した適合性の考え方は、図表1-3（下に再掲）に示した戦略実行メカニズムにも当てはまる。すなわち、競争優位を実現し、高い業績をあげるためには、戦略実行メカニズムの4つの構成要素（組織構造、人材マネジメント、マネジメントコントロール、組織文化）が戦略と整合的なものであるだけでなく、相互に強化し合い、ムダや重複が最小化されていることが望ましいと考えられる。[7]

（再掲）図表 1-3　戦略実行メカニズム

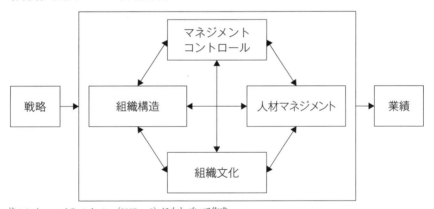

注：Anthony and Govindarajan（2007, p. 8）にもとづいて作成

---

7）こうした点は、先行研究においても指摘されている。たとえば、伊丹（1986, p. 63）は、MCS のサブシステム間の相互依存性をつくりだすことが、MCS 設計の重要なポイントであると指摘する。また、Anthony and Govindarajan（2007, p. 99）によれば、戦略を効果的に実行するためには、MCS のようなフォーマルな仕組みと組織文化のようなインフォーマルな要因の整合性がとれていなければならない。さらに、Merchant and Van der Stede（2017, p. 86）によれば、成果コントロールをその他のコントロール（行動コントロール、人事コントロール、文化コントロール）によって補完することで、従業員が組織にとって望ましい行動をとる可能性を高めることができる。

　振り返ってみると、マネジメントコントロールがその他の要素と関連していることは、本書のいたるところで指摘されている。まず、戦略との関わりでいえば、サブユニットの業績指標や業績目標のベースとなるのは、戦略策定時に設定された全社の長期目標や、そこから派生した年次目標である（第1章第2節・第5節、第6章第2節）。

　企業は、たとえ明確な戦略を持たなかったとしても、MCSを設計することができる。しかし、マネジメントコントロールには多様な選択肢があることを考慮すると、MCSを設計する際のよりどころとして、可能な限り具体的で詳細な戦略を持つことが有用である（Merchant and Van der Stede, 2017, pp. 11-12）。

　次に、マネジメントコントロールと組織構造の関係については、組織構造を所与としてMCSを設計するというやり方と、マネジメントコントロールの方針にもとづいて組織を設計するというやり方の2つがある。多くの企業が前者を採用していると思われるが、JALのように後者にもとづいてMCSを設計している企業も存在する（第3章第7節）。

　つまり、組織構造に関する決定は、必ずしも責任センターに関する決定に先行するわけではない（Merchant and Van der Stede, 2017, p. 268）。MCSを設計する際には、こうした視点を持つことも重要であろう。

　さらに、社員の評価や報酬の決定は、主に人材マネジメントの領域であるが、マネジメントコントロールの一部とみなすこともできる（第1章第4節・第5節）。業績評価と人事評価をどのように連結させるかは、企業にとって重要な決定事項の一つである（今野＝佐藤, 2020, p. 26）。JALとオムロンでは、個別最適の問題を緩和するために、両者の連動を意図的に弱めているようだ（第7章第5節・第6節）。

　また、あるサブユニットをプロフィットセンターに設定することには、優れた経営能力育成の場を提供するというメリットがある（第3章第4節）。こうした人材育成効果を意図してMCSを設計するというのも、検討に値する方法だと考えられる。

　最後に、マネジメントコントロールと組織文化の関係については、第8章第4節で述べた通りである。すなわち、企業理念と整合的な組織文化を定着させることによって、MCSのコストを抑制することができると考えられる。

　あるいは、マネジメントコントロールのやり方が組織文化に影響を与える可能性もある。たとえば、個人の業績よりもグループの業績を重視することによって、メンバー同士のコミュニケーションが活発になり、価値観などを共有しやすくなるだろう（Merchant and Van der Stede, 2017, p. 99）。また、オムロンでは、企業理念との整合性を重視したポートフォリオマネジメントを実施することが、組織文化の定着に寄与していると考えられる。このように、マネジメントコントロールと組織文化の関係は、双方向で捉える必要がある。

　本書では、影響システムとしての管理会計システム、すなわち、会計数値を主たる業績指標に用いた成果コントロールの仕組みを MCS と呼んで議論を進めてきた。しかし、マネジメントコントロールは、管理会計の枠を超えた、様々な経営の分野にまたがる学際的な領域である。MCS を設計するために会計の基礎的な知識は必須であるが、それらを身につけていることは、あくまでも前提条件である。

　優れたマネジメントコントロールを実施するためには、戦略論や組織論、人材マネジメントに関する知見も欠かせない。経営者は、マネジメントコントロールを会計特有の問題ではなく、経営全般に関わる問題と捉えて、真剣に取り組む必要がある。マネジメントコントロールは、経営の本質と密接に関連し、競争力の源泉になり得る重要な概念だからである。

## 【参考文献】

Anthony, R. N., 1965. *Planning and Control Systems: A Framework for Analysis*. Division of Research, Harvard Business School（高橋吉之助［訳］, 1968.『経営管理システムの基礎』ダイヤモンド社）.

———, and Govindarajan, V., 2007. *Management Control Systems*, 12th edition. McGraw-Hill Companies.

Bass, B. B., 1970. When planning for others. *The Journal of Applied Behavioral Science* 6(2), pp. 151-171.

Berman, K., Knight, J., with Case, J, 2013. *Financial Intelligence: A Manager's Guide to Knowing What the Numbers Really Mean*, revised edition. Harvard Business Review Press.

Breitner, L., and Anthony, N., 2013. *Essentials of Accounting*, 11th edition. Pearson Education Limited.

Child, J., 2015. *Organization: Contemporary Principles and Practice*, 2nd edition. John Wiley & Sons.

Daft, R. L., 2021. *Organization Theory & Design*, 13th edition. Cengage.

David, F. R., and David, F. R., 2017. *Strategic Management: A Competitive Advantage Approach, Concepts and Cases*, 16th edition. Pearson Education.

Dessler, G., 2020. *Human Resource Management*, 16th edition. Pearson Education.

Hofstede, G. H., 1968. *The Game of Budget Control*. Tavistock Publications.

Jensen, M. C., 2001. Corporate budgeting is broken: Let's fix it. *Harvard Business Review*, November 2001, pp. 94-101.

Jiambalvo, J., 2013. *Managerial Accounting*, 3rd edition. John Wiley & Sons.（ワシントン大学フォスタービジネススクール管理会計研究会［訳］, 2015.『管理会計のエッセンス（新版)』同文舘出版）.

Kaplan, R. S., and Norton, D. P. , 1992. The balanced scorecard: Measures that drive performance. *Harvard Business Review*, January-February 1992, pp. 71-79.

———, and ———, 2000. Having trouble with your strategy? Then map it. *Harvard Business Review*, September-October 2000, pp. 167-176.

———, and ———, 2001. *The Strategy-focused Organization: How Balanced Scorecard Companies Thrive in the New Business Environment*. Harvard Business Review Press（櫻井通晴［監訳］, 2001.『キャプランとノートンの戦略バランスト・スコアカード』東洋経済新報社）.

———, and ———, 2004. *Strategy Maps: Converting Intangible Assets into Tangible Outcomes*. Harvard Business Review Press（櫻井通晴, 伊藤和憲, 長谷川惠一［監訳］, 2005.『戦略マップ』ランダムハウス講談社）.

Leventhal, G. S., 1980. What should be done with equity theory? New approaches to the study of fairness in social relationships. In: Gergen, K. J., Greenberg, M. S., and Willis R. H. (Eds.), *Social Exchange: Advances in Theory and Research*. Springer, pp. 27-55.

McKinsey & Company (Koller, T., Goedhart, M., and Wessels, D.), 2020. *Valuation: Measuring and*

*Managing the Value of Companies*, 7th edition. Wiley（マッキンゼー・コーポレート・ファイナンス・グループ［訳］, 2022.『企業価値評価（第7版）』［上・下］ダイヤモンド社）.

Merchant, K. A., 1998. *Modern Management Control Systems: Text and Cases*. Prentice Hall.

──, and Van der Stede, W. A., 2017. *Management Control Systems: Performance Measurement, Evaluation, and Incentives*, 4th edition. Pearson Education.

Mintzberg, H., 1994. *The Rise and Fall of Strategic Planning*. Free Press（中村元一［監訳］, 黒田哲彦, 崔大龍, 小高照男［訳］, 1997.『戦略計画』産業能率大学出版部）.

Pinder, C. C., 2008. *Work Motivation in Organizational Behavior*, 2nd edition. Psychology Press.

Porter, M. E., 1985. T*he Competitive Advantage: Creating and Sustaining Superior Performance*. Free Press（土岐坤, 中辻萬治, 小野寺武夫［訳］, 1985.『競争優位の戦略』ダイヤモンド社）.

──, 2008. *On Competition*, updated and expanded edition. Harvard Business Review Press（竹内弘高［監訳］, DIAMONDハーバード・ビジネス・レビュー編集部［訳］, 2018.『競争戦略論（新版）』［Ⅰ・Ⅱ］ダイヤモンド社）.

Puranam, P. , and Vanneste, B., 2016. *Corporate Strategy: Tools for Analysis and Decision-Making*. Cambridge University Press.

Robbins, S. P. , and Judge, T. A., 2017. *Organizational Behavior*, 17th global edition. Pearson Education.

Roberts, J., 2004. *The Modern Firm: Organizational Design for Performance and Growth*. Oxford University Press（谷口和弘［訳］, 2005.『現代企業の組織デザイン』NTT出版）.

Ronen, J., and Livingstone, J. L., 1975. An Expectancy theory approach to the motivational impacts of budgets. *The Accounting Review* 50(4), pp. 671-685.

Solomons, D., 1965. *Divisional Performance: Measurement and Control*. Markus Wiener Publishing（櫻井通晴, 鳥居宏史［監訳］, 2005.『事業部制の業績評価』東洋経済新報社）.

Stewart, B., 2013. *Best-Practice EVA: The Definitive Guide to Measuring and Maximizing Shareholder Value*. John Wiley & Sons.

KPMG FAS, あずさ監査法人（編）, 2017.『ROIC経営』日本経済新聞出版.

浅田拓史, 足立洋, 篠原巨司馬, 吉川晃史, 上總康行, 2021.「ROIC経営の導入と組織浸透──オムロン, ピジョン, LIXILに学ぶ　第1回」『企業会計』73 (8), pp. 118-126.

伊丹敬之, 1986.『マネジメント・コントロールの理論』岩波書店.

──, 2007.『経営を見る眼』東洋経済新報社.

──, 青木康晴, 2016.『現場が動き出す会計』日本経済新聞出版.

──, 加護野忠男, 2003.『ゼミナール経営学入門（第3版）』日本経済新聞出版.

伊藤正隆, 2022.「予算スラック」加登豊, 吉田栄介, 新井康平（編著）『実務に活かす管理会計のエビデンス』中央経済社, pp. 17-25.

稲盛和夫, 2010.『アメーバ経営』日本経済新聞出版.

──, 京セラコミュニケーションシステム, 2017.『稲盛和夫の実践アメーバ経営』日本経済新聞出版.

今野浩一郎, 佐藤博樹, 2020.『人事管理入門（第3版）』日本経済新聞出版.

238

引頭麻実（編著）, 2013.『JAL 再生』日本経済新聞出版.

大田嘉仁, 2018.『JAL の奇跡』致知出版.

庵谷治男, 2022.「アメーバ経営」加登豊, 吉田栄介, 新井康平（編著）『実務に活かす管理会計のエビデンス』中央経済社, pp. 66-76.

大津広一, 2022.『企業価値向上のための経営指標大全』ダイヤモンド社.

大西康之, 2013.『稲盛和夫　最後の闘い』日本経済新聞出版.

岡本清, 2000.『原価計算（六訂版）』国元書房.

小倉昇, 2010.「業績管理会計と組織構造」谷武幸, 小林啓孝, 小倉昇（責任編集）『業績管理会計』中央経済社, pp. 31-62.

加藤守和, 2022.『日本版ジョブ型人事ハンドブック』日本能率協会マネジメントセンター.

金子寛人, 2017.『JAL の現場力』日経 BP.

小林啓孝, 伊藤嘉博, 清水孝, 長谷川惠一, 2017.『スタンダード管理会計（第 2 版）』東洋経済新報社.

三枝匡, 2001.『V 字回復の経営（増補改訂版）』日本経済新聞出版.

篠原巨司馬, 足立洋, 2022.「経営計画」加登豊, 吉田栄介, 新井康平（編著）『実務に活かす管理会計のエビデンス』中央経済社, pp. 37-47.

鈴木竜太, 服部泰宏, 2019.『組織行動』有斐閣.

田村俊夫, 2021a.「ROIC 経営の光と影（前編）」『資本市場アップデート』2021 年 3 月, pp. 85-109.

――, 2021b.「ROIC 経営の光と影（後編）」『資本市場アップデート』2021 年 6 月, pp. 34-59.

鳥居宏史, 2014.『事業部制の業績測定』中央経済社.

日本航空株式会社, 2022.『エアライン・マネジメント』インプレス.

西居豪, 2022.「BSC」加登豊, 吉田栄介, 新井康平（編著）『実務に活かす管理会計のエビデンス』中央経済社, pp. 55-65.

沼上幹, 2004.『組織デザイン』日本経済新聞出版.

――, 2009.『経営戦略の思考法』日本経済新聞出版.

――, 2023.『わかりやすいマーケティング戦略（第 3 版）』有斐閣.

野村康, 2017.『社会科学の考え方』名古屋大学出版会.

濵村純平, 井上謙仁, 2022.「経営者の業績評価」加登豊, 吉田栄介, 新井康平（編著）『実務に活かす管理会計のエビデンス』中央経済社, pp. 140-149.

原英次郎, 2013.『稲盛和夫流・意識改革　心は変えられる』ダイヤモンド社.

平野光俊, 江夏幾多郎, 2018.『人事管理』有斐閣.

卜志強, 2022.『現代マネジメント・コントロール・システムの理論構築』同文舘出版.

松井達朗, 2017.「協力対価方式の発案」アメーバ経営学術研究会（編）『アメーバ経営の進化』中央経済社, pp. 287-307.

守島基博, 2004.『人材マネジメント入門』日本経済新聞出版.

森田直行, 2014.『全員で稼ぐ組織』日経 BP.

横田絵理, 2022.『日本企業のマネジメント・コントロール』中央経済社.

# 索引

242

[著者略歴]

**青木康晴**（あおき・やすはる）

一橋大学大学院経営管理研究科 准教授

2004年一橋大学商学部卒業、2009年一橋大学大学院商学研究科博士課程修了。名古屋商科大学専任講師、成城大学准教授等を経て、2018年より現職。共著書に『現場が動き出す会計』（日本経済新聞出版、2016年）、近年の主な論文に "Determinants of the intensity of bank-firm relationships: Evidence from Japan," *The Review of Corporate Finance Studies*, 2023、"The effect of dividend smoothing on bond spreads: Evidence from Japan," *International Review of Economics & Finance,* 2023、"The effect of bank relationships on bond spreads: Additional evidence from Japan," *Journal of Corporate Finance,* 2021（2022年6月に日本ファイナンス学会の第10回丸淳子研究奨励賞、同年9月に日本経営財務研究学会の学会賞を受賞）がある。

## 組織行動の会計学
### マネジメントコントロールの理論と実践

2024年6月12日　1版1刷

|  |  |
|---|---|
| 著　者 | 青 木 康 晴<br>©Yasuharu Aoki, 2024 |
| 発行者 | 中川 ヒロミ |
| 発　行 | 株式会社日経BP<br>日本経済新聞出版 |
| 発　売 | 株式会社日経BPマーケティング<br>〒105-8308　東京都港区虎ノ門4-3-12 |

印刷・製本　中央精版印刷　　DTP　CAPS

ISBN978-4-296-11576-1　　Printed in Japan